»Thor Heyerdahl«

Dreimast-Toppsegelschoner

Eckard Wetzel

»Thor Heyerdahl«

Dreimast-Toppsegelschoner

KARL MÜLLER VERLAG

Genehmigte Sonderausgabe für Karl Müller Verlag,
Danziger Straße 6, D-91052 Erlangen, 1995

ISBN 3-86070-140-1

Inhaltsverzeichnis

»... hatte ich freien Ausblick auf die mächtige blaue See mit ihren schäumenden Wogen, die sich in endlosem Lauf vorbeiwälzten, einem ewig weichenden Horizonte nach.«

Thor Heyerdahl
17. Mai 1947 auf seinem
Floß »Kon-Tiki«

Für
Segelschiff
"Thor Heyerdahl"
von
1992

Professor
Dr. Thor Heyerdahl

Völkerkundler und Archäologe,
Leiter der
Kon-Tiki-, Ra- und Tigris-Expedition,
Direktor
des Kon-Tiki-Museums in Oslo,
Vertreter Norwegens für ökologische
Angelegenheiten bei den Vereinten Nationen.

Das vorliegende Buch von Eckard Wetzel erzählt die Geschichte des Toppsegelschoners, der seit nunmehr zehn Jahren meinen Namen über die Meere trägt.

Auf der »Thor Heyerdahl« begegnen sich junge Menschen aller Nationalitäten und gesellschaftlicher Schichten. Sie lernen gemeinsam die Segel zu setzen, auf die See hinauszufahren, ihre Standorte und Kurse zu bestimmen.

Das Ziel der Reisen ist es, jungen Menschen, unabhängig von sozialen oder nationalen Unterschieden, die Möglichkeit zu geben, im Team zu arbeiten, zusammen in Harmonie zu leben und nicht zuletzt ihnen die Schönheit und Schützenswürdigkeit des Naturraumes Meer zu zeigen.

Einige Tausend Jugendliche konnten an den sogenannten Outward-Bound Reisen teilnehmen, und ich hoffe, daß zukünftig noch viele junge Menschen die Gelegenheit bekommen, auf diesem schönen Schiff mitzusegeln.

Ich bin sicher, daß das vorliegende Buch des engagierten Autors helfen wird, die positiven Ideen der Jugendarbeit mit diesem Segelschiff weiterzuverbreiten.

Ich wünsche meinem guten Freund Detlef Soitzck, der mit mir auf dem Schilfschiff »Tigris« fuhr, und seinem Partner Günter Hoffmann für die Zukunft viel Glück, dem Buch viel Erfolg und der »Thor Heyerdahl« allzeit gute Fahrt.

Thor Heyerdahl

Oslo, den 7. Mai 1993

Kapitän zur See
Immo von Schnurbein

Kommandant des Segelschulschiffes
der Bundesmarine »Gorch Fock«
von 1986 bis 1993

Toppsegelschoner gelten als »handige Schiffe«, und ich kann dies aus eigenem Erleben nur bestätigen. Nach Erfahrungen als Kapitän der omanischen »Shebab OMAN«, eines Dreimast-Toppsegelschoners, hatte ich Gelegenheit, auf der »Thor Heyerdahl« und auch als ihr Kapitän für kurze Zeit zu fahren. Auch hier enttäuschte mich dieser Schiffstyp nicht. Immer wieder hatte ich Begegnungen mit der »Thor Heyerdahl«, und immer habe ich mich an ihrem Anblick gefreut. Rigg und Rumpf, Oberdecksanordnung und die Räume unter Deck bilden einen Guß, lassen das Element des Seglers als Arbeitsschiff in seiner Schlichtheit und Zweckmäßigkeit erkennen. Viele gute Schiffbaukenntnis, handwerkliche Qualitätsarbeit und durch- dachtes Ingenieurswissen sind in dieses bemerkenswerte Schiff investiert worden. Dazu kommt der viele gute Wille und die Begeisterung vieler junger Menschen. Freundschaftliche Beziehungen zu den beiden Begründern des ganzen Projektes haben mich dessen zum Teil schwierige Entwicklung verfolgen lassen. Das Ergebnis vieler Anstrengungen, Mühen und Opfer- bereitschaft so zahlreicher Menschen hat seine Rechtfertigung gefunden. Seit Jahren segelt das Schiff in Nord- und Ostsee und in der Weite des Atlantiks. Sachgemäße Handhabung, Sorgfalt im Detail und ein hoher Sicherheitsstandard haben die »Thor Heyerdahl« alle Reisen glücklich beenden lassen. Vielen Menschen hat sie ein besonderes Erlebnis und prägende Eindrücke vermittelt. Ich freue mich, daß all dies, in einem Buch zusammengefaßt, einem möglichst großen Leserkreis zugänglich gemacht wird und wünsche dem Schiff und seiner Besatzung »allzeit gute Fahrt und glückliche Heimkehr«.

Immo v. Schnurbein

Kiel-Holtenau, den 7. Mai 1993

Als am 19. Dezember 1980 ein altes graues Küstenmotorschiff in Kiel bei der HDW an Liegeplatz 13 (Möveninsel) festmachte, ahnte ich noch nicht, was sich daraus einmal entwickeln würde.

Ein für damalige Zeiten recht verwegen aussehender junger Mann kam mit einer riesigen Zeichnungsrolle in mein Büro und stellte sich als Detlef Soitzek, Navigator der Tigris-Expedition und Weggefährte von Thor Heyerdahl, vor: Er breitete einige Entwürfe und Bauzeichnungen eines Toppsegelschoners vor mir aus.

Nach genauer Durchsicht der Pläne gingen wir an Bord, um das Schiff zu besichtigen. Ich war mir damals nicht im klaren, war es nun fehlender Sachverstand oder hatte man Detlef einfach übers Ohr gehauen, denn was ich erblickte, war kein Schiff zum Aufriggen, sondern ein Wrack, bei dem die Abwrackkosten den Schrottwert übersteigen würden.

In den darauffolgenden Tagen führten wir viele eingehende Fachgespräche, bei denen mir schnell klar wurde, daß Detlef ganz genau wußte, was er wollte bzw. was auf ihn zukommen würde. Nach den Weihnachtsfeiertagen lernte ich dann auch Günter Hoffmann kennen, den Freund von Detlef und Miteigner des Schiffes.

Danach ging es Schlag auf Schlag: Sandstrahlen, Schweißen, Malen, Isolieren, Aufsetzen des Deckshauses, Anlieferung der Baumstämme, aus denen das Gehölz gefertigt wurde, Namensgebung, Gründung des »Thor Heyerdahl e.V.« und schließlich, am 7. Mai 1983, die Probefahrt und Indienststellung.

Bei der Gründungsveranstaltung des »Thor Heyerdahl e.V.« am 22. Oktober 1982 an Bord im Achterschiff noch auf Isolierwolle sitzend, ahnte bestimmt keines der 22 Gründungsmitglieder, daß der Verein nach zehn erfolgreichen Jahren auf rund 900 Mitglieder anwachsen würde.

Die drei Fundamente, auf denen unsere Vereinssatzung ruht, sind die Jugendarbeit, die Völkerverständigung und der Umweltschutz.

In den vergangenen 10 Jahren hat das Projekt interessierte Jugendliche und Erwachsene aus vielen Ländern zusammengeführt. In der heutigen Zeit mit all ihren Problemen macht jeder Mitreisende auf der »Thor« die Erfahrung, daß es unter Seeleuten an Bord, egal welche Nationalität, Religion oder Hautfarbe sie haben, keine Probleme gibt. So können wir mit Stolz berichten, daß schon vor der Öffnung Osteuropas bei uns Russen, Polen, Ostdeutsche neben Engländern, Schweden, Mexikanern und US-Bürgern zur Besatzung gehörten. Natürlich waren

**Diplom-Ingenieur
Klaus-P. Herrling**

**1. Vorsitzender
und Gründungsmitglied
des Vereins
»Segelschiff Thor Heyerdahl e.V.«**

auch Dänen, Holländer, Schweizer, Liechtensteiner, Spanier, Kroaten, Österreicher und viele mehr an Bord – und haben sich großartig untereinander verstanden.

Bei diesem Zusammenleben und -arbeiten wurden Freundschaften geschlossen, die bis heute halten.

Eine der Grundideen, die letztlich zum Ausbau des Schiffes führten, war, daß jeder Interessierte eine Chance haben sollte, einmal auf einem Großsegler anzuheuern. Hier lernt man, daß sich nur etwas bewegt, wenn alle in der selben Richtung am selben Tampen ziehen.

Die »Thor Heyerdahl« hat in in- und ausländischen Häfen zahlreiche Besucher gehabt; viele prominente Politiker, Wirtschaftskapitäne, Künstler und Sportler haben schon mit am Großfall gerissen. Das Wichtigste aber ist, daß in den letzten zehn Jahren ca. 10.000 Jugendliche und jung gebliebene Erwachsene jeglicher Coleur an Bord waren, sich wohlfühlten und viele als neue Stammbesatzung oder Vereinsmitglieder aufgenommen wurden.

Der Erfolg des Schiffes beruht vor allem auf dem Einsatzwillen und dem Geschick der jeweiligen Besatzung, die – geprägt von natürlichem Zeitgeist – in einer hochtechnisierten Welt die Windjammertradition wahrt.

Die »Thor Heyerdahl« hat die Farben der Stadt Kiel, des Landes Schleswig-Holstein und der Bundesrepublik Deutschland in viele Länder getragen, ist überall ein gern gesehener Gast und hat unser Land stets gut vertreten.

Dem Autor Eckard Wetzel, mit dem mich eine über 25jährige Freundschaft verbindet, ist mit diesem Buch eine sehr reale Schilderung des Bordlebens gelungen, er hat einen packenden, informativen Bericht über und um das Schiff geschrieben, und wir hoffen, daß dadurch viele neue Interessenten für unsere Ideen gewonnen werden.

Klaus P. Herrling

Kiel, 7. Mai 1993

I Das Segelschiff ist eines der ältesten technischen Fortbewegungsmittel der Menschheit. Es blieb in der frühgeschichtlichen Dämmerung verborgen, wann, wo und wie der Mensch die Entdeckung des Segels machte. Das Segel, eine Art Flügel, das die Naturkraft des Windes einfängt und über den Hebelarm Mast auf einen schwimmbaren Untersatz überträgt, erschloß dem Menschen Wege zu vorher unerreichbaren Ufern.

Es bedurfte erfinderischer Pioniere und wagemutiger Männer, um mit kühnen Experimenten und hart erkauften Erfahrungen das Schiff auf den derzeitigen Stand der Vollkommenheit zu entwickeln.

Die Entwicklungsgeschichte der Segelschiffe dürfte etliche tausend Jahre zurückreichen. Vermutlich wird das erste Wasserfahrzeug ein in der Flußströmung treibender Baumstamm gewesen sein, mit dem Menschen Entfernungen überbrücken konnten, der erste Mast ein Ast, an dem sich der Mensch festhielt, um nicht ins Wasser zu fallen. Der Fluß war der bevorzugte Ort, an dem sich der Mensch niederließ, und er war zugleich eine natürliche Wasserstraße. Und irgendwann erkannten unsere Vorfahren, daß ein zufällig an den Ast gelehntes Stück Baumrinde oder eine aufgespannte Tierhaut eine Antriebskraft erzeugte, die sich auszunützen lohnte. Und es ist anzunehmen, daß das Schiffssegel noch vor Rad und Wagen mehrmals in vielen Teilen der Welt erfunden worden ist.

Die leichten Fell- und Rindenboote der Frühgeschichte waren kaum in der Lage, mit Mast und Segel die Flußmündungen zu verlassen und aufs freie Meer hinauszufahren. Einbäume wurden später mit Hilfe eines Auslegers segeltüchtig gemacht. Flöße, aus mehreren Baumstämmen zusammengesetzt, boten eine stabile Plattform, auf die ein Mast und eine Hütte gesetzt und eine Ruderstange angebracht werden konnte. Mit diesem relativ verläßlichen Fahrzeug war man in der Lage, auch die Küstengewässer zu befahren und sich aufs ungewisse Meer hinauszuwagen. Solche Schiffsflöße sind in allen Erdteilen entstanden und haben sich zum Teil bis in unsere Tage erhalten. Zu erwähnen ist in diesem Zusammenhang das südamerikanische Balsafloß, die Jangada. Es gibt Anhalte, daß die tasmanischen negroiden Volksstämme vor einigen tausend Jahren mit Bambusflößen von der indonesischen Inselwelt kamen. Heute vermuten viele Experten die Wiege der Segelschiffe im indonesischen Raum. Südostasische Pirogen, mit einem Schwimmer versehene Einbäume, die zu Katamaranen zusammengefügt wurden, nutzten vor mehr als 6000 Jahren die Windkraft, um die Gewässer des Pazifischen Ozeans zu befahren.

Lange Zeit nahmen die Prähistoriker an, daß die Anfänge der Seefahrtsgeschichte im östlichen Mittelmeer lägen und den Phöniziern und Griechen zuzuschreiben wären. Heute weiß man, dies waren nur die Erben und Nachfolger früherer Hochseeschiffer.

Der griechische Geograph Strabon, der um das Jahr Christi eine Erdbeschreibung verfaßte, erwähnte die Seefahrt, die vor mehreren tausend Jahren vor unserer Zeitrechnung von dem reichen, an der südspanischen Atlantikküste gelegenen und später von den Karthagern zerstörten Handelshafen Tartessos ausgegangen war. In der Meeresbucht Firth of Forth vor Schottland förderte man die Überreste eines Schiffes in Form eines ausgehöhlten Kiefernstammes zutage, dem ein Alter von annähernd 8000 Jahren nachgewiesen wurde. Etwa 2000 Jahre jüngeren Datums ist ein ähnlicher Schiffsfund in den Niederlanden, und bei Deblin an der Weichsel fand man ein weiteres Schiff dieser Art, das auf ein Alter von 5000 Jahren geschätzt wird. Aus der Steinmalkunst der Megalithkultur läßt sich schließen, daß lange bevor auf dem Nil Steinquader für die Pyramiden befördert wurden, von Südskandinavien ausgehend ein Schiffsverkehrsnetz bis ins Mittelmeer, ja, bis hin zu Afrika, Asien und Polynesien bestanden hat. Die Fundstücke und entsprechende Felsgravierungen in Skandinavien belegen, daß Europa im vorgeschichtlichen Alter, was die Fluß- und Küstenschiffahrt anbelangt, hinter den großen Kulturen am Nil, Euphrat und Tigris nicht zurückgeblieben war.

Aus den überlieferten Zeugnissen einstiger Hochkulturen geht hervor, daß es lange vor unserer Zeitrechnung eine Epoche weltweiten Seeverkehrs gegeben hatte. Nach den Vorlagen der ursprünglichen, aus Papyrus und Schilf hergestellten Schiffe, die den Nil, den Euphrat und den Tigris befuhren, entstanden vor über 5000 Jahren die ersten Schiffe aus Holz, und im 2. Jahrtausend v.Chr. beherrschten ägyptische Schiffe nicht nur das Mittelmeer, sie gelangten durch einen um 2000 bis 1700 v.Chr. angelegten Kanal ins Rote Meer und befuhren den Indischen Ozean. Aus dem 15. Jahrhundert vor Christi wird überliefert, daß sie über das Rote Meer nach dem Lande »Punt« segelten, was in Südarabien oder Somaliland gelegen haben mochte.

In der Zeitspanne von 2100 bis 1450 v.Chr. wird die Beherrschung des Mittelmeeres der kretischen und minoischen Thalassokratie (Meerherrschaft) zugeschrieben. Zirka 1000 Jahre vor Christus versiegten die Quellen über die ägyptische Seefahrt. 1000 Jahre bevor Homer den Untergang Trojas besang, reichte die Seeherrschaft der Kreter bis ins westliche Mittelmeer, mit dreimastigen Schiffen durchstreiften sie das Mittelmeer bis nach Sardinien.

Immer lockte der Horizont

»Denn groß ist die Macht des Meeres.« Thukydides

Die Phönizier, die sich Ende des 4. Jahrtausends vor unserer Zeitrechnung am 400 km langen Küstenstreifen Syriens angesiedelt hatten, übernahmen etwa ab dem Jahre 1400 v.Chr. von den Kretern und Mykenern das seemännische Erbe, entwickelten die Schiffbaukunst fort und bauten Schiffe mit Kiel und Spanten. Sie verfügten über eine hervorragende Seenavigation, boten ihre Schiffahrtsdienste den Ägyptern, Assyrern, Judäern und Persern an und segelten mit ihren Schiffen, die sie von den aus dem Libanon stammenden Zedern bauten, bis weit jenseits der Säulen des Herkules (Gibraltar). Sie hatten nicht nur die Vormachtstellung im mediterranen Meer inne, sondern schickten ihre Schiffe bis zur westafrikanischen Küste. Sie kamen auch an die Mündung des Guadalquivir, wo der wahrscheinlich älteste Seehandelsplatz des Westens, das bereits erwähnte Tartessos lag, das in der Bibel als Tarschisch bezeichnet wird. Dort tauschten sie erlesene orientalische Ware, feine Webereien, Purpur, Perlen und Spezereien gegen spanisches Silber und Getreide. Die Tartessier wiederum, die möglicherweise schon im 3. Jahrtausend vor unserer Zeitrechnung die stürmische Biskaya durchsegelt hatten, brachten mit ihren Schiffen die Kostbarkeiten des Orients hinauf gen Norden, holten aus den Bergwerken Cromwells/Südengland Zinnladungen für die Bronzeherstellung und von der Elbmündung den im Morgenland gepriesenen Bernsteinschmuck. So schlugen Segelschiffe eine weite Brücke, verbreiteten die Handelserzeugnisse unterschiedlicher Kulturen über weite Regionen. Getreidearten, Nutzpflanzen, Wein, Oliven wurden in Gebiete gebracht, in denen sie bis dahin unbekannt waren.

Mit der Eroberung der führenden phönizischen Stadt Tyros 738 v. Chr. durch die Assyrer war das Ende der phönizischen Seefahrt besiegelt. Nur noch im Dienste fremder Herrscher befuhren Phönizier das Meer. Etwa 600 v.Chr. umsegelten sie auf Geheiß des Pharaos Necho den afrikanischen Kontinent. Sowohl die Phönizier als auch die Karthager wahrten ihre seemännischen Unternehmungen, die sie bis nach Britannien, den Kanarischen Inseln, selbst bis in den Persischen Golf und nach Indien ausgeweitet hatten, unter Androhung der Todesstrafe als Geschäftsgeheimnis und hinterließen der Nachwelt darüber keinerlei Aufzeichnungen. Alsbald übernahmen die Griechen, die große Kriegsschiffe aus Eichenholz, die Trieren, bauten, das Erbe der Vorherrschaft im Mittelmeer von den Phöniziern. Im Jahre 480 v.Chr. kam es bei Salamis zur Seeschlacht gegen die Flotte des persischen Königs Xerxes. Die siegreichen griechischen Schiffe bewahrten das gesamte Mittelmeer vor der persischen Herrschaft. Im Gegensatz zu den Phöniziern faßten die Griechen die bei ihren Kolonisierungsfahrten gesammelten Daten zusammen und hinterließen uns einen wohlgeordneten geographischen Überblick von der damals bekannten Welt. Die Seeabenteuer des griechischen Phokäerstammes leben in Homers Irrfahrten des Odysseus fort. Die größte griechische Entdeckungsreise wird um das Jahr 330 v.Chr. Pyteas zugeschrieben, der vermutlich von der Atlantikküste Frankreichs nach Britannien, zur Elbmündung und weiter zum sagenumwobenen Inselland Thule segelte. Pyteas Seereise nach Thule – es ist bis heute nicht geklärt, ob das im äußersten Norden gelegene Thule mit Island, den Shetlandinseln oder der Küste Mittelnorwegens identisch ist – war so außergewöhnlich, daß man sie nicht für glaubhaft hielt. Obgleich die Phönizier von der Bildfläche des Meeres verschwunden waren, blieb eine ihrer Tochterstädte übrig: Karthago, das vom 6. bis zum 3. Jahrhundert v.Chr. mit seinen Schiffen das westliche Mittelmeer beherrschte und dort den Handel monopolisierte. Karthagische Schiffe unterhielten einen regen Metallhandel mit England, kamen bis Sierra Leone an der westafrikanischen Küste und liefen wahrscheinlich auch die Kanarischen Inseln und die Azoren an. So unternahm der Karthager Hanno 500 v.Chr. eine Expeditionsreise bis zur Küste Kameruns. Gorillaköpfe am Bug brachte er als Trophäen zurück.

Nach den Karthagern und Griechen eroberten die Flotten des Römischen Reiches das Mittelmeer, von den Römern *»mare nostrum«* genannt. In zahlreichen überlieferten Fußbodenmosaiken, auf Wandreliefs und anderen römischen Bildwerken sind breite, runde Handelsschiffe zu erkennen. Am Bugmast führten sie als Steuerhilfe ein kleines Vorsegel, das Artemon, das dazu diente, das Schiff vor dem Wind zu halten.

100 Jahre vor der neuen Zeitrechnung wimmelte das Mittelmeer von Piratenschiffen. Die Freibeuter besaßen eine Flotte von etwa 1500 Schiffen, mehr als jede Seemacht zuvor. Im 7. Dezennium v.Chr. gelang es Pompejus, sie zu vernichten. Um das Jahr 200 prägte der Typ des kräftigen römischen Handelsseglers das Mittelmeerschiff. Er hatte mittschiffs einen Mast und eine Rah mit einem viereckigen Segel. Wie die meisten Schiffe des Altertums wurde er von einem Ruderpaar gesteuert. Eine Neuerung gegenüber den griechischen Seglern war ein System von »Geitauen«, mit denen das Segel auch von unten aufgeholt werden konnte. Mit dem Untergang des Weströmischen Reiches im Jahre 476 verschwanden nicht nur die römischen Schiffe vom Meer, sondem die gesamte europäische Seefahrt kam für lange Zeit kaum mehr zur Entfaltung. Lediglich Schiffe des byzantinischen Reiches betrieben im 5. und 6. Jahrhundert Ost- und Westhandel. Als arabische Schiffe 674 vor Konstantinopel auftauchten, wurden sie von den oströmischen Dromonen mit einer neuen Waffe, dem »byzantinischen Feuer« vertrieben. Nach dem Niedergang von Byzanz wurde der Seehandel hauptsächlich von den italienischen Südstaaten bestimmt. Venedig hielt bis zum 17. Jahrhundert eine bedeutende Vormachtstellung inne. Beachtenswert ist die damals für unglaubwürdig gehaltene dreijährige Seereise des Marco Polo, die ihn mit Dschunken von China aus an Sumatra, Indien und Persien vorbeiführte.

Vieles deutet darauf hin, daß es bereits im Altertum einen ozeangehenden Verkehr in beide Richtungen gegeben hat. So berichtet der griechische Reiseschriftsteller Pausanias von der Seereise des Kariers Euthymus, der zu den Satyriden, einer Inselgruppe im fernen Westen des Ozeans, gesegelt war und dort auf rothäutige Menschen mit Pferdemähnen stieß. Wahrscheinlich landete dieser präkolumbianische Entdecker auf den Karibischen Inseln. Beide, der römische Gelehrte Plinius und der Geograph Pomponius, schrieben die Begebenheit nieder, um 52 v.Chr. sei an der germanischen Nordseeküste ein Schiff mit rothäutigen Menschen gelandet, die als Sklaven an den römischen Prokonsul in Gallien verschenkt worden seien. Aus den Schilderungen Diodorus Siculus, Geschichtsforscher der Spätantike, geht hervor, daß die Karier, Phönizier und Karthager über Gibraltar hinaus Handelsreisen bis zur Karibik, der Nordküste Südamerikas und Brasilien unternommen haben, die dann zur Zeit Alexander des Großen aufhörten. Als Nachweis für den antiken Seeverkehr nach Amerika dienen die am Südufer des Delaware-Flusses in Nordamerika gefundenen Spuren einer im Jahre 371 v.Chr. erfolgten karthagischen Expedition des Admirals Himilko. Phönizische Inschriften fanden sich in Lateinamerika, so z.B. bei dem unweit von Rio de Janeiro gelegenen Ort Havea. Unter der riesigen Skulptur eines bärtigen Männerkopfes ist die phönizische Inschrift zu lesen: *Badizir aus dem phoinikischen Tyros, der erste Sohn des Jethebaal.* Badizir war 855-850 v.Chr. König von Tyros. Nach Angaben von Historikern entsandte Alexander, hellenischer Eroberer und König von Mazedonien, eine große Flotte unter seinem Feldherrn Ptolemäus, um die phönizischen Kolonien westlich von Gibraltar zu zerstören. Nach dem Passieren der Meerenge verlor sich das Schicksal der Flotte, bis im Jahre 1833 bei Montevideo (Uruguay) ein altes griechisches Grab mit Helm und Schwertern aufgefunden wurde, dessen Deckplatte die griechische Inschrift trug: *Alexandros, der Sohn des Philipos, war König von Mazedonien zur Zeit der 113. Olympiade. Hier Ptolemäus...* Es gibt noch weitere Hinweise, daß im Altertum transozeanische Verbindungen zwischen dem europäischen und amerikanischen Kontinent bestanden haben. Älter als vielleicht alle bekannten Stadtgründungen der Alten Welt dürfte die alte, auf dem Hochplateau im Gran Chaco gelegene Ruinen-Metropole sein.

Eine Fußnote hinsichtlich der prähistorischen Seefahrt ist noch zu machen: Legenden und Überlieferungen zufolge soll die Menschheit auf im Atlantik versunkenen Archipelen einst ein ozeanisches Imperium besessen haben – das sagenumwobene Atlantis, mit Palästen und Tempeln mit goldenen Dächern. Sollte die Existenz des angeblich in den dunkel-violetten Tiefen des Atlantiks verschwundenen Inselreiches jemals nachgewiesen werden, so müßte nicht nur der Beginn der menschlichen Zivilisationgeschichte, sondern auch die Anfänge

der Seefahrt zurückdatiert werden und zwar noch vor die Zeiten der ägyptischen, sumerischen, babylonischen Kulturen.
Im Norden Europas hatten die Iren das keltische Seefahrtserbe übernommen. Ihre Legenden berichten von weiten Seefahrten des heiligen Brandan zu Beginn des 6. Jahrhunderts, die ihn bis nach Amerika geführt haben sollen. 200 Jahre später durchsegelten irische Mönche den Atlantik und entdeckten Island. 300 Jahre nach Christi begannen die Wikinger, mit offenen, vorne und achtern gleich geformten und einem Rahsegel ausgestatteten Langschiffen auf Raubzüge auszugehen, aber erst vom 8. bis zum 11. Jahrhundert stand ihre Seefahrt in voller Blüte. Die schwedischen Wikinger gründeten Niederlassungen an der Wolga und dem Depr. Die norwegischen Wikinger segelten um das Jahr 1000 bis zur kanadischen Baffininsel, das sie Helluland nannten. Sie kamen nach Labrador und Neufundland, denen sie die Namen Markland und Vinland gaben. Im 11. Jahrhundert erschienen die Nordmänner mit ihren Drachenbooten vor der Odermündung, vernichteten das nach der Sage später vom Meer verschlungene Vineta sowie die Festung Jomsburg auf der Insel Usedom. Drachenschiffe nannte man die Boote wegen ihrer geschnitzten furchteinflößenden Köpfe und Schwänze am Bug und Heck. Während im Mittelmeerraum die Kraweelbauweise Anwendung fand, d.h., die einzelnen Plankenkanten wurden stumpf aneinander auf die Spanten genagelt, so daß ein glatter Außenrumpf entsteht, wurde bei den nordischen Booten die Beplankungsart des Klinkerns bevorzugt. Hierbei werden die Rumpfplanken wie Schindeln übereinandergelegt. Während die Schiffe im Mittelmeer in der Regel mit zwei Steuerriemen versehen waren, wurden die Wikingerschiffe nur mit einem Steuerriemen an der Steuerbordseite gehandhabt. Der Standplatz des Steuermannes (in Fahrtrichtung gesehen) auf der rechten Schiffsseite erklärt den Begriff »Steuerbord«. Bei Bedienung des Seitenruders kehrte der Steuermann der linken Schiffsseite seinen Rücken – angelsächsisch »back« – zu, woraus sich die »Backbord«-Seite ergab. Aus einem Grabhügel bei Oseberg am Oslofjord wurde 1903/04 ein Wikingerschiff aus dem 9. Jahrhundert ausgegraben, welches heute im Schiffahrtsmuseum in Oslo beherbergt wird. Es wird angenommen, daß das 1963 im Moor von Nydam bei Schleswig gefundene Boot aus der Zeit um 300 v.Chr. stammt. Bei ihm wurden die ältesten im Schiffbau verwendeten Nieten festgestellt.
Im Mittelmeer war lange Zeit das von den Arabern übernommene dreieckige Lateinersegel im Gebrauch. Ein typischer Schiffstyp dieser Art war die neapolitanische Galeere, die zwei Masten mit Lateinersegel trug. Die »Barbaresken«, wie man die piratischen Berber von Nordafrikas Küste nannte, überfielen mit ihren leichten, eleganten Schebecken die christlichen Pilgerschiffe. Dreimastig, mit drei Lateinersegeln kamen sie gleich flinken Seeraubvögeln mit langen, spitzen Schnäbeln und ungewöhnlich langen Schwalbenschwänzen über die Wellen dahergeflogen.
Neuerungen brachten die Kreuzfahrer aus dem Norden in die Schiffbauentwicklung ein, insbesondere initiierten sie die venezianischen Werften, das axiale, feste Steuerruder auf den neuen Galeeren und Galeassen einzubauen. Auch übernahmen die Schiffbauer des Südens das typische nordische Rahsegel. In der venezianischen Lagunenstadt, aber auch auf genuesischen Werften entstand ein neuer Handelschiffstyp, die sogenannte Nao, die außer einem festen Stevenruder auch ein Rahsegel aufwies.
Im 13. Jahrhundert besegelten Hanseschiffe die Ost- und Nordsee, die Nef, die Kogge, um für den Bund norddeutscher Kaufleute Großhandel auszuüben. Als Vorgänger für die hansischen Schiffe wird die rundliche Knorre der Wikinger und friesischen Händler angesehen. Bei der einmastigen Kogge, die gegenüber der Knorre ein durchgehendes Deck besaß und als Universalfahrzeug von Bergen bis Bordeaux genutzt wurde, wurde eine wesentliche Neuerung eingeführt: Anstelle des bis dahin aus einem Riemenblatt bestehenden Ruders wurde sie mit einem feststehenden Achterstevenruder mit Pinne ausgestattet. Über zwei Jahrhunderte lang blieb die hochbordige Kogge das typische Schiff Nord- und Westeuropas und übte außerordentlichen Einfluß auf die nördliche europäische Kultur aus. Obwohl die Hanseschiffe, die an ihren Masten nur ein großes Rahsegel trugen, nicht für die Hochsee konzipiert worden waren, gelangten einige während der Kreuzzüge auch ins Mittelmeer.
Hansische Kaufleute schickten ihre Schiffe mit Salz und Kalk aus Lüneburg, Korn, Malz und Bier beladen auf »Schonenfahrt« nach Schweden. Mit Fässern frischen Herings kehrten sie heim. Vom norwegischen Bergen holten sie Stockfisch und brachten Malz, Getreide, Mehl und Bier dorthin. Die Koggen gingen mit Salz von der Bretagne auf die »Baienfahrt« bis nach Livland (Baltikum). Eine hansische Route führte von Danzig bis nach Venedig und Genua.
Für die Seefahrt auf den Ozeanen entwickelten zuerst die Portugiesen und dann die Spanier geeignete Schiffe: die Karavellen und Karacken. In Nordeuropa entstand Ende des 15. Jahrhunderts als Pendant zur Mittelmeerkaracke der Hulk, eine weiterentwickelte Kogge mit drei Masten. Einige Fachhistoriker vertreten die Mei-

nung, die bei den Kreuzzügen verwendete Kogge des 13. Jahrhunderts sei zum Vorbild für den Bau der Karacken geworden. Demnach stellt der Hulk die Rückkehr der im Mittelmeer verbesserten Kogge nach Nordeuropa dar. Karacken wurden schließlich auch bei der Hanse eingeführt. Die 1460 gebaute Karacke »Peter von Danzig«, Eigentum der Stadt Danzig, konnte 800 Tonnen laden und war zu ihrer Zeit das größte Schiff auf der Ostsee. Das Flaggschiff der Hanse, die 1566 gebaute Kriegsgaleone »Adler von Lübeck« besaß einen Rauminhalt von 1500 Tonnen.

In nordischen Breiten übernahmen die Bootsbauer nunmehr die bislang im Süden übliche Karweelbauweise und das Spiegelheck. Insgesamt flossen die bislang charakteristischen Konstruktionsmerkmale der verschiedenen Schiffstypen ineinander über. Nunmehr war die Zeit gekommen für das weitsegelnde, klassische Vollschiff, das die Eigenschaften der nordischen Kogge mit der südlichen Karavelle vereinte. Es hatte drei Masten, am Vor- und Hauptmast trug es große Rahsegel, am achteren Kreuzmast ein Lateinsegel, zudem unter dem Bugspriet ein kleines Rahsegel. Über den großen Rahsegeln wurde noch ein kleines Toppsegel gesetzt. Mit dieser Takelungsart konnte es bis zu 65 Grad am Wind segeln. Viktor Hugo bezeichnete das Vollschiff – die »Santa Maria«, das Flaggschiff des Christoph Kolumbus' war ein solches –, mit dem man die Welt umsegeln konnte, als »eines der größten Meisterwerke der Menschheit.« In abgewandelter Form war es 400 Jahre lang auf dem Meer zu finden.

Der portugiesische Prinz Enrique, der in die Seefahrtsgeschichte als Heinrich der Seefahrer eingegangen ist, schuf 1418 auf seinem Schloß Sagres die erste Marineakademie der Welt und legte damit den Grundstein zum Beginn der ozeanischen Epoche, der zweiten Epoche in der Geschichte der Seefahrt, mit der das Zeitalter der Entdeckungen begann. Den Wissenstand des 15. Jahrhunderts in Geographie, Kartographie und Astromonie nutzten die Seefahrer für die Navigation.

Die Wikinger orientierten sich auf See mit Hilfe des Magneteisensteins. Seit dem 13. Jahrhundert war die Magnetnadel, aus Asien stammend, in der europäischen Seefahrt in Gebrauch. Nun aber wurde das *Astrolabium,* das auf arabische Herkunft zurückgeht, zur Messung der Sonnehöhe benutzt. Es wurde alsbald durch ein verbessertes Gerät, den *Jakobstab* ersetzt, der vermutlich eine abendländische Entwicklung darstellt. Ins 15. Jahrhundert fällt auch die Erfindung des Handlogs, ein Gerät zum Messen der Fahrgeschwindigkeit des Schiffes durch das Wasser, an dem die an einer Leine markierten Knoten abgezählt werden. Heute noch wird die Schiffsgeschwindigkeit mit dem Ausdruck Knoten angegeben; 1 Knoten bedeutet 1 Seemeile pro Stunde. Bei der Zeitmessung auf See hatte man sich bislang der umständlichen Sanduhren bedient, die man alle halbe Stunde umdrehte und jeweils mit der Schiffsglocke ausläutete. Der Begriff des »Glasens« hat sich bis heute an Bord von Schiffen erhalten. Achtmal »glasen« bedeutet eine vierstündige Wache. Danach beginnt man mit der Zeiteinteilung von neuem. Aus Nürnberg kamen wissenschaftliche und technische Neuheiten: verbesserte Uhren und astronomische Tabellen, die *Ephemeriden,* die der Mathematiker, Astronom und Erfinder des Dezimalbruches Johann Müller, genannt Regiomontanus, für den Zeitraum von 1475 bis 1505 herausgab. Zu den nach Lissabon gerufenen Gelehrten zählte Martin Behaim. Der Erbauer des ersten Globusses gelangte dort zu großen Ehren, die ihm im eigenen Lande verwehrt blieben. Mercator, zu deutsch Gerhard Kremer, Geograph und Kartograph, brachte wenig später Seekarten mit winkeltreuen Projektionen heraus, nach denen der Seemann leicht den Schiffskurs bestimmen konnte. Eine bemerkenswerte Neuerung war die Weltkarte, die der florentinische Gelehrte Toscanelli an den König von Portugal sandte und diesen vermutlich zu Seereisen nach Indien anregte.

Der Portugiese Bartolomäus Dias umschiffte 1487 das Kap der guten Hoffnung. Mit drei Karacken und einer Karavelle umsegelte 1497/98 sein Landsmann Vasco da Gama Afrika und landete an der Küste Ostindiens. 1504 wurde er als Vizekönig nach Ostindien entsandt. Damit war endlich der Seeweg nach Indien gefunden worden, den Kolumbus, der als einer der ersten einen Chronometer mitgeführt haben soll, in westlicher Richtung suchte, aber statt dessen 1492 auf die Bahamas stieß. Die Fahrten der portugiesischen und spanischen Schiffe dienten nur einem Zweck: der Aufteilung und Kolonisierung der Neuen Welt. Die Engländer wollten nicht nachstehen. Im Jahre 1497 entsandten sie den Venezianer Giovanni Caboto (John Cabot) mit der Karavelle »Methew«, um in nördlichen Breiten den westlichen Weg nach China zu finden. Er erreichte jedoch nur die Labradorküste und setzte nach den Wikingern als erster Europäer seinen Fuß auf den amerikanischen Kontinent. Die erste Umsegelung der Welt von 0st nach West um die Südspitze Amerikas herum gelang spanischen Seeleuten unter Führung des Portugiesen Ferñao de Magalhaes 1519 bis 1522. Mit fünf Karacken war Magalhaes ausgelaufen. Nur die »Viktoria« kehrte als einziges Schiff nach Spanien zurück und gilt damit als das erste Schiff, das die Welt umsegelte. Inzwischen waren die typischen Kolonisationsschiffe entstanden, die Galeonen, die gegenüber den Karacken höhere, aus mehreren Teilen zusammengesetzte Masten mit mehreren Segeln und hohen Achterkastellen bis zu sieben Etagen besaßen. Und es war die Kosarengaleone »Golden Hind« des britischen Freibeuters Francis Drake, die als zweites Schiff die Welt umrundete. Drakes Absicht war, nicht nur den spanischen Kolonialschiffen dort nachzustellen, wo sie es am allerwenigsten vermuteten, nämlich an der pazifischen Küste Amerikas, sondern auch den Weg nach China zu finden. 1588 entsandten die Spanier ihre Armada in den Ärmelkanal, um dem englischen Freibeutertum ein Ende zu bereiten. Doch die Spanier segelten ins Verderben.

Auch die Blütezeit der portugiesischen Seefahrt war alsbald vorbei. Den Portugiesen blieb der Ruhm, die besten Seefahrer der Welt gewesen zu sein. Ein literarisches Denkmal setzte ihnen Mitte des 16. Jahrhunderts ihr Dichter Luis de Camoes mit dem National-Epos *»Die Luisaden«*, das neben die großen See-Epen der Odyssee und des Gudrunliedes zu stellen ist .

Mit dem Untergang der spanischen Armada wurden England und die Niederlande die großen Kolonisationsmächte. Die Holländer bauten einen neuen Schiffstyp mit geringem, den niederländischen Gewässern angepaßten Tiefgang, mit hohen Masten und schmalen Segeln: die Fleuten. Die Fleute, sie wurde das meistverbreitete Handelsschiff und auch für den Walfang genutzt, war nach der Kogge der zweite nordische Schiffstyp, der den Südeuropäern neue Anregungen für ihren Schiffbau gab. Die Niederländer betrieben den Schiffbau erstmals nach theoretischen Unterlagen, verfügten im 17. Jahrhundert über die größte Handelschiffsflotte und galten als die Spediteure Europas. Doch nur solange, bis die Briten mit ihren kanonenbestückten Linienschiffen und die Franzosen mit ihren vollgetakelten Kriegsfregatten erschienen – mit prachtvollem, Geltung repräsentierendem Heckzierat ausgestatteten Schiffen – und um die Vormachtstellung auf dem Meere wetteiferten. Das größte und berühmteste britische Linienschiff war die »Victory«, das Flaggschiff des Lord Nelson, der 1805 bei Trafalgar die französisch-spanische Flotte besiegte. Danach wurden die Briten die Herren der Weltmeere.

Während des 18. Jahrhunderts wurden immer größere und technisch verbesserte Schiffe auf Stapel gelegt, die nicht mehr mit einer Ruderpinne gelenkt wurden, sondern mit einem Rudermechanismus und einem Steuerrad, der Erfindung eines Unbekannten, ausgerüstet wurden. Seit 1731 war der Sextant des Engländers John Hadley im Gebrauch, mit dem die Seefahrer zwecks Ortsbestimmung zuverlässig Höhen und Winkelabstände von Sternen messen konnten. Zu den Neuerungen, die ein genaues Navigieren ermöglichten, gehörten der Chronometer von Harrison aus dem Jahre 1764 und das vom Göttinger Professor Tobias Mayer herausgegebene Tafelwerk, mit dessen Hilfe aus der Beobachtung der Mondentfernung auf die Greenwich-Zeit geschlossen werden konnte.

Von 1768 bis 1771 umsegelte James Cook mit seiner Korvette »Endeavour« die Ostküste Australiens. Von 1772 bis 1775 brach er mit den Schiffen »Resolution« und »Adventure« auf, um einen südlichen Erdteil zu suchen. Er umsegelte zwar die südliche Polarregion, bekam den sechsten Kontinent jedoch nicht zu Gesicht. Dies blieb den russischen Seefahren Bellinghausen und Lasarew vorbehalten, die 1819 bis 1821 die Antarktis aufsuchten. 1893 bis 1896 unternahm der Norweger Fridjof Nansen mit seiner Barketine »Fram« eine Nordpolarfahrt.

Im 17. und 18. Jahrhundert waren die Schiffe immer größer und ihre Takelungen immer umfangreicher geworden. Man stockte die Masten mit zwei oder gar drei Stengen auf, um sie mit mehreren Reihen Segeln zu besetzen. Die Zunahme der Rahsegelfläche erforderte als Ausgleich mehrere Stagsegel.

Als 1793 zwischen England und Frankreich Feindseligkeiten ausbrachen, gab es jenseits des Atlantiks an der Ostküste Nordamerikas genügend Gründe, schnelle Schiffe zu bauen: um den europäischen Patrouillenschiffen ein Schnippchen zu schlagen und trotz Blokkade Seehandel zu treiben, um zu schmuggeln oder auf Kaperfahrt zu gehen. Die an der Chesapeake Bay ansässigen Bootsbauer übernahmen die in Europa für kleine Fahrzeuge verwendete Schonertakelung und entwickelten daraus ein kleines, leichtes Segelfahrzeug, das als »Virginia-Lotsenboot« Beachtung fand. Mit geringfügigen Verbesserungen entstand daraus in den zwanziger Jahren des 19. Jahrhunderts ein schneller, eleganter Schoner, der als »Baltimore Klipper« berühmt wurde. Revolutionäre Merkmale zeichneten allein seine Rumpfkonstruktion aus: schmaler Freibord, Kielfall nach achtern und starke Aufkimmung mittschiffs, d.h. einen Übergang vom Boden an die Bordwände, der mehr einem V als einem U glich und nur einen begrenzten Laderaum zuließ, das Überragen von Bug und Heck, wodurch das Deck länger war als der Kiel. Die »schooner« hatten eine hohe Stabilität und konnten demzufolge eine Unmenge von Segeltuch an ihren nach achtern schräggestellten Masten setzen.

Der freie Welthandel und weitere Begebenheiten, die Entdeckung des Kalifornischen Goldes 1848 und drei Jahre später der »golden rush« in Australien erforderten im 19. Jahrhundert andere Segelschiffstypen als in den Jahrhunderten zuvor. Im 18. Jahrhundert war das Anwachsen des Frachtverkehrs zu spüren gewesen, 100

Jahre später nahm der Personenverkehr lebhaft zu. Überall wurden schnelle Schiffe benötigt, damit die Ware auf der Überfahrt nicht in den Laderäumen verdarb. Auf den Meeren erschienen Schoner, Barken, Klipper, Brigantinen und Abkömmlinge von diesen, Schiffe mit schnittigen Linien, hohen Masten, die viele Segel tragen und Eilgut befördern konnten. Innerhalb weniger Jahre gelangten die breiten Frachtsegler ins Hintertreffen. Die Lateinersegel am achteren Mast, die vorwiegend als Rückwindsteuersegel dienten, sowie die Bugsprietrahsegel wurden wie bei den Schonern durch kleine, dreieckige Klüversegel ersetzt. An der nordamerikanischen Ostküste entstanden in raschem Tempo als vergrößerte Ausführungen des Baltimore-Schoners die Yankee Klipper, absolute Meisterleistungen aus Holz und Segeltuch, die alle anderen Aspekte der bisherigen Seefahrt einzig der Geschwindigkeit opferten, die zu Symbolen von Freiheit und Romantik wurden.

Ihre schlanken, hölzernen Rümpfe trugen geneigte, turmhohe Masten, an denen eine Unzahl von Segeln gesetzt wurde. Nie hatte es stolzere Schiffe gegeben, die die Herzen der Menschen höher schlagen ließen als bei den Klippern, die nicht nur bei jedem Wetter hoch am Wind segelten, sondern bis dahin nicht für möglich gehaltene Geschwindigkeiten liefen und 350 Seemeilen und sogar noch mehr am Tag schafften. Die hochgezüchteten Klipper zur Zeit des kalifornischen Goldrausches jagten von New York um Kap Hoorn nach San Franzisko in weniger als 100 Tagen. Besonders berühmt in der Welt waren die Klipper des Schiffbauers Donald McKay aus East Boston, darunter die »Flying Cloud« und »Sovereign of the Seas«. Die Glanzleistungen seiner Klipper spornte die Briten an, den Vergleich mit ihnen aufzunehmen, und sie bauten ihrerseits hochgezüchte Schiffe, die Tee- und Jute-Klipper wie die »Cutty Sark«, die »Ariel«, die »Taeping« und die »Thermopylae«, die, vom britischen Sportsgeist beflügelt, Rekordreisen zwischen dem fernen Osten und Europa unternahmen und seit 1859 untereinander »Tea Races« austrugen. Die ausgesetzte hohe Prämie erhielt diejenige Schiffsmannschaft, die als erste in London ein Päckchen der neuen Tee-Ernte auf die Pier warf.

Um die extremen Geschwindigkeiten herausschinden zu können, mußten sämtliche Spieren mit dem letzten Fetzen Segel bestückt werden. Der Klipper bedurfte einer großen Mannschaft, die ihn Tag und Nacht bediente. Sie stellten Bestleistungen auf, die niemals gebrochen werden konnten. Der bekannte australische Klipper »James Baines« soll 21 Knoten gelaufen sein. Genau wie die »Lightning«, die als der schnellste Klipper galt, schaffte er die Strecke Liverpool – Melbourne in 63 Tagen. Doch der Unterhalt dieser Schiffe war auf Dauer gesehen zu kostspielig. Die Blütezeit der amerikanischen Klipper war nur von kurzer, hektischer Dauer. 1869, als die erste Pazifikeisenbahn den Atlantischen und den Stillen Ozean verband, fanden die Triumphreisen der Yankee Klipper ein rasches Ende. Mitte der siebziger Jahre hatten auch die britischen Klipper ausgedient, die Tee aus China und australische Wolle nach England transportiert hatten. Abgeschoben für Salpeter- und Düngemittelfahrten an die südamerikanische Küste oder um Kohle nach Suez oder zu den Westindischen Inseln zu bringen, begannen auch sie nach kurzer Blütezeit vom Angesicht der See zu verschwinden. Das goldene Buch der kurzen Klipper-Ära wurde zugeschlagen.

Das Zeitalter der industriellen Revolution zog rasche Veränderungen im Schiffbau nach sich. Im Jahre 1786 unternahm ein Engländer namens Fitch den Versuch, ein Schiff mit einer Dampfmaschine anzutreiben, und 1807 wurde die Dampfkraft auf Schiffen eingeführt. Als zwölf Jahre später die »Savannah« über den Atlantik dampfte, stellte dieses Ereignis erstmals eine Herausforderung an die Segelschiffahrt dar. Im denkwürdigen Jahr 1827, als vor Navarino die letzte Seeschlacht nur unter Segeln ausgefochten wurde, erhielt der Forstmeister Joseph Ressel sein Patent auf die Erfindung der Schiffsschraube.

Noch bevor der quirlende Schiffspropeller seinen Siegeslauf um die Welt antrat, ließen schnaubende Widersacher mit eisernen Radschaufeln, aber noch für einen evtl. »maschinentechnischen Blackout« mit Zusatzsegel versehen wie die 1858 in England fertiggestellte riesige »Great Eastern«, die Segelschiffe ins Hintertreffen geraten. Dem nautischen Superlativ »Great Eastern« widmete der begeisterte Jules Verne 39 Kapitel seines Buches »Eine schwimmende Stadt«, und Stefan Zweig umjubelte das Mammutschiff jener Jahre in seinem Werk »Sternstunden der Menschheit«: »...Und nun ist endlich das langgeträumte Riesenschiff zur Stelle, das die ungeheure Fracht... in sich aufnehmen kann, die berühmte ›Great Eastern‹... Und Wunder über Wunder...« Bereits in der zweiten Hälfte des 19. Jahrhunderts wurde das Segelschiff in der Passagierschiffahrt von seinen »kohlefressenden« Konkurrenten verdrängt.

Auf der Nordatlantikroute schätzten die Passagiere mehr noch als die zuverlässigen Fahrpläne den Komfort der Dampfschiffe. Doch für weite Strecken waren die Dampfer auf Bunkerstationen zum Nachfüllen ihrer Kohlenvorräte angewiesen, und so konnten sich Segelpassagierschiffe auf der Australienroute noch einige

Zeit behaupten. Mit der Eröffnung des Suezkanals 1869 war eine Großschiffahrtsstraße quer durch Arabien nach Indien geschaffen worden, die den langen Weg um Afrika herum überflüssig machte. Dampfer betrieben nun den Indienhandel.
Alsbald jedoch mußten sich Segelschiffe mit dem Transport von Massengütern begnügen, die keiner besonderen Eile unterlagen. Jahrtausendlange Entwicklungsarbeit hatte es gebraucht, um vollkommene windgetriebene Seefahrzeuge zu erschaffen, nur wenige Dutzend Jahre waren notwendig, um sie im Zeitalter des maschinellen Antriebes in die Unwichtigkeit versinken zu lassen.
Dennoch gab es einige Reeder, die mit unerschütterlicher Zuversicht am Segelschiff festhielten, so die Gebrüder R. + J. Graig aus Glasgow, die 1875 das erste Viermastvollschiff aus Eisen bauen ließen und damit die Zeit der frachtfahrenden Großsegler einleiteten. In Deutschland glitt 1886 bei der Werft Blohm & Voss, Hamburg die erste aus Eisen hergestellte Viermastbark »Polmnia« von den Helgen. 1891, als auch in Deutschland Schiffsstahl hergestellt werden konnte, baute Blohm & Voss den ersten stählernden Viermaster, der den Namen »Hebe« erhielt. Unmittelbar vor der letzten Jahrhundertwende liefen viele Großsegler mit großer Ladekapazität vom Stapel, die auf ein Höchstmaß an Wirtschaftlichkeit ausgelegt waren und von der Besatzung weitgehend selbst instand gehalten wurden. Die Segelschiffreedereien setzten diese Ozeansegler, auf Englisch »deep waterships« genannt, für Fahrten nach der Westküste Südamerikas ein, wo sie Salpeter, Kupfer und Guano luden und nach Europa brachten. Es waren reine Arbeitsschiffe, denen man später die Bezeichnung »Windjammer« gab.
Früher war diese Wortschöpfung eher abfällig gemeint, bei der üblen Titulierung »Windjammermatrose« hätte jeder redliche Seemann die Fäuste fliegen lassen. Die britischen Besatzungen, die mit ihren Rahseglern auf die großen Gaffelschoner an der amerikanischen Ostküste trafen, hielten sich aufgrund ihrer Hochsee-Erfahrung für die besseren Seeleute und verspotteten die Crews der »Coaster«, weil diese mit ihren »Windquetschen« (von »to jam« = pressen, quetschen) zwei bis drei Grad höher am Wind segelten als ihre großen »Square riggers«.
Die Stahlmasten und Rahen der Großsegler wurden von Stahltrossen und Ketten gehalten. Sie hatten lange Rahen und breitere Segel als die Klipper. Während die Klipper mit großen Rahsegeln ausgestattet waren, führten die Windjammer statt dessen unterteilte Mars- und Bramsegel, jeweils schmale Ober- und Untermarssegel sowie Ober- und Unterbramsegel, die sich leichter bedienen ließen. Die Großsegler entfalteten ihre mächtigen weißen Flügel, um rund Kap Hoorn zu den Salpetergruben nach Chile zu segeln. Nie zuvor wurde den Seeleuten härtere Segelschiffsarbeit abverlangt als in den Jahren 1870 bis 1900, als die schweren, eisernen Glattdecker oft monatelang gegen widrige Winde gegen Kap Hoorn ankämpften. Ihr Schiffsrumpf wurde zum Amphibium, über das die Hoorn-See hinwegwusch. Gar manches Mal überraschte die überbrechende See die die Marsbrasse steifholende Mannschaft und schleuderte sie in den »Rinnstein«, wo sie umherkegelten. Europas Salpeterbedarf war unermeßlich, man benötigte den Rohstoff nicht nur als Düngemittel, sondern auch für die Munitionsfabrikation. Auf der Reede von Iquique lagen gleichzeitig 70 Rahsegler, die die Umrundung der Hoorn geschafft hatten, und warteten darauf, beladen zu werden, Engländer, Franzosen, Norweger, Deutsche...
In Konkurrenz zu den Engländern und Franzosen unterhielten in Deutschland die Reedereien Rickmers und Ferdinand Laeisz große Segelschiffe. Ehrfurchtsvoll sprach man von den »Flying-P-Linern«, Schwerwetterschiffe, die unter der Laeisz'schen Hausflagge schnelle Reisen um Kap Hoorn machten – Schiffe, deren Namen mit einem P anfingen. Berühmt wurde der Fünfmaster »Potosi«, das Nonplusultra unter den Seglern – wie alle P-Liner ein Dreiinselschiff mit langer Mittelschiffsbrücke, die Back, Hochdeck und Poop miteinander verband – der unter seinem legendären Kapitän Robert Hilgendorf hervorragende Reisen ums Hoorn machte. Ein weiteres Kennzeichen der deutschen Segler: Sie hatten einen doppelten Besanbaum (wie er übrigens auch in unseren Tagen bei der Dreimastbark »Gorch Fock« der Bundesmarine beibehalten worden ist). Einzig vom Winde getrieben, brauste die »Potosi«, dieser Dauerrenner, mit der steten Geschwindigkeit eines Güterzuges über die Meere. Hilgendorf beherrschte dieses Instrument so virtuos, daß er den Wunschtraum aller Reeder verwirklichte – zwei komplette Chile-Rundreisen pro Jahr. Der eindeutige Zenit im Bau von Segelschiffen wurde Anfang des 20. Jahrhunderts erreicht. Glanzvoller Höhepunkt war das Fünfmastvollschiff »Preussen«, das 1902 von der Werft Tecklenburg gebaut wurde. Die »Preussen« war, mit 5081 BRT vermessen, das größte reine Segelschiff, das jemals die Meere befahren hat. Ihre Länge betrug 133,5 Meter, ihr Flaggenknopf am Großmast befand sich 57,75 m über dem Deck. Sie konnte 48 Segel mit insgesamt 5560 Quadratmetern Segelfläche anschlagen. Wenn die »Preussen« alle Segel setzte, war sie in der Lage, 19 Knoten zu laufen und war damit den meisten der verrußten »Teekessel« überlegen.

Ein alter Frachtsegler – mit gekapptem Rigg. Ein letztes Segel symbolisiert das Ende einer Ära.

Dreimastiger Motorsegler am Bollhörn-Kai des Kieler Innenhafens um 1935.

Mit dem 1914 in Betrieb genommenen Panama-Kanal schwanden die Einsatzmöglichkeiten der Windjammer. Die lohnenden Frachten sanken, als die Kunstdüngerherstellung nicht mehr aus Chile-Salpeter, sondern künstlich mit Hilfe von Ammoniak aus Luftstickstoff und Wasserstoff (Haber-Bosch-Verfahren) hergestellt wurde. Viele klangvolle Segelschiffsnamen wurden aus dem Lloyd-Register gestrichen. Während des Völkerringens 1914/18 fiel manch Segler den deutschen U-Booten zum Opfer. Viele deutsche Großsegler waren in Übersee interniert und verkamen dort. Nach dem Ersten Weltkrieg gab es für einige Großsegler noch eine Zeitlang die einträgliche Möglichkeit, Weizen und Wolle aus Australien herbeizuschaffen. Mitte der 20er Jahre lagen in den Häfen die aufgelegten Großsegler zum Abwracken bereit, allein 50 Rahsegler in San Franzisko. Einmal noch versuchte die Reederei Laeisz, die ihre alten Großsegler nach dem Ersten Weltkrieg zurückkaufte, ins Geschäft zu kommen. 1932 ließ sie die Viermastbark »Padua« bauen, den letzten Kap-Hoorn-Segler. Doch Anfang der 30er Jahre hatte sie bis auf zwei Rahschiffe, die »Priwall« und »Padua«, alle anderen abgegeben. Das Maschinenschiff hatte dem Segelschiff nunmehr endgültig den Rang abgelaufen. Einmal noch gab es für einige Segler eine Gnadenfrist, als Kapitän Gustav Erikson von den Alandinseln im Bottnischen Meerbusen eine Anzahl von Tiefwasserseglern zum Spottpreis aufkaufte und sie unter sparsamsten Betriebskosten in Fahrt setzte. Nach den Kriegswirren des Zweiten Weltkrieges waren ihm noch fünf Viermastbarken geblieben. Unter seiner Hausflagge nahmen die »Pamir« und die »Viking« noch einmal Kurs auf Australien, die »Passat« segelte zweimal zum fünften Kontinent. Als Erikson 1947 starb, schaffte seine Reederei die Segler wegen unlohnender Frachtraten ab.

Die frachtfahrenden Laeisz-Veteranen »Pamir« und »Passat« gingen im Jahre 1951 wieder in deutschen Besitz über und segelten mehrmals nach Montevideo und Buenes Aires. Auf der sechsten dieser Reisen gab es für die »Pamir« im Hurrikan »Carrie« kein Entrinnen mehr. Mit ihrem Untergang fand die Ära der frachtfahrenden Großsegler in Deutschland ihr vorläufiges Ende. Die Windjammer sind zur Legende geworden. Die »Passat«, die nach der »Pamir«-Katastrophe aufgelegt wurde, liegt heute als schwimmendes Denkmal am Priwall in Travemünde. In ihrem Logbuch ist die atemberaubende Geschichte der Tiefwassersegler exemplarisch festgeschrieben. Sie ging 39mal um das Kap Hoorn, umsegelte zweimal die Welt, umrundete alle großen südlichen Kaps und hatte sich 1949 mit der »Pamir« das letzte »Weizenrennen« der Windjammerepoche geliefert. – An der Gallionsfigur des Vollschiffes »Schiller« fand man Zeilen, die von dieser einzigartigen Zeit sprechen:

Unter mir die blauen Wogen, über mir die stolzen Rahen, bin ich einst einher gezogen auf der Weltmeere weiter Bahn. Hörte des Passates Rauschen, spürte des Orkanes Macht, koste mit des Meeres Nixen in manch' tropischer Zaubernacht. Doch der Anker fiel zu Grunde, herauf zog eine neue Zeit, bin nur noch ein stummer Zeuge alter Segler-Herrlichkeit.

Die Marine unterhielt in Deutschland seit 1844 Segelschulschiffe – Kasernenhöfe zur See – und bildete ihren Führungsnachwuchs darauf aus. Auch die Handelsmarine besaß Segelschiffe für die Ausbildung des nautischen Nachwuchses. Mit der »Gorch Fock«, dem Segelschulschiff der Bundesmarine, wird die Tradition der Segelschulschiffe lebendig gehalten. Im Ausland entstanden einige neue Schulschiffe. Alte Windjammer werden unter viel Mühen in anderen Ländern von Marinen und Seefahrtsschulen unter Segel gehalten, so daß die Windjammer nicht gänzlich von den Meeren schwinden. Mit dem Abgesang der mächtigen Frachtsegler, die Ozeane überwanden und Kontinente verbanden, war das Ende der kleineren Arbeitssegler, die für alle Seegebiete, Ladungen und Jahreszeiten verwendet werden konnten, noch nicht gekommen. Im Gegensatz zur Großschiffahrt konnten die maschinell angetriebenen Frachter im Küstenverkehr die langsamen, jedoch gut manövrierbaren und zuverlässigen Frachtschoner mit zwei oder mehr Masten und Schrat- und Rahsegeln vorläufig nicht verdrängen.

Die Gaffelschoner der Neuen Welt wurden bis ins 20. Jahrhundert hinein an der Küste des amerikanischen Kontinents in der Massengutfracht eingesetzt. Dort entstanden riesige Gaffelschoner, die bis zu sieben Masten hatten. Nach Deutschland gelangte der Schoner in der zweiten Hälfte des 19. Jahrhunderts über Dänemark, das mit Nordamerika überseeische Handelsbeziehungen unterhielt und demzufolge den Schiffstyp des Schoners übernahm. 1871 wurde im dänischen Marstal ein 140-t-Schoner zu Wasser gelassen, der sich hervorragend bewährte, so daß dort fürderhin mit großem Erfolg zwei- und dreimastige Toppsegel- und Gaffelschoner gebaut wurden, die in die Schiffahrtsgeschichte als »Marstal«-Schoner eingingen. Im Seefahrtsmuseum in Marstal ist dokumentiert, daß einige dieser Schoner von Dänemark nach Nordafrika fuhren. Sie luden dort Salz aus Salinen und segelten damit bis Neufundland, löschten dort ihre Ladung und kehrten mit Salz- und Klippfisch nach Nordafrika zurück.

Vornehmlich in der Kleinschiffahrt der Nord- und Ostsee gab es ein zähes Festhalten an Segelschiffen.

Während im Gebiet der Nordsee plattbodige Galioten, Kuffen, Tjalken und Sniggen mit plumpen Formen benutzt wurden, wurden in der Ostseefahrt scharfgebaute Galeasen, Jachten und Gaffelschoner bevorzugt. Da große Schoner in unseren Breiten in Konkurrenz zu Dampfschiffen hätten fahren müssen, beschränkte man sich auf kleinere Gaffelschoner mit in der Regel nicht mehr als drei Masten.

In Deutschland entstand 1899 auf der Werft Conrad Lühring in Hammelwarden der erste stählerne Dreimast-Gaffelschoner. Der Trend zum Gaffelschoner setzte sich nach der Jahrhundertwende bei den Reedereien und Eignerkapitänen durch, weil er bei genügend Ladekapazität geringe Eigenkosten verursachte, mit wenig Personal zu bedienen war und mit ihm zufriedenstellende Gewinne eingebracht werden konnten. Vor Beginn des Ersten Weltkrieges fuhren etwa 150 Gaffelschoner unter deutscher Flagge. Zur Besatzung eines Dreimast-Gaffelschoners gehörten gewöhnlich nicht mehr als sechs Leute: der Schiffer, der Steuermann, zwei Matrosen, ein Leichtmatrose und ein Schiffsjunge. Wegen der knappen Besetzung mußte der Schoner ausschließlich im kräftezehrenden Zwei-Wachen-System gefahren werden, was einen Arbeitstag von mindestens 12 Stunden bedeutete. Vor 1914 segelten motorlose Dreimast-Schoner, nur mit sechs Leuten besetzt, regelmäßig nach Brasilien.

1892 hatte Rudolf Diesel die nach ihm genannte Verbrennungskraftmaschine erfunden. Elf Jahre später wurde im Kaspischen Meer erstmals ein Schiff mit einem Diesel angetrieben. Als erstes seegehendes Motorschiff stach 1911 die dänische »Selandia« in See. Ab 1920 wurde nach und nach dazu übergegangen, die vor dem Ersten Weltkrieg gebauten Küstensegler mit einer Hilfskraft auszurüsten, aus den Zweimast- und Dreimast-Gaffelschonern entwickelte sich der Motorsegler. Zuerst hielten Petroleum-, dann Glühkopfdieselmotoren Einzug in die Schiffsrümpfe. Nach Kriegsende erkannte die Kieler Germaniawerft eine Marktlücke und legte ab 1920 mehrere beachtenswerte Motorsegelschiffe auf Kiel, in denen die neuzeitlichen Grundsätze berücksichtigt wurden, darunter 5 Dreimast-Toppsegelschoner von etwa 600 t und 4 Dreimast-Toppsegelschoner von jeweils 300 t Tragfähigkeit. Insgesamt entstanden auf den Helgen der Germaniawerft, die sich damit einen führenden Namen verschaffte, 34 mittlere und kleinere Motorsegler. Ihre Motorsegler waren so konzipiert, daß sie in erster Linie alle Eigenschaften eines vollwertigen Seglers erfüllten. Damit wurde vehement der Meinung entgegengetreten, der Motorsegler sei ein Zwischending von Motor- und Segelschiff, der aufgrund einer schlechten Rumpfform, unzureichender Betakelung und ungeeigneter Besatzung als Segler versagen müsse. Der Motorsegler ist vor allen Dingen ein Segelschiff und kein Zwittergebilde, der unter Segeln auch Reisen in überseeische Länder machte. In Kiel für die Krupp AG, Essen gefertigte Toppsegelschoner wie die »Annen«, »Bukkau«, »Datteln«, »Hamm« und »Gaarden« trugen ihre Fracht weit in die Welt. Für besonderes Aufsehen in Fachkreisen sorgte in einer Zeit, als die Reeder kaum mehr Großsegler bauen ließen, der Bau von fünf Fünfmastschonern auf der Germaniawerft, die für die Reederei F. A. Vinnen und Co., Bremen bestimmt waren. Sie führten Gaffelsegel an allen Masten, hatten zudem aber am vorderen und mittleren Mast noch Rahtoppsegel.

Die Kieler Firma Anschütz & Co. ließ sich 1921 die »Kalisto« bauen, eine Dreimastschoneryacht mit besonders gefälligen Formen. Der Entwurf stammte vom Konstrukteur Max Oertz, der die Rennyachten des Kaisers, »Germania« und »Meteor« entworfen hatte.

Während der Wirtschaftskrise der Jahre 1929 bis 1934 nahm der Konkurrenzkampf in der Schiffahrt zu, Frachtladungen mußten termingerecht befördert werden, auf dem 1895 eröffneten Nord-Ostsee-Kanal durfte ohnehin nicht gesegelt werden. Dies hatte zur Folge, daß eine Motorisierung aller Schoner unvermeidlich war, wollten ihre Eigner noch Profite einfahren. Die Segel, die nur noch als Hilfsantrieb genutzt wurden, verschwanden allmählich. Auf den Frachtseglerrümpfen blieben lediglich gekappte Riggs mit verkürzten Stengen und Stützsegel übrig. Die vormals stolzen Schiffe wurden oftmals bis zur Unkenntlichkeit verstümmelt. Nach dem Zweiten Weltkrieg mußten alle Handelsschiffe über 1500 BRT an die Siegermächte abgeliefert werden. Als Anfang der 50er Jahre die Küstenschiffahrt wiederbelebt wurde, paßten sich die ehemaligen Gaffelschoner rasch den neuen Gegebenheiten an. Die noch vorhandenen Schiffsrümpfe dieser alten »Baltik-Trader« wurden zu Küstenmotorschiffen umgerüstet, zum Teil wurden sie verlängert und gingen auf große Fahrt. Sie waren – als alles darniederlag – die Schiffe der ersten Stunde, mit denen unsere Seefahrt und Wirtschaft neue Fahrt aufnahm. Von den einst aufwendigen Riggs aber blieb meistens nur ein Untermast an Deck übrig.

Vorbei nun die Zeit, als diese Gebrauchssegler das Bild unserer Gewässer prägten. Auf allen Revieren waren sie unterwegs, die unermüdlichen Tramps: mit Grubenholz für England, das grüne Gold aus den Fjorden Suomis holend, Schnittholz-Decksladungen von Abo nach Rotterdam tragend, mit Koksdeckslasten in den Schären Schwedens segelnd, mit Stückgut an den

Küsten Norwegens entlangziehend, in der Kohlefahrt zu den Ufern des Firth of Forth oder mit Salzladungen nach Stockholm... In allen Häfen waren sie beheimatet: im alten Eiderhafen von Friedrichstadt, in Egernsund an der Flensburger Förde, in Brake, in Weserhäfen, in den pommerschen Bodden, an der Speicherinsel in Danzig, in Sonderburg, an der Bollhörn in der Kieler Innenförde... Die frachtfahrenden Schoner gehören der Geschichte an. Einige an entlegenen Flußufern dahinrottende Rümpfe wurden von Schiffsliebhabern vor dem Abwracken gerettet, und manchmal begegnet man einem dieser liebevoll aufgeriggten Traditionssegler. Es ist erstaunlich, welche Wege diese Oldtimer der Seefahrt gehen. 13000 Seemeilen von der Ostsee entfernt lag 1980 im Hafen von Lahaina auf Maui/Hawai die »Familienshaab«, ein zur Walfangbrigg umgerüstetes Schiff, das eine Filmgesellschaft erworben hatte. Niemand sah dem Schiff an, daß es der einstige Gaffelschoner »Mary« war, der 1920 in Kiel gebaut wurde und bis 1972 in baltischen Gewässern zu Hause war.
Unter den Windjammern nimmt neben den großen Vier- und Fünfmast-Rahseglern die Flotte der Schoner den zweiten Rang ein – insbesondere der dreimastige Schoner. Vieler Anstrengungen bedarf es, damit uns die letzten weißen Dome der großen Ragsegler auf dem Meer erhalten bleiben, gleichwohl auch die kleineren traditionellen Segelschiffe – die schmucken Schwäne unserer heimatlichen Gewässer.
Wegbereiter für die vielfältigen Beziehungen und Berührungen unter den Völkern war über Jahrtausende hinweg das Segelschiff. Die besten Segelschiffe waren die, die in friedlicher Mission unter Handelsflaggen fuhren. Demjenigen, der unter Segeln den festen Landboden verläßt und sich gegenüber den elementaren Kräften der See behaupten will, dem legt sie ihre strikten Gesetze auf und fordert körperliche Härte und Charakterstärke, Mut, Entschlußkraft, Gemeinschaftssinn und -arbeit. Die See bietet nur eines: Wer dem Horizont entgegensegelt, dem gewährt sie einen erweiterten Blick – noch heute. Die Frage bleibt, ob der Menschheit in einer Zeit der schwindenden Ressourcen die Rückbesinnung auf die hohe Kunst des Segelns gelingen wird. Die Winde auf den Ozeanen werden weiterwehen!

Dreimast-Schoner prägten bis in die 20er Jahre unseres Jahrhunderts das Kieler Stadtbild am Bahnhofskai. Heute ist dies der Stammliegeplatz des Dreimast-Toppsegelschoners »Thor Heyerdahl«.

Die »Thor Heyerdahl« als sie noch ›Minnow‹ hieß

Ein braves Schiff, das lange Zeit vergessen in einem abgelegenen Seitenarm des Harburger Hafens dahinschwoite und dann von den neuen Eignern nach Abbenfleth an der Unterelbe verholt wurde.

So fing alles an.

mit einem rechtschaffenen Schiff, für das Arthur van Schendels (Holland) Worte zutreffen, »das sein ganzes Leben lang gearbeitet hat, selbst wenn es mißhandelt wurde und wie sehr ihm auch Wind und See zu schaffen machten, gearbeitet für das Brot von Menschen, die auf ihm und an Land lebten.«

II

Am Anfang der bewegten Schiffsbiographie des Kieler Dreimast-Toppsegelschoners »Thor Heyerdahl« steht die Geschichte zweier Freunde.

Sie begann im Jahre 1970 auf dem Motorschiff »Goslar« der damaligen Reederei Hapag, das sich mit Stückgut auf dem Weg zum Golf von Mexiko befand. Vom Fernweh gepackt und eine gehörige Portion Abenteuerlust im Blut, hatten zwei junge Männer auf dem vorwiegend auf der Nordamerikaroute fahrenden Massengutfrachter angeheuert: Günter Hoffmann, aus Goslar stammend, als Bordelektriker und Detlef Soitzek, in Timmendorfer Strand beheimatet, als nautischer Assistent. Während der wochenlangen Schiffsreisen fügte es sich, daß sie aufgrund gleicher Interessen zusammenfanden. Der harte Schiffsbetrieb forderte ihnen vollen Einsatz ab und ließ ihnen gewöhnlich nur wenig Raum für sonstige Beschäftigungen. Während der Freiwachen sahen ihre Mannschaftskameraden sie oft zusammen an der Reling stehen und zum Horizont blicken. Ihre Gespräche rankten sich um ferne Länder und Kontinente. Die Seefahrt hielt sie gefangen, gleichsam wie es Martin Anderson Nexö in seiner 1913 erschienenen »Bornholmer Noveller« schildert. *»Immer waren sie beisammen... machten weite Reisen mit, ...beim Kap und ...in der Nordsee, segelten nach Südamerika um Rotholz... und nach Grönland, um Kryolith zu laden... verdangen sich bei einer Bark aus Stavanger, die mit Balken nach Le Havre ging. Von Le Havre liefen sie nach Hull, von wo sie eine Ladung Kohlen nach Malaga im Mittelmeer mitnahmen...«*

Später folgten gemeinsame Segelreisen auf einem knapp zehn Meter langen Baltic LA-Kreuzer. Während sie die Gestade der heimischen Ostsee durchkreuzten, träumten sie davon, ein eigenes Boot zu besitzen und damit um die Welt zu segeln. Doch es sollten noch Jahre vergehen, bis ihr sehnlichster Wunsch nach einem Boot konkrete Züge annahm.

Sie ließen ihr Ziel nicht aus den Augen und blieben einander verbunden, obwohl sie für einige Zeit unterschiedliche berufliche Wege eingeschlagen hatten. Nach Erhalt seines Kapitänpatents 1974 begann Detlef ein Zweitstudium für Sport und Wirtschaftslehre an der Universität Bremen. Zur Finanzierung seines Studiums fuhr er während der Semesterferien als Schiffsoffizier weiterhin zur See.

1977 hatte Detlef als 1. Offizier auf dem Stückgutfrachter M/S »Johann Blumenthal« angemustert, als ihm im Hafen Lissabon der damalige Kapitän Hanns Temme ein Telex in die Hand drückte, das, wie sich zeigen sollte, von weittragender Bedeutung war.

Absender des Fernschreibens war Günters Schwager Uwe Höppeler. Der namhafte norwegische Forscher Thor Heyerdahl plante eine seiner größten Abenteuerreisen auf den frühen Seewegen der Menschheitsgeschichte: eine Reise mit einem Schilfboot nach altsumerischem Muster vom Tigris durch den Arabischen Golf über den Indik nach Afrika. Heyerdahl war im Begriff, eine internationale Crew für sein Unternehmen zusammenzustellen. Höppeler, dessen Schiffsmaklerei in Hamburg von Heyerdahl beauftragt worden war, die »Tigris«-Expedition auszurüsten, hatte ihm Detlef empfohlen, als er nach einem guten Vertreter des Nachkriegs-Deutschlands suchte.

»Du sollst bei Thor Heyerdahl in Stockholm anrufen«, machte Kapitän Temme seinem jungen Kollegen Mut. »Es wird ein deutscher Nautiker als Expeditionsteilnehmer gesucht. Wenn das der Thor Heyerdahl ist, den ich meine, dann mußt du daran unbedingt teilnehmen!« Die Telefonverbindung kam sofort zustande. Thor Heyerdahl war an Detlef interessiert, wollte ihn jedoch vor seiner Entscheidung persönlich kennenlernen. Bereits zwei Tage später stand Detlef dem großen Vorbild in Allassio/Italien gegenüber und wurde von ihm in seine »Tigris«-Crew aufgenommen.

Zur Kurzvita von Günter gehört, daß er nach Abschluß seines Studiums der Elektrotechnik als Diplom-Ingenieur in Südostasien tätig war. Endlich sah er sich in der Lage, sich mittels seiner Ersparnisse seinen langgehegten Wunsch zu erfüllen: eine Segelyacht nach seinen Vorstellungen ausbauen zu lassen. Während Detlef mit Thor Heyerdahl unterwegs war, hatte er einen geeigneten Rumpf in Taiwan ausfindig gemacht. Seine Absicht war, für die Jungfernreise in die Südsee seinen langjährigen Freund gewinnen zu können. Zu diesem Zeitpunkt jedoch, Anfang April 1978 – er war gerade im Begriff, den Bauauftrag zu erteilen – kehrte Detlef von der weltweit beachteten »Tigris«-Expedition nach Deutschland zurück.

Nach einem sechsmonatigen, urwüchsigen Leben auf schwimmenden Schilfbündeln mit einer kargen Unterkunft aus Bambus mußte sich Detlef in die moderne Zivilisation erst wieder einleben. Wegen seiner Teilnahme an der Expedition »Tigris« hatte er sein Studium in Bremen unterbrechen müssen. Er hatte sich für das laufende Semester immatrikuliert, als ihn Günters Anfrage erreichte, ob er mit ihm das Segelschiffprojekt verwirklichen möchte. Detlef zögerte, nach langer Abwesenheit wollte er nicht sogleich wieder für ein Jahr auf Reisen gehen und dadurch mit dem Studium ins Hintertreffen geraten.

Im richtigen Moment besuchte ihn in seiner kleinen Wohnung in Bremen Hanns Temme und unterbreitete

Aus dem bewegten Vorleben der »Thor«

Hingeblätterte Erinnerungen aus den Tagen eines redlichen, arbeitssamen Küstenmotorschiffes. Niemand weissagte, daß es ihm vorbehalten war, zu einem Windjammer aufgeriggt zu werden, der alsbald einen klangvollen Namen über das Meer tragen würde.

ihnen folgenden Vorschlag: »Warum kauft ihr euch nicht einen alten Frachtenseglerrumpf und riggt diesen zum Großsegler auf? Die Rümpfe sind zur Zeit günstig zu haben!«

Hanns' Denkanstoß gab Anlaß zu neuen Überlegungen, gleichsam als hätte er eine Bazille des Windjammerenthusiasmus' übertragen, die rasch eine Reihe von Leuten infizieren sollte.

Mit seinem Hinweis hatte er zuallererst bei Detlef schlafende Hunde geweckt. Und da gab es noch etwas, was immer schon in seinem Inneren schlummerte und bislang darauf gewartet hatte, endlich aus der Versenkung »herausgekitzelt« zu werden: ein Schiff für die Jugendarbeit zu nützen. Ja, warum sollte es eigentlich nicht ein größerer Segler sein, mit dem man sowohl Jugend- als auch Erwachsenenreisen organisieren könnte? Eine Segelyacht, so sagte er sich, würde zunächst ihr Erspartes verschlingen und danach – nach erfolgter Weltreise – nur herumliegen und ein äußerst teures Anhängsel bleiben.

Günter, schon wieder in die Ferne abgereist, erhielt einen Brief seines Freundes nachgesandt, in dem er ihm vorschlug, auf den beabsichtigten Yachterwerb zu verzichten und statt dessen einen Schoner aufzutakeln. Das beigefügte Foto eines solchen Oldtimers übte auf Günter großen Eindruck aus, und Hanns' außergewöhnliche Anregung verfehlte auch bei ihm nicht ihre Wirkung. Er fand den Einfall faszinierend, ein solches Schiff flottzumachen, mit dem sich viele Möglichkeiten eröffneten. Die Durchführung eines solchen Vorhabens würde besonders für ihn als Ingenieur, der im Schiffbau und in der Schiffahrt beschäftigt war, eine große Herausforderung darstellen.

So ein Projekt in Angriff zu nehmen, war ein großes Wagnis. Für Günters Zukunft bedeutete es einen einschneidenden Schritt, mußte er doch seiner Berufskarriere eine gänzlich andere Wendung geben, gewissermaßen von der sicheren Einkommensplattform auf schwankende Schiffsplanken umsteigen. In Detlefs Vorstellung kristallisierte sich die Idee heraus, mit dem Schiff eine norddeutsche schwimmende »Outward-Bound«-Schule aufzubauen.

Während Günters nächsten Urlaubsaufenthalts in Deutschland begaben sich beide auf die Suche nach einem geeigneten Schiffsrumpf. Die erste Gelegenheit machten ihnen holländische Aufkäufer zunichte, die ihnen einen alten Motorsegler vor der Nase wegschnappten. Es brauchte noch ein gutes Jahr, bis Günter an den Dalben des Harburger Binnenhafens das passende Objekt ihrer Vorstellungen fand: den betagten, 1930 in Holland von den Helgen gelaufenen Frachtmotorsegler, an dessen Bug der Name »Minnow« stand.

Seine Vergangenheit als segeltragendes Schiff war dem Veteran beim besten Willen nicht mehr anzusehen. Den Erfordernissen der Zeit entsprechend waren nach 1945 ausnahmslos alle Frachtmotorsegler zu reinen Motorschiffen rückgerüstet worden. Nichts, außer ein gekappter Großmaststummel, ließ darauf schließen, daß auf seinem Deck einst Masten gestanden hatten. Der Küstenfrachter, der jetzt an einer abseits gelegenen Hafenecke ein trauriges Dasein fristete, hatte ein wahrhaft bewegtes Schiffsleben hinter sich, hatte vielen Eignern gedient und viele Namen getragen. In seinen Glanztagen hatte er nahezu alle europäischen Küsten befahren, hatte die Nase ins Mittelmeer und in die Karibische See gesteckt und den Tafelberg bei Cape Town gesehen. Aus dem deutschen Schiffahrtsregister war er längst gestrichen, an seinem Flaggenstock hatte zuletzt die Panama-Flagge geweht. Gebeutelt von den Jahren war er nunmehr zum ausgedienten, erbarmungswürdigen »alten Kasten« verkommen, der den Anforderungen des modernen Frachtschiffsverkehrs nicht mehr genügte, dessen weitere Tage gezählt schienen. Des Zufalls Wege sind sonderbar; hatte das altehrwürdige, still daliegende Schiff, dessen Laufbahn als Frachtschiff beendet war, gar auf die Bekanntschaft mit den jungen Leuten gewartet, die es zu neuem, bewegtem Leben erwecken würden? Weil Günter wieder nach Singapur fliegen mußte, gab sich Detlef am Morgen des 17. August 1979 ein Stelldichein mit der »Minnow«. Auch bei ihm muß es wohl Liebe auf den ersten Blick gewesen sein – wie anders ist es erklärbar, daß er spornstracks zur am selben Tage beim Amtsgericht Hamburg stattfindenden Versteigerungsauktion eilte, ohne das Schiff eingehend begutachtet zu haben.

Dreimal schlug der Hammer des Auktionators auf den Tisch. Zweitausend deutsche Mark wurden als Mindestgebot angesetzt. Detlef packte die Gelegenheit beim Schopfe und bot mit. Bei 5000 DM nahm der anwesende Schrotthändler bereits seinen Hut und ging von dannen. Detlef erhielt den Zuschlag für das Schiff, für das die Uhr schon abgelaufen schien. Der Kaufpreis: ganze 5700 DM. Die neuen, stolzen Eigner sollten alsbald erfahren, daß dieser Betrag nur ein erstes kleines Steinchen zu einem sich ausweitenden Mosaik war.

Als nächstes wurden Dockgebühren fällig. Detlef und Günter untersuchten den im Dock liegenden Schiffsrumpf nun gründlich und konnten zu ihrer Erleichterung feststellen, daß er im Kern gesund war. Auch die Inspektion der Hauptmaschine hinterließ einen passablen Eindruck, alle anderen Einrichtungen befanden sich dagegen in einem ausgesprochen desolaten, schrottreifen Zustand. Mit Schlepperhilfe wurde das Schiff elbabwärts nach Abbenfleth gebracht, wo es in einem Seitenarm der Elbe für mehr als ein Jahr seinen vorläufigen Liegeplatz fand.

Die beiden Kompagnons begannen zunächst heimwerkerhaft den Rumpf zu überholen; sehr zum Leidwesen der Anwohner, die sich durch das permanente Werkeln am dröhnenden Schiffskörper in ihrer bis dahin recht beschaulichen Ruhe erheblich beeinträchtigt fühlten. Zwei, manchmal auch mehrere »dunkle Gestalten« verschwanden– insbesondere an Wochenenden – in dem Bauch des »Schrottkastens« und schickten sich an, bis in die Nacht hinein Rost zu klopfen. Ein solches ungebührliches Benehmen war nicht dazu angetan, das Vertrauensverhältnis zur Abbenflether Bevölkerung zu fördern. Im nachhinein mögen die damals vielgeplagten Bürger den heutigen »Thor Heyerdahl«-Leuten Nachsicht gewähren.

Einzig Herr Dinklage, seines Zeichens Schmied und Schleusenwärter, hatte damals ein Herz für die unverbesserlichen »Verrückten« und hielt schützend seine Hand über sie. Mit Günters technischem Verständnis konnte die alte Hauptmaschine grundüberholt werden. Dank gebührt in diesem Zusammenhang den Mitarbeitern der Herstellerfirma Deutz, Hamburg, die ihm dabei mit Rat und Tat zur Seite standen. Detlefs ganzer Eifer galt der »Kosmetik« des Schiffes, das hieß: Reinigen der verrosteten und verdreckten Laderaumbilge, Entrümpeln der Vor- und Achterpiek und allem ein einigermaßen akzeptables Farbkleid zu verpassen.

Neben den Schiffsarbeiten nahm das Bild, das sich die beiden neugebackenen Schiffseigner von ihrem Segler machten, deutlich Gestalt an. Es sollte ein Dreimast-Toppsegelschoner werden. In der knapp bemessenen Freizeit wurde einschlägige Literatur gewälzt. Auf ihren Nachttischen stapelten sich Bücher wie: *»Masten und Takelungen von Seeschiffen«*, das aus der Feder des Direktors des Germanischen Lloyd Middendorff stammt, oder *»Masting and Rigging of Sailingships«* von Harald E. Underhill (GB). Basierend auf Vorlagen des mit Detlef befreundeten Modellbauers Peter Geibert, Bremen, begann in Flensburg der Konstrukteur Dieter Grothe, Nächte hindurch über das Reißbrett gebeugt, den Generalplan zu entwerfen und Detailzeichnungen anzufertigen. Der entstandene Segelriß kommt dem des auf der Germaniawerft gebauten Motor-Segelschoners »Annen« gleich, allerdings ist er aufgrund seiner geringen Mastenhöhe nicht so hochgetakelt wie das Vorbild.

Alsbald aber wurde klar, daß das Aufriggen zu einem richtigen Hochseesegler keineswegs in Heimwerker-Wochenendeinsätzen zu bewältigen war. Manfred Dauter, ein Fahrens- und Schulkollege Detlefs, erschien eines Tages, um ein sachverständiges Gutachten über

Die künftige »Thor Heyerdahl« im Kieler Dock 13 und am Ausrüstungskai in Dietrichsdorf

Die

Ahnten die in den Baumstämmen hausenden Waldgeister bereits, daß aus diesem Stapel stolze Schiffsmasten werden sollen?

150 Jahresringe
hat der zukünftige Schonermast.

Mit dem traditionellen Zimmermannswerkzeug Dechsel werden die Rohlinge vorgeformt.

Masten kommen

Der gute Schiffsgeist kommt von weit her. Die Eigner wählten persönlich im hessischen Waldgebiet am Vogelberg die stattlichsten Fichten aus und bearbeiteten sie zu Masten. Mit dem »Gehölz«, in dem er steckt, gelangt der Klabautermann an Bord.

Präzisionsarbeit mit dem Elektrohobel.
Die Rohlinge werden auf ihre »Eck«-Maße gebracht.

Genaues Augenmaß ist erforderlich, um aus dem Sechskant-Rohling eine Maststenge zu formen.

den Schiffsrumpf abzugeben: »Wenn ihr dieses Schiff retten wollt, dann muß es rundherum sandgestrahlt und mit einem richtigen Farbaufbau versehen werden.« Dauter war bei einer in Kiel ansässigen Reinigungs- und Malerfirma angestellt, die auf das Beschichten von Seeschiffen spezialisiert war, und stellte in Aussicht, daß seine Firma diese Konservierungsarbeiten dort kostengünstig erledigen könnte. Einer weiteren Überredungskunst bedurfte es nicht mehr. Günter hatte inzwischen die Maschine fahrbereit. Sein Partner investierte noch ein paar Kübel grauer Farbe für die Außenhaut, damit ihr schwimmender Untersatz während der Überführung nach Kiel nicht als Wrack öffentliches Aufsehen erregte und von den Schiffahrtsbehörden nicht sofort an die Abwrackpier gelegt werden würde. Bei einem Vorgespräch mit Kieler Werftvertretern gelang es, diese gerade noch davon abzuhalten, das Schiff in Abbenfleth in Augenschein zu nehmen. Vermutlich hätte dies das unweigerliche Aus für ihr Vorhaben bedeutet, denn man konnte sich kaum vorstellen, daß sie solch einen verludderten Schrottkahn auf ihrem noblen Werftgelände überhaupt dulden würden. Wenn sie jedoch erst einmal auf der Werft in Kiel waren, würde es schon irgendwie weitergehen, so hofften die beiden Eigner. Die vage Rechnung sollte aufgehen.

Mit dem notdürftig hergerichteten Schiff ging die Fahrt durch den Nord-Ostsee-Kanal nach Kiel, an Bord lediglich drei Mann: Detlef, Günter und Arved Fuchs, der sich später mit seinem Fußmarsch zum Südpol einen Namen als Antarktisbezwinger machte. Am 19. Dezember 1980 legten sie um 12 Uhr mit ihrem »First rate Steamer« am Liegeplatz 13 des Werftgeländes in Kiel-Gaarden an und wurden wenige Stunden darauf in Dock 13 eingedockt, rechtzeitig bevor die Werftarbeiter in die Weihnachtspause gingen.

Am selben Tag stellte sich Detlef beim Werftbetriebsleiter Klaus P. Herrling vor und breitete in dessen Büro die Zeichnungsrollen seines künftigen Dreimast-Toppsegelschoners aus. Klaus ist ein Mann, der schon in jungen Jahren viel auf dem Erdenball herumgekommen ist, die weltweite Seefahrt aus eigenem Erleben kannte. Er hatte in seinem Leben bereits die unmöglichsten Dinge gemacht, u.a. in New Orleans für eine Taucherfirma gearbeitet und unter Wasser die Schleusentore des Panamakanals und die Bohrtürme im Maracaibo-See in Venezuela repariert. Nach seinem Maschinenbaustudium war der weltoffene Berliner Diplomingenieur in Kiel ansässig geworden und hatte eigenhändig seinen zweimastigen Colin Archer-Spitzgatter »Seewolf« restauriert. Aber was ihm nun der ihm vis-à-vis gegenüberstehende Detlef da an romantischen

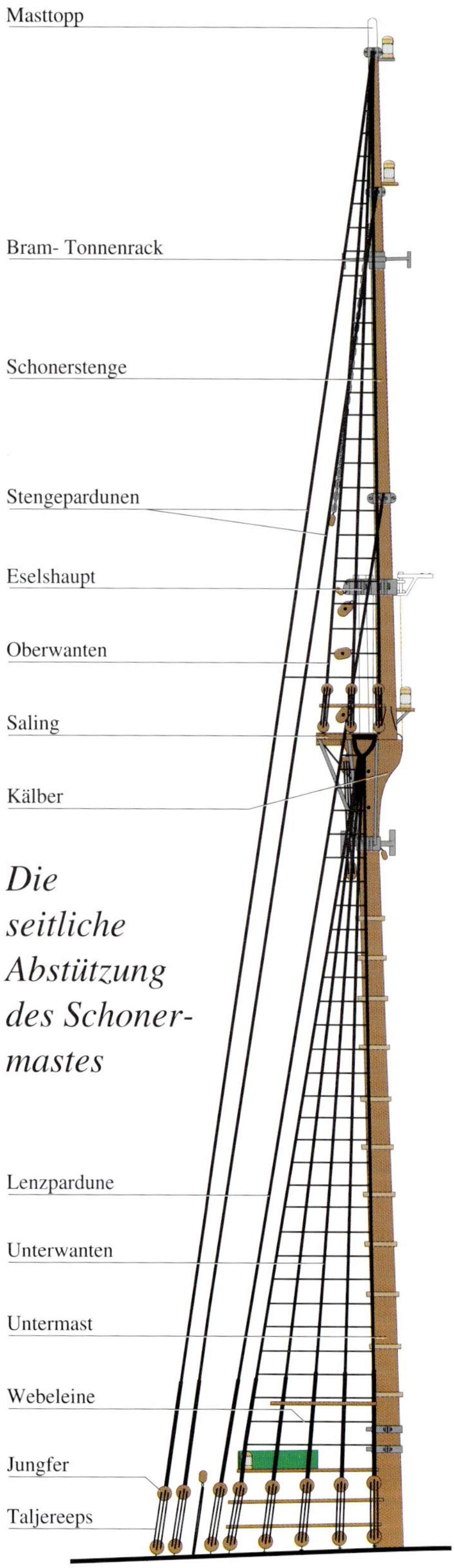

Die seitliche Abstützung des Schonermastes

Vorstellungen präsentierte, sprengte das Maß der normalen Vorstellungskraft. Doch er empfand, hier war jemand – seiner Intention folgend – zu ihm gekommen, der bestrebt war, etwas in einer Dimension zu verwirklichen, wovon andere nur im entferntesten zu träumen wagten. Das blieb nicht ohne Eindruck auf ihn, und er gestand sich ein, daß er irgendwie einen Faible für Leute dieses Schlages hatte.
So ging er mit Detlef an Bord, um dessen Schiff zu besichtigen. Klaus, der auf langjährige Erfahrung auf der Werft zurückblickte, konnte am besten abschätzen, welcher Aufwand vonnöten sein würde, um aus dem Oldtimer einen stolzen Windjammer entstehen zu lassen. In den nächsten Tagen schlossen sich viele Fachgespräche mit Detlef an. Nach den Weihnachtsurlaubstagen gesellten sich auch Günter sowie Gerd Klettke, Baustellenleiter der Malerfirma, hinzu. Nun wurden »Nägel mit Köpfen gemacht«.
Zwei Monate blieb das Schiff im Dock, ehe es, gesandstrahlt, geprimert und farbbeschichtet, zum alten Ausrüstungskai des ehemaligen Werftgeländes in Kiel/Dietrichsdorf verholt werden konnte, genau an jenen Platz, wo von Juli 1951 bis Ende Januar 1952 die »Pamir« und die »Passat« wieder fahrtüchtig gemacht wurden. Der Hamburger Reeder Heinz Schliewen hatte damals die in Antwerpen zum Verschrotten bestimmten Viermastbarken aufgekauft, um sie dem deutschen seemännischen Nachwuchs als »Hohe Schule der Seefahrt« wieder zur Verfügung zu stellen.
Detlef und Günter, zwei Freunde, beseelt von dem Gedanken, möglichst bald einen stolzen Hochseesegler in Fahrt zu stellen. Zu diesem Zeitpunkt konnten sie beileibe nicht ahnen, daß es noch drei entbehrungsreiche, mit härtester Arbeit ausgefüllte Jahre benötigte, bis das Schiff fertiggestellt sein würde. Detlef hatte inzwischen sein Studium mit dem 1. Examen beendet, Günter schweren Herzens seine Überseearbeit aufgegeben, so daß sie beide fortan ganztägig, dies bedeutete 14 bis 16 Arbeitsstunden pro Tag, arbeiten konnten, Sonn- und Feiertage eingeschlossen. Schweißbrennen, Schweißen, Metall- und Holzarbeiten, Elektroinstallation und Riggarbeiten, alles wurde im wesentlichen in Eigenarbeit erledigt. Während der Bauphase mußten sie Kenntnisse von fünf bis sechs Facharbeiterberufen erwerben. Vieles mußte organisiert und beschafft werden. Allein die Suche nach geeigneten Stämmen für die drei Masten war eine aufwendige Aktion für sich. Quer durch deutsche Lande reiste Detlef, ehe er im hessischen Vogelsberg-Gebiet fündig wurde und dort 160 Jahre alte, bestens abgelagerte Kiefernstämme erwarb.
Ein glücklicher Umstand kam ihnen bei der Ausrüstung ihres Schiffes zugute: Im damaligen Werftgelände Dietrichsdorf, das zu diesem Zeitpunkt aufgelöst wurde, blieben sie ungestört und konnten alle vorhandenen Anschlüsse und zum Teil auch teilweise stillgelegte Werkstätten für anfallende Arbeitsgänge nutzen. Die Wippkräne befanden sich in Betrieb, ihre Ausleger hingen direkt über ihrem Schiff und erleichterten ihnen die Ausführung vieler Arbeiten. In einer stillgelegten Halle gestattete man ihnen sogar den Mastenbau. Darüber hinaus wurde ihnen fachdienlicher Rat zuteil, u.a. durch die erfahrenen Takler der Werft Andreas Kluth und Peter Spannhake sowie maschinenbaulich durch Florian Geyer.
Zu zweit wäre die Fülle der anstehenden Aufgaben nicht zu bewältigen gewesen. Einer der ersten freiwilligen Helfer war der dänische Teilnehmer der »Tigris«-Expedition Asbjørn Damhus, der mit seiner Schwester Mia und Freunden anreiste. Zur Kieler Woche 1981 erschien bemerkenswerter Besuch, als Klaus Herrling mit seinem »Seewolf« in Dietrichsdorf längseits ging. An Bord erschienen Henning Hartung und sieben befreundete Bäckermeister aus Schleswig-Holstein. Sie widmeten dem Projekt und der geplanten Jugendarbeit große Aufmerksamkeit und besserten bei der Verabschiedung spontan und großzügig die Proviantkasse auf. Dieser erste Besuch sollte sich zu einer dauerhaften Freundschaft entwickeln, wobei die Chefs der Bäckereibetriebe immer wieder ansprechbar blieben, wenn das Schiff Hilfe benötigte.
Zu denen der ersten Stunde gehörten auch Jo Kunze aus Bonn und Elisabeth Kluska aus Bremen mit einigen Schülern und Schülerinnen. Zu nennen sind ferner Axel Blohme, Fiete Boss und Ulli Graf und zahllose weitere Hilfswillige, die am Wochenende oder in ihren Ferien kamen. Die ersten, die täglich an Bord kamen, und die letzten, die gingen, waren jedoch Detlef und Günter.
Im Oktober 1981 besaß die künftige »Thor Heyerdahl« einen Bugspriet und einen Klüverbaum, was sie äußerlich bereits als künftigen Segler auszeichnete. 220 Tonnen Eisen waren als Ballastgewicht im Schiffsboden zementiert worden. Als im Juni 1982 die drei stattlichen Masten aufgestellt worden waren, nahm Klaus, der oft dort nach dem Rechten sah, die beiden Eigner ab und an durch seine frische Berliner Art aufmunterte und ihnen Unterstützung gab, den Verfasser erstmals mit an Bord. Wir fanden Detlef und Günter zusammen mit zwei Schweißern aus Malaysia inmitten eines Gewirres von Maschinenteilen und Gerätschaften vor.
Beim Begutachten der im Ausbau befindlichen Kabinen erklärten Detlef und Günter, daß das für Jugendreisen gedachte Schiff der Aufgabe gerecht werden sollte, als schwimmende Seeschule die Nachfolge der ehemaligen norddeutschen »Kurz«-Schule in

Genau in dieser Ecke der Werftpier in Kiel-Dietrichsdorf wurden 30 Jahre vo

der »Thor Heyerdahl« die »Pamir« und »Passat« überholt und ausgerüstet.

Das Lied der Thor Heyerdahl

1. Wir sitzen auf ’ner Kiste in unser’m Laderaum
und haben keinen Pfennig auf der Naht.
Der Schiffsrumpf ist verpfändet doch das Bier hat kühlen Schaum,
das haben wir uns gottlob aufgespart.

Ref Und am Montagmorgen auf dem Amtsgericht
da leisten wir den Offenbarungseid.
Wir schauen jeder Pleite gelassen in’s Gesicht,
wir haben nichts zu verpfänden, tut uns leid.

2. Der Pleitegeier kreist schon seit drei Wochen über’m Mast,
der Gerichtsvollzieher grüßt uns schon per »Du«.
Wenn wir bei der Werft nicht zahlen, dann müß’n wa in den Knast.
Na gut, dann ha’m wir endlich uns’re Ruh.

Ref Und am Montagmorgen auf dem Amtsgericht
da leisten wir den Offenbarungseid.
Wir schauen jeder Pleite gelassen in’s Gesicht,
wir haben nichts zu verpfänden, tut uns leid.

3. Im Kühlschrank ist vor Hunger uns’re Ratte schon verreckt,
die Lieferanten kratzen an der Tür.
Da haben wir uns heimlich im Laderaum versteckt
und trinken dort gemütlich unser Bier.

Ref Und am Montagmorgen auf dem Amtsgericht
da leisten wir den Offenbarungseid.
Wir schauen jeder Pleite gelassen in’s Gesicht,
wir haben nichts zu verpfänden, tut uns leid.

4. Und so grüßen wir Euch Wirtsleut, wo wir in der Kreide steh’n,
und alle, die Ihr Kohle von uns kriegt.
Am Montag früh um neune, da gibts ein Wiedersehn.
Auf Zimmer 103 im Amtsgericht.

Ref Und am Montagmorgen auf dem Amtsgericht
da leisten wir den Offenbarungseid.
Wir schauen jeder Pleite gelassen in’s Gesicht,
wir haben nichts zu verpfänden, tut uns leid.

Weißenhaus an der Ostsee anzutreten. Doch zu ihrem Bedauern schien der Vorstand der »Deutsche Gesellschaft für Europäische Erziehung e.V.«, Trägerverein der »Kurz«-Schulen, keine Neigung zu zeigen, diesen neuen Weg gemeinsam mit ihnen zu beschreiten.
Auch mit ihren finanziellen Problemen blieben Detlef und Günter, die nicht auf Rosen gebettet waren, allein. Allerorts schlug ihnen Mißtrauen entgegen. Sämtliche eigenen Ersparnisse waren bereits in das Schiffsprojekt geflossen, Freunde und Verwandte hatten schon ihren pekuniären Beitrag mit eingebracht, die letzten Heller waren zusammengekratzt worden. Hinzu kam die permanente körperliche Überanstrengung. Die arbeitsmüden Gliedmaßen vom Tageswerk spürend, wälzten sie mit brennenden Augen bis tief in die Nacht hinein noch Fachbücher und mußten notwendigen Schriftkram erledigen. Andere hätten bei den immensen Schwierigkeiten vielleicht schon die Segel gestrichen, den beiden schien es aber nicht an Zuversicht zu fehlen; es zeichnete sie als Leute aus, die zutiefst davon überzeugt waren, sich trotz aller Unwägbarkeiten auf dem richtigen Weg zu befinden. Gastfreundlich luden uns die beiden zu ihrem letzten Bier ein. Mit Verlaub gesagt, irgendwie drängte sich ein die Situation kennzeichnender Liedtext auf: *»Schiefe Absätz' und in jedem Strumpf ein Loch, aber…«* War es nun Galgenhumor, als Günter seinerseits verkündete, er werde ein Lied schreiben. Wir werden es alsbald erfahren.
Oben von der Kaianlage meldete sich just in diesem Augenblick ein in smartem dunklen Zwirn gekleideter Herr, der aufgrund seines Erscheinungsbildes so ganz und gar nicht in diese Gegend paßte, mit: »Hallo, ist dies hier vielleicht der besagte Windjammer. Ich komme von der Commerzbank.« Während er, sein Aktenköfferchen schwenkend, die an die Kaimauer gelehnte Leiter herunterkletterte, um an Bord zu gelangen, hörten wir einen der beiden Schiffseigner sagen: »Da kommt der rettende Engel in der Not!« »Na – denn toi, toi, toi!« Klaus und der Verfasser verabschiedeten sich an diesem Tag von den beiden künftigen »Leibeigenen der Bank«.
Dieter Lentfer, der Vertreter der Bank, zeigte Mut. Aufgrund seines Bordbesuchs überzeugte er seine Herren in der Chefetage davon, daß hier etwas Vernünftiges zuwege gebracht werden würde, und die Bank gewährte einen großzügigen Kredit. Dieter beteiligte sich späterhin sogar als aktiver Mitsegler und blieb uns bis heute freundschaftlich verbunden.
Ein Schiff ist bekanntlicherweise ein Faß ohne Boden. Die beiden Eigner gaben täglich Hunderte, zuweilen Tausende von Mark aus, ohne zu wissen, ob ihr Schiff je fahren würde. Ihnen schwindelte bei dem Gedanken, ob das Schiff die hohe Schuldenlast wieder einfahren könnte. Sie hatten den »Point of no return« längst überschritten. Nur noch eines beherrschte ihre Sinne: Optimist bleiben, vorwärts, ranklotzen und fertig werden. Wie kam es zur Namensgebung?
Geprägt von seinen »Tigris«-Abenteuern, hatte Detlef sich mit dem Gedanken getragen, ihr Schiff mit einem Namen der alten sumerischen Gottheiten zu versehen. Über diese Überlegungen kam er schließlich auf Thor Heyerdahl selbst. Warum nicht? Auch Günter war von der Idee angetan. Detlef wandte sich an seinen Mentor – und Thor Heyerdahl stimmte zu und versprach, zur Taufe des Schiffes persönlich nach Kiel zu kommen.
Am 22. Oktober 1982 wurde der gemeinnützige und selbstlose Verein »Segelschiff ›Thor Heyerdahl‹ e.V.« mit Sitz in Kiel ins Leben gerufen. 22 Gründungsmitglieder hatten sich zur Gründungsversammlung im noch nicht ausgebauten Achterschiff des künftigen Toppsegelschoners eingefunden.
In der Satzung des Vereins wurde u.a. festgeschrieben: Zweck des Vereins ist es, Segeln als pädagogische Möglichkeit zu nutzen zur Förderung des Sports, der Erziehung, Volks- und Berufsbildung einschließlich der Studentenhilfe, der Denkmalpflege betreffs der Erhaltung und Wiederherstellung historisch bedeutsamer Segelschiffe, der Heimatpflege und -kunde, des Umweltschutzes, der Völkerverständigung. Besonderer Wert wurde von den Gründungsvätern und -müttern darauf gelegt, daß verschiedene Gruppen, Auszubildende, berufstätige Jugendliche, Studenten und Erwachsene die Möglichkeit erhalten, auf einem Segelschiff intensive soziale Erfahrungen sammeln zu können, um dabei zu erkennen, daß Teamarbeit und Verantwortungsbereitschaft wesentliche Voraussetzungen für soziales Zusammenleben von Menschen in der Demokratie sind.
Auf Ballen von Isolierwolle sitzend, sangen die Gründungsväter lauthals das von Günter verfaßte Lied von der »Thor Heyerdahl«:
»Wir sitzen auf 'ner Kiste in unserem Laderaum…«

Am Freitag, dem 13. November 1982, dann das große Spektakel der Schiffstaufe. 120 geladene Gäste, Medienvertreter von Fernsehen, Funk und Presse waren erschienen, um dem Ehrengast und Taufpaten Thor Heyerdahl sowie dem Schiff ihre Honneurs zu erweisen. Der berühmte norwegische Forscher, aus Italien kommend, ließ es sich nicht nehmen, dem Schiff, das fortan seinen Namen trägt, seine besten Wünsche mit auf den Weg zu geben. In seiner Taufrede kam zum Ausdruck, daß er besonders davon angetan war, daß das Schiff den jungen Menschen aller Herkunft dienen und mit ihm – in einer Zeit, wo sich die Erdölressourcen erschöpfen

– die alte Kunst des umweltfreundlichen Segelns wiederbelebt werden wird. Die Schiffstaufe vollzog ein nettes Persönchen namens Monika Wittig, zehnjährige Tochter eines den Eignern nahestehenden Werftingenieurs.

Anfang Mai 1983 war es schließlich soweit.

Wiederum flog Thor Heyerdahl ein, packte in den letzten zwei Tagen bei den anfallenden Arbeiten sogar selbst noch mit an. Am 7. Mai 1983 kam der langersehnte, kaum mehr für möglich gehaltene Augenblick: »Leinen los! Setzt die Segel!«

Mit 48 an Bord genommenen Gästen, Freunde und Gefährten der Aufbaujahre, ging es für zwei Tage auf Probefahrt. Eine Unmenge von Kleinigkeiten war noch nicht fertiggeworden, bei den WC-Türen fehlten die Schlösser, die Wandverkleidungen des Salons und der achteren Kammern bestanden immer noch aus Steinwolle. Aber die Segel blähten sich in einer frischen Brise, und der stolze Dreimast-Toppsegelschoner »Thor Heyerdahl« lief in der Kieler Bucht mit einer Geschwindigkeit von acht Knoten.

Detlef und Günter konnten es kaum fassen, ein übermächtiges Glücksgefühl durchströmte sie, entschädigte sie für all die vergangenen Plackereien. Nach der Rückkehr der »Thor Heyerdahl« stand der Kommandant des Segelschulschiffes der Bundesmarine »Gorch Fock« Immo von Schnurbein an der Pier, um den »schönen Dreimaster« herzlich zu begrüßen. Der bekannte Lokalredakteur für Seefahrt Bruno Bock brachte die »Thor« unter vollen Segeln auf der Titelseite der Kieler Nachrichten heraus.

Ein Quentchen Stolz schlich sich schon ein bei den Eignern, doch ihre Sorgen waren mit der erfolgreichen Probefahrt noch lange nicht von ihnen abgefallen. Eine Geschäftsstelle des Vereins »Segelschiff ›Thor Heyerdahl‹ e.V.« wurde im alten Eckmann-Speicher in der Kaistraße von Günter und Josef Pollmann in Eigenleistung eingerichtet. In den Büroräumen des »Geschäftsimperiums« kümmern sich seitdem zwei angestellte Damen um Reisebuchungen und Organisation. Noch klaffte im Boden der Vereinskasse ein riesiges Loch, den Kurs des Vereinsschiffes könnte man im übertragenen Sinne als »hart am Wind« bezeichnen – und da gibt es ja noch die Seemannsweise:

Vorsänger: *Der Käpten, der Stürmann, der Bootsmann und ich, ja, wir sind Kerle! Wir fahren ins Weltmeer und fehlt auch das Geld sehr, wir bleiben munter und frisch.*
Alle: Ja, wir fahren ins Weltmeer und fehlt auch das Geld sehr, wir fahren ins Weltmeer und fehlt auch das Geld sehr, wir bleiben munter und frisch.

Am 21. Mai 1983 legte die »Thor« von der Bahnhofskaje in Hörn ab zu ersten Wochenendfahrt nach Marstal/Arö. Es folgten mehrere Kurzreisen, darunter Ausbildungsreisen für die Stammbesatzung, nach Eckernförde, Sonderburg und Ende Juni 1983 Tagesfahrten während der Kieler Woche. Anschließend gingen Fahrten nach Svendborg, Ebeltoft, Kalundborg, Kerteminde, zur Insel Mön. Anfang August 1983 wurde die »Thor« in Kopenhagen begrüßt. Eine Kurzvisite folgte in einem kleinen schwedischen Hafen.

Weitere Reisen mit Jugendlichen gingen nach der Insel Samsö, nach Fåborg, dann nochmals nach Samsö und Svendborg, Sonderburg. Damit hatte sie Flagge in ihrem künftigen Hausrevier gezeigt, das sie Mitte Oktober 1983 zu ihrer ersten Reise in südliche Gefilde verließ. Seitdem sind die Segelreviere der »Thor Heyerdahl« in der Sommerzeit die Ost- und Nordsee und im Winterhalbjahr die Kanarischen Inseln sowie die Karibik. Im Sommer werden Jugendreisen durchgeführt. In dieser Zeit nimmt sie auch an Regatten teil, die zum Ziel haben, internationale Kontakte zu pflegen, zum Beispiel durch Crewaustausch. Die Teilnehmer werden auf der Reise von erfahrenen Pädagogen und Nautikern betreut. Die Sicherheitsbestimmungen der internationalen Jugendsegelorganisation der »Sail Training Association Germany« werden erfüllt. Außerdem entspricht die Sicherheitsausrüstung des Schiffes den Bestimmungen der SBG *(See-Berufsgenossenschaft)*. Insgesamt stehen an Bord 44 Kojenplätze zur Verfügung: 10 Gästekabinen mit Kojen für 32 Personen und 12 Kojen für die Stammbesatzung.

Für die beiden Eigner waren die ersten drei Jahre, in denen das Schiff unter Segeln stand, aufgrund geringer Auslastung magere Jahre. Viel mußte noch investiert werden, um es in allen Teilen fertigzustellen. Doch inzwischen lassen immer mehr Leute einen Traum in Erfüllung gehen, packen den Seesack und heuern auf diesem waschechten, repräsentativen Windjammer an, um eine Aktivreise mitzumachen oder gar auf große Fahrt zu gehen, der Sonne entgegen. Die offene See mit aufregenden Seemeilen liegen vor ihnen. Aufgeschlossene Leute begegnen ihnen an Bord des Schiffes, das den Geist weiterführt, den wir von Thor Heyerdahl erfahren haben.

Es gibt Menschen und Schiffe, die zueinander eine tiefwurzelnde und unverbrüchliche Verbindung haben. Detlef Soitzek, Günter Hoffmann und ihr Schiff gehören zu denen, auf die Joseph Conrads Worte gelten, die er in »The mirror of the Sea: Memories and Impressions« niederschrieb *»über die tiefe Beziehung in der ein Mann zu seinem Schiff steht«; denn »...es hat Ansprüche als ob es ahnen und reden könnte... und wahrhaftig, es gibt Schiffe, die für den rechten Mann alles tun – nur nicht sprechen.«*

Ein schmucker Toppsegelschoner
Die »Thor Heyerdahl«
in der ganzen Pracht ihrer Segel im heimatlichen Ostseerevier.

Taufrede des norwegischen Forschers Thor Heyerdahl

zur Taufe des Toppsegelschoners »Thor Heyerdahl« · Deutsche Übersetzung

Ich möchte meinem alten Freund Detlef Soitzek und meinem neuen Freund Günter Hoffmann zu dem gratulieren, was sie aus einem alten Rumpf hervorgebracht haben. Außerdem möchte ich ihnen all den Erfolg und Fortschritt wünschen, den sie für das mutige Unternehmen verdienen, auf das sie sich eingelassen haben, als sie ein aufgegebenes Wrack kauften und buchstäblich mit ihren eigenen Händen und ihrem eigenen gesparten Geld in einen Dreimast-Gaffelschoner umbauten, der zweifellos zum Nutzen von Hunderten von jungen Leuten aus Deutschland und anderen Ländern in den folgenden Jahren sein wird.

In unseren modernen Zeiten und modernen Gesellschaften muß ein persönliches Unternehmen junger Menschen wie dieses, mit begrenzten privaten Absichten, wirklich gelobt und ermutigt werden.
Meiner Meinung nach besteht ein großer Unterschied zwischen dem maritimen Projekt, auf das diese Männer sich eingelassen haben, und den meisten ähnlichen Schiffbauprojekten. Heutzutage wird ein Segelschiff gewöhnlich zum Zwecke reinen Abenteuers oder persönlichen Vergnügens gebaut. Was mir persönlich gefällt, und ich bin sicher, ebenso jedem von Ihnen, ist die Tatsache, daß diese Männer sich ein hochzuschätzendes Ziel mit hohen Idealen

gesteckt haben; sie möchten dieses Schiff als Trainingsschiff für junge Menschen – anders als sie selbst – benutzen: zum Training und zur Erziehung. Damit junge Menschen lernen, im Team zu arbeiten, zusammen in Harmonie zu leben, unabhängig von sozialen oder nationalen Unterschieden. Um eine heranwachsende Generation zu Pionieren zu machen, die eine sterbende Fertigkeit wiedererwecken und aufrechterhalten, eine entschwindende Kunst, die in der Zukunft so wichtig werden könnte, wie sie in der Vergangenheit war: die alte Kunst des Segelns. Die Fähigkeit, ein kompliziertes Rigg bei Wind und Wetter zu bedienen.
Vor ein paar Jahren waren wir alle überzeugt, daß die Epoche der großen Segelschiffe zu Ende ging, zumindest was wirtschaftliche Zwecke betraf. Heute, wo wir das Ende des Weltvorrats an Öl voraussehen, zumindest den definitiven Brennstoffmangel, beginnen wir uns wieder daran zu erinnern, daß der Wind immer noch da ist – und umsonst. Man muß kein großer Prophet sein, um vorherzusehen, daß in einer anderen Generation die Segelkunst zurückkehren wird, vielleicht in einer technisch fortschrittlicheren Form in Einklang mit der modernen Computer-Ära. Aber sie wird zurückkehren, und dann ist es eine große Befriedigung für jeden einzelnen, jede Gruppe oder Nation, sich unter den Pionieren zu befinden.
Darum möchte ich euch beiden, Detlef und Günter, und all euren hervorragenden Mitarbeitern meine aufrichtigsten Wünsche entgegenbringen, daß ihr all den Erfolg haben mögt, den ihr bei der Durchführung eures Unternehmens verdient. Unnötig zu sagen, daß ich erfreut und stolz bin, daß ihr meinen Namen für euer schönes Schiff ausgewählt habt. Ein Schiff, und insbesondere ein Segelschiff, ist eigentlich weiblich, immer wird es als »sie« und niemals als »er« bezeichnet, somit ist dies der erste weibliche »Thor Heyerdahl« in meiner Familie. Bis jetzt gab es nur vier Generationen von Männern, die diesen Namen trugen, mein Vater, Thor Heyerdahl sen., dann ich selbst, mein ältester Sohn und seit kurzer Zeit sein kleiner Sohn. In diesem Zusammenhang sei mir erlaubt, Ihnen von einer kleinen Episode zu erzählen, die sich vor kurzem ereignet hat, als mein Sohn Thor eingeladen war, einen Vortrag über Meeresbiologie in Oslo zu halten. Der Organisator der Veranstaltung stellte ihn dem Publikum als den »Sohn Thor Heyerdahls« vor. Das gefiel meinem Sohn nicht so recht, der eine eigenständige Persönlichkeit sein möchte, und so sagte er, als er seine Rede begann: »Ja, es ist wahr, daß ich der Sohn Thor Heyerdahls bin. Aber ich bin außerdem der Enkel von Thor Heyerdahl. Und ich bin der Vater von Thor Heyerdahl. Und ich bin auch Thor Heyerdahl!«
Nun, von heute an kann er auch auf eine neugeborene Dame desselben Namens verweisen, die hoffentlich leben wird, um mehr über die Sieben Meere zu erfahren und kennenzulernen als der Rest von uns zusammen. Und es gibt einen sehr deutlichen Beweis für den Fortschritt in Sachen »Meer« innerhalb der Familie Heyerdahl. Über 13 Generationen hinweg lebten meine Vorfahren im Inneren Norwegens, weit entfernt von irgendwelchen Teilen des Ozeans. Es gab keine Segler oder Seefahrer unter ihnen. Mein eigener Vater, Thor Heyerdahl sen., wurde in Deutschland ausgebildet, um seine eigene Brauerei an der Küste des Oslo-Fjords zu gründen, aber er wagte sich niemals an die See außer in außerordentlich strengen Wintern, wenn das Wasser gefroren war, so daß er im Inneren des Oslo-Fjords Schlittschuh laufen konnte. Aber er konnte wenigstens schwimmen. Ich selbst jedoch bin als kleiner Junge beinahe ertrunken, und so hatte ich so viel Angst vor dem Wasser, daß ich nicht schwimmen lernte, bis ich im Alter von 22 Jahren durch Zufall in einen Fluß auf Tahiti fiel und schwimmen mußte, um mein Leben zu retten. Seit damals habe ich zumindest richtig schwimmen gelernt, und ich habe keine Angst mehr vor dem Wasser. Und nach mir unternahm mein eigener Sohn Thor einen weiteren Schritt und wurde von Beruf Meeresbiologe mit all seinem Interesse am Weltmeer. Mit der jungen Dame »S/S Thor Heyerdahl«, die nun geboren ist, buchstäblich für die See geboren, ist für den weiteren maritimen Fortschritt gesorgt.

Wenn ich einen sehr ehrlichen Wunsch für das zukünftige Leben und die kommenden Reisen dieses schönen Schiffes ausdrücken darf: möge sie in den nächsten hundert Jahren in einem reinen, gesunden, unverschmutzten Weltmeer segeln. Ich bin sicher, daß eines der vielen Programme ihres Unternehmens als Trainingsschiff sein wird, Junge und Alte zu lehren, daß ein toter Ozean gleichbedeutend wäre mit einem toten Planeten.

Kiel, am 13. 11. 1981, Thor Heyerdahl

Erlebnispäda Jugendreisen

Das erlebnispädagogische Konzept und seine historischen Wurzeln

Kapitän Detlef erklärt anhand der Seekarte das Reiseziel.

III. Es sprach für Günter Hoffmann, daß er von Anfang an die pädagogischen Neigungen seines Freundes und Partners Detlef Soitzek teilte und dessen Idee mit ganzer Tatkraft unterstützte, das Schiff für die praktische Jugendarbeit zu nutzen und damit Heranwachsenden aller Gesellschaftsschichten eine außergewöhnliche Möglichkeit zur individuellen Lebensbereicherung zu bieten. Damit beschritten zwei Freunde einen gemeinsamen Weg, der zu einem der beachtenswertesten und erfolgreichsten auf dem Gebiete der Erlebnispädagogik werden sollte, an dessen Anfang die Entwicklung eines erlebnispädagogischen Trainingsprogramms für an Bord kommende Jugendliche und junge wie junggebliebene Erwachsene stand.

Detlef Soitzek und Günter Höffmann sind weiß Gott von unterschiedlichem Naturell. Doch jeder, der sie kennenlernt, spürt, daß ihnen die gleiche Haltung eigen ist: Beide sind Leute mit ausgeprägter demokratischer Gesinnung und von kooperativem, kommunikativem Verhalten, sind aufgeschlossen gegenüber allen Fragen ogische

»Erziehung durch die See, nicht für die See« heißt das Motto.

Das »wahre Leben« an Bord spielt sich während der Freiwache ab.

des menschlichen Zusammenlebens, verfügen über eine hohe Sachkompetenz; sie zeichnen sich nicht zuletzt durch äußerst moderate Umgangsformen und ausnehmende Höflichkeit aus. Um es vorwegzusagen: Einzig ihre Persönlichkeiten und ihre hohe Motivation waren die Garanten, daß das erlebnispädagogische »Thor Heyerdahl«-Modell entwickelt und verwirklicht werden konnte und heute nicht nur große Anerkennung und Würdigung, sondern auch Nachahmung gefunden hat.

Es galt vorerst, die zunächst skizzenhaften Vorstellungen von der schwimmenden Jugendausbildungsstätte auf dem Segelschiff »Thor Heyerdahl« in ein tragendes Konzept umzusetzen. Detlef, bereits seit 1970 nebenher in der Jugendarbeit engagiert, war im Rahmen des »Deutsch-Französischen Jugendwerkes« Ski-Monteur im Allgäu und Segellehrer auf der in Lübeck-Travemünde liegenden »Passat«, ab 1974 Hilfserzieher und sportpädagogischer Assistent an der »Kurz«-Schule Berchtesgaden. In den Jahren 1977 bis 1981 hatte er ein pädagogisches Studium an der Universität Bremen absolviert und die 1. Staatsprüfung mit den Fächern Sport und Wirtschaftslehre abgelegt. In den Semesterferien war er als Assistant-Instructor an der »Outward-Bound-Sea-School« in Hurricane Island/ Maine (USA) tätig gewesen. Ihm waren die Grundlagen moderner Erlebnispädagogik vertraut, insbesondere hatte er sich eingehend mit deren Wegbereitern befaßt. Unter den Pionieren moderner Erlebnispädagogik ist es in erster Linie der Reformpädagoge Kurt Hahn, der Begründer der »Outward«-Erziehung und der »Short-Term-Schools«, von dem wichtige Impulse hinsichtlich erziehungswissenschaftlicher Disziplinen ausgingen und in dessen Fußstapfen man weitergehen wollte. Demzufolge mußte für den Dreimast-Toppsegelschoner »Thor Heyerdahl« ein spezielles sozialpäda-

16 Mädchen und Jungen der Urspringschule »Schelklingen« im September 1987 mit der »Thor Heyerdahl« auf der Ostsee unterwegs.

gogisches Trainingsprogramm konzipiert werden, in dem die Ideen Hahns eingeflochten wurden.
»Outward Bound« – dieser aus der englischen Seefahrt abgeleitete Begriff heißt soviel wie »auf der Ausreise sein«. Er signalisiert den Antritt einer großen Fahrt, in übertragenem Sinne die ›Fahrt ins Leben‹ mit all ihren unvorhersehbaren Risiken. Doch gleichfalls beinhaltet dies, das Schiff muß gut ausgerüstet sein – jeder junge Mensch braucht für ›seine Fahrt ins Leben‹ ein gutes Rüstzeug. Der Vater des Verfassers gab seinem Sohn den Spruch mit auf den Weg: »Fahr' ohne Steuer nicht zur See, / geh' ohne Stab nicht durch den Schnee, / geh' ohn' Gebet und Gotteswort niemals aus deinem Hause fort.« Nun mag einer gottesfürchtig sein oder nicht, in die Pädagogik übertragen bedeutet es: Der junge Mensch, der den behüteten Hort der Kindheit verläßt und auf der Schwelle steht, hinaus ins aktive Leben zu treten, soll auf eine tatkräftige und verantwortungsbewußte Lebensführung vorbereitet werden.

Kurt Hahn (1886-1976), er gründete 1920 das Internat Schloß Salem in Baden-Württemberg und leitete dies nach seinen Ideen betriebene Landschulheim bis 1933, hat den Begriff »Outward Bound« in die Pädagogik

Unser Segelmacher Hein zeigt Kevin, wie man einen Takling macht.

übertragen und als Leitbild über seine These gestellt. Sowohl Hahn als auch der Pädagoge Hermann Lietz (1869-1919), Gründer der Landeserziehungsheime, hatten unabhängig voneinander sehr früh erkannt, daß das staatliche Erziehungswesen sich meistenteils nur im Vermitteln von Wissen erschöpfe und dieses Defizite hinsichtlich der Charakterbildung zur Folge hatte. Überzeugt davon, daß der Ausformung der Persönlichkeit maßgebliche Bedeutung beizumessen ist, rief er in den 30er Jahren Kurse ins Leben, mit denen das Manko des öffentlichen Schul- und Bildungswesens kompensiert werden sollte. Hahn hatte vier in unserer modernen Zivilisation sich abzeichnende Mangel- und Verfallserscheinungen benannt:

- die Verkümmerung menschlicher Anteilnahme, deren Ursache in der Desensibilisierung als Folge von Hast und Reizüberflutung liegt,
- den Rückgang der Sorgsamkeit, begründet durch Konsumorientierung und sogenannter »Zuschauerkrankheit«,
- das Schwinden von Initiative aufgrund fortschreitender Technisierung,
- die Einschränkung an körperlicher Leistungsfähigkeit, hervorgerufen durch Automatisierung aller Tätigkeiten.

Die Charakterbildung der Jugendlichen als oberstes Ziel ansehend, hoffte er, die künftige Generation zu verantwortungsbewußten, geistig und moralisch mündigen, eben selbstverantwortlichen Staatsbürgern formen zu können.
Hahn, seinerzeit von den Herrschenden in Deutschland aufgrund seiner Abstammung nicht mehr gelitten, emigrierte und schuf in Gordonstown (Schottland) die »British Salem School«. 1941 gründete er die erste »Outward Bound School« als Seeschule in Aberdovey (Schottland). In der Folgezeit entstanden viele solcher erlebnispädagogischen und natursportlich orientierten Jugendausbildungseinrichtungen, deren eindeutige Ausrichtung auf »Out door«-Aktivitäten liegt – zu Lande, zu Wasser und auch in der Luft. Grundlegender Gedanke ist, die Möglichkeiten, die die großen Naturräume wie die See und Gebirge bieten, für die »Out door«-Pädagogik zu nutzen und zugleich dem Anpruch auf ökologische Bildung gerecht zu werden. Die erlebnispädagogischen, die Umwelt einbeziehenden Programme zeichnen neue Wege außerhalb bestehender Institutionen auf, dieser Zweig der Pädagogik versteht sich deshalb als Ergänzung zu tradierten und etablierten Erziehungs- und Bildungsstätten.

Nach der Idee des »Outward Bound« Gedankens arbeiteten in der Bundesrepublik Deutschland in Berchtesgaden und in dem im Kleinen Walsertal gelegenen Baad zwei »Kurz«-Schulen. In ein- bis dreiwöchigen Kursen wurden Jugendliche bei Klettertouren, Orientierungsmärschen, Skilaufen, Wildwasser-, Kajak- und Schlauchbootfahrten in außergewöhnliche Situationen gestellt, in denen sie sich bewähren mußten. Die erste deutsche, im Jahre 1952 vom Trägerverein »Deutsche Gesellschaft für Europäische Erziehung e.V.«, München ins Leben gerufene »Kurz«Schule existierte in Weißenhaus an der Hohwachter Bucht, wo Jugendliche u.a. mit offenen Kuttern in der Ostsee segeln konnten. Leider mußte die Schule 1975 aus wirtschaftlichen Zwängen heraus ihre Pforten schließen.
Nach dem Zweiten Weltkriege keimte der Gedanke auf, dem nautischen Nachwuchs der Handelsschiffahrt wieder eine Ausbildung auf Großseglern zuteil werden zu lassen. Buchstäblich in letzter Minute rettete der aus Königsberg stammende Reeder Schliewen die zum Abwracken bestimmten Viermast Rahsegler »Pamir« und »Passat«, die Schneidbrennerkolonnen standen schon bereit, um aus den stolzen Schiffen einen Schrotthaufen zu machen. Hut ab vor diesem Mann mit einer gehörigen Portion Segelschiffsromantik im Herzen, der mit seiner Tat in deutschen Landen einen Begeisterungsturm für die Seefahrt unter Segeln entfachte. Kredite und Darlehen in Millionenhöhen flossen aus dem Fonds des Bundesjugendplanes, des Landes Schleswig-Hostein, der Schleswig-Holsteinischen Landesbank, des Bundeswirtschaftsministeriums und nicht zuletzt durch die finanzielle Unterstützung der »Deutschen Gesellschaft für europäische Erziehung« für das Windjammerprojekt ein.
Während die in Kiel in der Werft liegenden Segler noch zu Fracht-Schulschiffen hergerichtet wurden, hatte bereits die Ausbildung der künftigen Schiffsjungen begonnen. Für die mit Elan vorangetriebene Jugenderziehung entsandte die »Deutsche Gesellschaft für europäische Erziehung« ihre fähigsten Pädagogen zum Schloß Nehmten. In dem idyllisch am Südufer des Plöner Sees gelegenen schleswig-holsteinischen Landschulheim stellte auch Kurt Hahn, der nach dem Zweiten Weltkrieg an der Gründung des an der Schlei gelegenen Internats »Louisenlund« maßgeblichen Anteil hatte, seine Erfahrungen als Jugenderzieher in den Dienst der Kadettenausbildung. Hahn gelang es, für das deutsche Vorhaben die ideelle und materielle Unterstützung der von ihm initiierten Organisation »American-British Foundation for European Education« zu gewinnen. Die Schwerpunkte in der Unterrichtung der

Szenen des Bordalltags
1. Navigation ist, wenn man trotzdem ankommt.
2. »Badegäste« – der Lehrkörper übt vornehme Zurückhaltung.
3. Das Umwickeln mit Bändselgut schützt das Tauwerk vor Witterungseinflüssen und Seewasser.
4. Auf Ruderwache.
5. Mit der Kleedkeule wird das Schiemannsgarn gewickelt.
6. Verflixte Knotenkunde

Seemannschaft

1

2

3

4

5

6

angehenden Seeleute lagen in der Erziehung zur Verantwortungsfreudigkeit und Hilfsbereitschaft sowie in der Stärkung des geistigen und körperlichen Selbstwertgefühls.
Die Ausbildung und Vorbereitung der Kadetten für die »Pamir« und der »Passat« war quasi der erste »Outward Bound«-Kurs in Deutschland. Die Leitung lag in den Händen von Professor Dr. F. Christiansen-Weniger, dem ehemaligen pädagogischen Oberleiter der »Hermann-Lietz-Schule«. Er war Mitbegründer der Stiftung »Louisenlund« und erster Leiter der Kurzschule »Weißenhaus«.
Begeisterte englische Reedereien schickten Kadetten; aus allen Teilen der Welt eintreffende Anmeldungen und Anfragen häuften sich auf den Kontortischen der

Bild links:
Zwei Leute in luftiger Höhe beim Setzen des Besantoppsegels

Bild oben:
»Rahenfieber«. Mit dem Bauch liegen die Toppsgasten auf der Fockrah, um die Breitfock aufzutuchen

Bild unten:
Aufentern in die Wanten des Schonermastes. Nur wer will, kann im Rigg arbeiten.

Bild rechts:
Zwei Mann beim Festzeisen des geborgenen Großsegels.

Schliewen-Reederei. Getragen von der Begeisterungswelle für die Wiederbelebung der Segelschiffsausbildung, trug sich Schliewen, der »Reeder der Seeromantik«, mit dem Gedanken, noch eine weitere Viermastbark, die »Pommern«, zu erwerben, gar einen Neubau in Anlehnung der ehemaligen »Preussen« in Auftrag zu geben. Sieben Segelschulschiffe plante er. 1952 erwarb er die Viermastbark »Moshulu« und den Fünfmastschoner »Carl Vinnen«. Doch konnte die Schiffahrtkonkurrenz soviel Unternehmergeist ertragen? Mitnichten, der »Schliewen-Plan« wurde auf indirekte Weise torpediert – doch das Plädoyer für die Segelschiffsausbildung bleibt bestehen.

Für die beiden Schiffseigner Detlef und Günter bot es sich an, zumal es 1983 kein vergleichbares Projekt in Norddeutschland gab, die »Thor Heyerdahl« als eine schwimmende »Outward-Bound«-Schule zu nutzen. Ein Schiff ist ein sozialer Lebensraum. Ein großes Segelschiff überdies als zeitgemäßes, pädagogisches Medium zu nutzen, war bis dahin nicht entdeckt worden. Schon während der Ausbauphase des Schiffes war Prof. Dr. Jörg Ziegenspeck, Dozent für Psychologie (Fachbereich Erziehungswissenschaft) an der Hochschule Lüneburg und erster Präsident des »Bundesverbandes Segeln – Pädagogik – Therapie e.V.«, hinzugestoßen. Er brachte als Vorstandsmitglied mehrerer sozialpädagogischer und -therapeutischer Vereine, die

dem Segeln persönlichkeitsbildende Bedeutung beimessen, wichtige Gesichtspunkte mit ein. Schließlich hatte er dazu beigetragen, die »Arbeitsgemeinschaft ›Segeln mit Kindern, Jugendlichen und jungen Erwachsenen‹ an der Hochschule Lüneburg« sowie den »Verein Jugendschoner ›Hermine‹ e.V.« aufzubauen. Jörg half den beiden Eignern des noch nicht aufgeriggten Dreimast-Toppsegelschoners bei der Verwirklichung ihrer Idee, die Jugend an Bord zu nehmen und begann in Kooperation mit ihnen, ein detailliertes erlebnispädagogisches Programm zu entwerfen.

Zur finanziellen Absicherung des Projekts wurde ein Trägerverein gesucht. Doch weder die Trägerin der »Kurz«-Schulen, die »Deutsche Gesellschaft für Europäische Erziehung« noch das »Christliche Jugenddorf« zeigten Interesse für eine Zusammenarbeit. Es war ein nahezu aussichtsloses Unterfangen, mit einem halb ausgebauten Oldtimer-Schiff auf Unterstützung zu hoffen oder gar Sponsoren gewinnen zu wollen. Was nützte da das allerorts vorgetragene hehre Motto »Ein traditionsreiches Schiff für die junge Generation« und alle verkündeten noblen Absichten, an alte seemännische Erfahrungen anzuknüpfen und Jugendliche an die Ursprünge menschlicher Entwicklung und Fähigkeiten erinnern zu wollen und gleichfalls moderne pädagogische Ziele abzustecken, auch daß auf dem fertiggestellten Segelschiff Jugendliche aus allen Kreisen der Bevölkerung, Mädchen und Jungen, Schüler, Auszubildende, junge Arbeiter, Angestellte, Beamte und Selbständige, Menschen aller Bekenntnisse, Weltanschauungen, Rassen und Nationalitäten zusammengeführt werden sollten. An allen namhaften Institutionsportalen, Vereinstüren und Amtsstuben, an denen die Leute von der »Thor« anklopften, stießen sie ob ihres Begehrens auf Unverständnis, schlug ihnen unverhohlenes Mißtrauen entgegen, wertete man ihr Vorhaben als reine Phantasterei ab. Dreißig Jahre nach der Begeisterung für die Wiederflottmachung der Windjammer »Pamir« und »Passat« wurden die »Thor«-Leute von einfältig den Kopf schüttelnden Managertypen und ungefälligen Kanzleiseelen abgewiesen. Und so blieben sie in einer auf Kommerz und Profit ausgerichteten Zeit nicht nur mit ihren finanziellen Problemen allein.
Detlef und Günter schafften es dank der Hilfe einiger Freunde dennoch, ihre Idee in die Tat umzusetzen. Durch eigenes Vorleben geben sie dem zu ihnen an Bord kommenden Nachwuchs das beste Beispiel, daß man unter äußerst schwierigen Voraussetzungen durch Eigeninitiative, unbeirrbarer Tatkraft und Zähigkeit zum Ziel gelangt und somit seine Vorstellungen in dieser Welt verwirklichen kann.

Bei der ersten Jugendgruppe, die im September 1983 an Bord begrüßt wurde, handelte es sich um Schüler und Schülerinnen der Hermann-Lietz-Schule Spiekeroog in Begleitung des damaligen pädagogischen Leiters der Hermann-Lietz-Schulen Otto Hertz und dem späteren Schulleiter Hartwig Henke.
Ja, da waren sie nun, die ersten Teilnehmer und Teilnehmerinnen, die sich an Deck tummelten, um das Schiff und mit ihm die Gewässer der westlichen Ostsee zu erobern. Eine Flut neuer Eindrücke stürmte auf sie ein. Aus den jungen Gesichtern war Staunen über die gewaltigen Masten, das große Rigg, das unüberschaubare Tauwerk, die noch unbekannte Welt der Seefahrt zu lesen. Fragende Augen, was können wir hier überhaupt machen, was sollen wir hier ausrichten, welche Rolle wird uns zugeteilt werden? Aus der Schar der 32 Teilnehmer wurden vier Wachgruppen zu jeweils acht Leuten gebildet. Spontan wuchs der Gemeinschaftssinn, gleichzeitig wich das anfängliche Unbehagen. Die erste gemeinsam verbrachte Nacht in der Kabine. »Auweia, sind die Kojen eng!« »Macht nix, wir sind hier hergekommen und wollen die Schiffsreise machen!«
Am nächsten Morgen erwartungsfrohe Gesichter bei den Jugendlichen. In ihren Gruppen lebten und arbeiteten sie während der gesamten Reise zusammen. Eines begriffen sie sofort: Das Einleben in die Bordgemeinschaft forderte von ihnen Rücksichtsnahme auf andere. Jetzt waren die Ausbilder erstmals in hohem Maße gefordert, mußten ihnen gleichermaßen Orientierungshilfe geben und wohlüberlegte Aufgaben stellen, sie herauszufordern, ihnen zugleich Mut einflößen, selbst etwas anzupacken.
»Laßt uns Segel setzen!« Die Schüler und Schülerinnen inmitten des Wirrwarrs von Tauen. »Holt durch die Schot!« »Fier die Gei !« Dann kam es »gordisch«: »Los die Gordinge!« Doch keine Angst, nicht Gordius hat hier einen unlösbaren Knoten geknüpft, es ist auch keine unlösbare Aufgabe, das richtige Tauende zu bedienen, damit sich oben an den Rahen die Segeln öffnen können. An Deck muß auf die Kommandos achtgegeben werden. Die Ohren mit einem Walkman verstopfen, geht nicht.
Und schon nach der allerersten bewältigten Aufgabe machten die Jugendlichen die überraschende und zudem freudige Entdeckung, daß mehr in ihnen steckte als sie vorher hätten glauben mögen. Mit eigener Kraft und mit ihrem Zutun verließ das Schiff den Hafen. Alles ist erklär- und begreifbar. Die Geheimnisse der komplizierten Takelage begannen sich aufzulösen. Draußen auf der Ostsee blies ihnen der Wind von vorn ins Gesicht. Dem auf sich selbst gestellten Schiff begegneten in Wind, Wellen und Regen reale, unbe-

einflußbare Kräfte, die sich ungefragt einmischen und vorübergehend zum bedrohenden Ernstfall werden. Leicht kann man, sofern man nicht aufpaßt, die Balance auf der schaukelnden Decksplattform verlieren. Als Starkwind aufkam, erkannte ein jeder, daß dies kein Spiel mehr ist. Das Ausgesetztsein einer derart mißlichen Lage machte es erforderlich, alle verfügbaren geistigen und körperlichen Kräfte zu aktivieren. Und hier merkte jeder der Jungen und Mädchen, nicht in Konkurrenz zu einander, vielmehr in Kooperation miteinander sollte man die Kräfte mit der Unbill des Daseins messen. Die Elemente der See machten ihnen klar, niemand kann auf einem großen Schiff allein bestehen. Also – am gleichen Strickende ziehen! Und noch eins: Auf See aussteigen ist unmöglich.

Jetzt kam es darauf an, den jungen Leuten mehr Einsatzbereitschaft, Umsicht, Konzentrationsvermögen und Gemeinschaftsdenken abzufordern. Weitere wichtige Eigenschaften mußten auf die jungen Mitsegler transformiert werden, wollte man am Zielhafen ankommen: Kurs halten – Unsicherheitsfaktoren, Risiken und Gefahren abwägen – Ausdauer zeigen.

Das Fahrtgebiet beschränkt sich auf die geschützte dänische Inselwelt rund um Fünen. In Anlehnung von Detlefs mit der »Kurz«-Schule Berchtesgaden und den »Outward Bound«-Schulen in England und den in den USA gesammelten Erfahrungen wurde versucht, auf der »Thor Heyerdahl« ein striktes »Outward Bound«-Programm durchzuziehen. Allerdings durfte dies anfangs nicht offiziell als solches bezeichnet werden, denn eine angebotene Kooperation wurde vom Trägerverein der »Kurz«-Schulen von Berchtesgaden, Baad und neuerdings Schwangau, der »Deutschen Gesellschaft für Europäische Erziehung e.V.« nicht aufgegriffen. Statt dessen wurden aus Konkurrenzängsten heraus massive administrative und juristische Mittel aufgeboten, um den norddeutschen Initiatoren den Gebrauch des Terminus »Outward Bound« für die Jugenderziehung auf dem Segelschiff »Thor Heyerdahl« zu untersagen.

Seinen Alleinvertretungsanspruch des von Kurt Hahn 1941 in die Pädagogik übertragenen und nach wie vor in der englischen Seefahrt üblichen Begriffs begründete der Trägerverein der »Kurz«-Schulen mit dem Hinweis, daß er auf seinen Namen als »Warenzeichen/Dienstleistungsmarke« in die Warenzeichenrolle beim Deutschen Patentamt eingetragen sei. Mit offizieller Absegnung wurde also ein pädagogischer Fachausdruck mit ideenverbundenem Gehalt als »Ware« deklariert. Positiver Aspekt im Namensstreit war allerdings, daß durch die »Thor Heyerdahl«-Initiative unter den Pädagogen im deutschsprachigen Raum eine rege Diskussion über das erlebnispädagogische Gedankentum entfacht worden war und dies förderlich für die praktische Weiterentwicklung auf diesem Sektor gewesen ist.

Das Trainingsprogramm an Bord der »Thor« beinhaltet neben der Einweisung in den Segelbetrieb und den Grundzügen der praktischen Seemannschaft vier wesentliche Elemente, wie sie von Hahn vorgegeben worden waren: körperliches Training, Rettungsdienst, Projekt, Expedition.

Diese Leitgedanken wurden von Detlef, Jörg und Dr. habil. Peter Weinberg, einem aktiven Breitensportler, der an der Hamburger Universität Sportwissenschaft lehrte, für die Jugendreisen der »Thor Heyerdahl« spezifiziert:

Beim körperlichen Training geht es um die Verbesserung der Kondition, Erhöhung der Ausdauer, der Schnellkraft und Gewandheit, wobei die Sensibilität für die Bedeutung der Gesundheit und des Wohlbefindens über neue Körpererfahrungen und ein bewußteres Körpergefühl gesteigert werden soll. Es wird auf Suchtgefahren aufmerksam gemacht, die dem körperlichen Wohlbefinden langfristig entgegenstehen.

Der Rettungsdienst umfaßt Kurse in erster Hilfe, Feuerschutzübungen, Rettungsschwimmen und Bergen aus Seenot. Da die »Thor Heyerdahl« mit einem UKW-Sprechfunkgerät ausgerüstet ist und am Seefunkdienst teilnimmt, ist an Bord auf Kanal Nr. 16, der als internationale Not- und Sicherheitsfrequenz sowie Anruffrequenz für Nahverbindungen von etwa 50 km ausgewiesen ist, eine ständige Funkwache zu halten. Auf Grenzwelle werden Wetterberichte und Sturmvorhersagen der Küstenfunkstelle Kiel Radio für die südliche und westliche Ostsee und dem Kattegat/Skagerrak mitgehört.

Unter den Punkt ›Projekt‹ fallen vielfältige Aufgaben, deren Bewältigung den Teilnehmern Sorgfalt und Geduld abverlangt. Hierzu gehören beispielsweise: Erarbeitung einer Bordzeitung, Erstellen von Wetterkarten, Durchführung von Wasseranalysen, Vorbereitung und Auswertung von Landausflügen, Sternenkunde, Schiffsinstandsetzungsarbeiten unter fachkundiger Anleitung.

Die Kursteilnehmer unternehmen in geschützten dänischen Küstengewässern gruppenweise dreitägige vom Toppsegelschoner ausgehende Expeditionen mit Schlauchbooten. Die Gruppen biwakieren am Strand und versorgen sich selbst. Bei den Streifzügen durch unbekanntes Gelände kommen sie sich zuweilen wie Entdecker vor; das knistemde Lagerfeuer verleiht einen Hauch von Robinsonleben. Währenddessen bleibt der Schoner entweder an seinem Ankerplatz oder wählt

einen anderen Weg, um zum gemeinsam vereinbarten Treffpunkt zu gelangen. Die Expedition stellt den Höhepunkt der elftägigen Reise dar. Vor überraschenden Situationen ist man nie sicher. Doch Gefahr für Leib und Leben gibt es nicht, denn das große »Mutterschiff« ist immer irgendwo in der Nähe.

Die Kapitäne der »Thor Heyerdahl« haben viele Ecken des Globus' gesehen und sind für die pädogogische Arbeit mehrfach qualifiziert. Detlef fungiert aufgrund seines pädagogischen Studiums als verantwortlicher Leiter der erlebnispädagogischen Jugendreisen. Günter, nebenher Judoka – einst deutscher Vizemeister – und versierter Sporttaucher, trägt die Verantwortung für die Bereiche Schiffsbetriebstechnik und -sicherheit.

Bei Durchführung der erlebnispädagogischen Reisen – die genaue Programmstruktur eines zweiwöchigen Kurses befindet sich im Anhang des Buches – gehören außer den Schiffsführern noch folgende Personen zur Stammbesatzung: vier Wachführer, die zugleich die Gruppen unter ihre Fittiche nehmen und Vorbildcharakter haben, vier Co-Piloten als Wachführerassistenten, ein Bootsmann, ein Deckshelfer und ein Maschinist. Bei den Expeditionen kommt Sicherungspersonal hinzu.

Und als etwas ganz besonderes empfinden die Heranwachsenden, daß an Bord aus einem Herrn A. oder B. ganz einfach ein ›Hansi‹ oder ›Eddie‹ wird, den man mit ›Du‹ anreden kann.

Selbstverständlich birgt das »Out door«-Programm trotz Absicherung nach bestem Wissen und Gewissen ein gewisses Restrisiko in sich, hat jedoch keineswegs etwas mit Überlebenstraining (Survival) oder gar Rangerausbildung zu tun. Der Slogan »Gelobt sei, was hart macht« wäre hier deplaziert.

Gleiches gilt für die Arbeiten im Rigg. Nur wer will, kann, versehen mit einem Sicherheitsgurt, unter Anleitung in die Wanten aufentern und in luftiger Höhe helfen, die Segel ein- oder auszupacken. Mit Kopf, Herz und Hand! Das Gefühl der Gefahr konzentriert den Geist ungemein, zwingt bei jedem Handgriff umsichtig vorauszudenken. Nach dem Wagnis geht der Blick hinauf: Da oben bin ich gewesen!

Dann das Ungeplante: Ein besonderes Vorkommnis. – Abendwache. Die Sonne war längst hinter dem Horizont untergetaucht. Die Dämmerung senkte sich frühzeitig gleich einem dunklen Dunstschleier über den Horizont. Neumond herrschte. Vom Bug des Schoners klang der Wachgesang nach achtern: »Auf der Back ist alles wohl. Die Laternen brennen...« Vom Achterdeck kam die Antwort des Wachhabenden: »Ai!« Von der Schiffsglocke glaste es drei Doppelschläge. Plötzlich steuerbords ein schwankendes Licht auf dem Wasser.

Ein Fischerboot dümpelte hilflos in der Ostsee. Die »Thor« nahm sofort Kurs auf den Havaristen. Der kleine Kutter wurde an der Bordwand längsseits genommen. Zwei entnervte dänische Fischer stiegen über die Reling und berichteten, sie könnten ihren Motor nicht starten, die Starterbatterie sei leer. Die Leute von der »Thor« luden ihnen den Akku mit dem bordeigenen Ladegerät und versorgten sie mit Speisen. Die Fischer bedankten sich mit frischem Kabeljau, der am nächsten Tag in der Küche vom Kombüsendienst gebraten wurde, und konnten anschließend frohen Mutes ihre Heimreise fortsetzen. Das war praktische Hilfeleistung auf See, die alle mitgerissen hatte – ein bleibendes maritimes Erlebnis.

Zu den sportlichen Aktivitäten gehört unter der Aufforderung »Run and Dip« der morgendliche Lauf am Strand mit anschließendem Sprung in die erfrischende See. In der Kombüse wird sogar Brotteig angesetzt und Brot gebacken. Beim Kochen kann man Gewinner des Holzkochlöffels werden. Einmal gibt es etwas Außergewöhnliches: das Kapitänsdinner. Eine weitere Besonderheit heißt »Seezirkus«. Ein Schuß Gaudi gehört dazu, wenn gegen Ende der Reise die Wachgruppen verschiedene Übungen und Wettkämpfe im Schiffsbereich durchführen. Die zu bewältigenden Aufgaben können heißen: Wie ist der gegenwärtige Schiffsstandort? Knüpfe fünf Seemannsknoten in einer vorgegebenen Zeit. Umrunde das Schiff mit einem Kajak. Springe vom Klüverbaum und schwimme einmal ums Schiff. Der »Seezirkus« wird mit einer lustigen Preisverleihung abgeschlossen.

Ziel und zentrales Anliegen der gesamten Reise ist die Übergabe des Schiffes an die Jugendlichen. Ein »neuer« junger Kapitän wird gewählt und übernimmt mit seinem Team die Schiffsführung. Der richtige – nach wie vor die letzte Verantwortung tragende Kapitän und die Stammbesatzung halten sich während dieser Zeit zurück. Dazu Detlef: »In diesem Punkt dürfte sich das Programm der ›Thor Heyerdahl‹ von unseren gesellschaftlichen Bedingungen und auch von vergleichbaren anderen Projekten deutlich abheben: Der ausgelernte Facharbeiter, Meister oder Ingenieur übernimmt in der Regel nicht sofort die verantwortliche Leitung eines Betriebes.« Es ist kein vergleichbares Segelschiffprojekt bekannt, bei dem die Schiffsleitung an die jugendlichen Teilnehmer übergeben wird. Jörg bringt es auf die Formel: »Je mehr man Jugendlichen vertraut, desto mehr trauen sie sich zu.«

Am Abschiedsabend zeigen die Kursteilnehmer, was sie drauf haben, wenn mal der Fernseher nicht die Hauptrolle übernimmt. Bei rechtzeitiger Anleitung entstehen Theaterstücke, Sketche, Musikinszenierungen, Spiele.

Keinen Kompaß, keine Karte brauchen wir noch an Bord. Wir steuern nach den Möwen, die fliegen auch nach Nord. Wir steuern nach den Wellen und nach des Schippers Hut, in Peilung mit dem Großtopp, der Kurs, der ist dann gut!

Übrigens: Aufgrund eines Patentamtspruches darf sich die »Thor Heyerdahl« seit April 1992 »Outward Bound«-Schule nennen. Die »Outward Bound«-Idee wird unterstrichen durch den Zusatz: »to serve, to strive and not to yield« (zu dienen, zu forschen, neue Wege zu suchen und nicht zu jammern). Dies sollte nicht fehlinterpretiert werden; niemand beabsichtigt auch nur im geringsten, aus den »Kids« Musterknaben und -mädchen machen zu wollen. Doch was nehmen die jungen Leute von ihrem Gemeinschaftserlebnis auf den traditionellen Planken des Windjammers mit auf ihren weiteren Lebensweg? Welchen Einfluß übt die Reise mit der »Thor« auf ihr Sozialverhalten und ihre Bereitschaft aus, sich im künftigen Lebens- und Wirkungsfeld zu integrieren? Niemand kann erwarten, daß durch die Teilnahme an einer Reise ein dauerhaftes Verantwortungsgefühl an ihnen haften bleibt, aber eine Vorstellung von alledem haben sie mitbekommen. Eine Schülergruppe schrieb unter ihren Abschlußbericht: »to serve, to strive and not to yield« – wir haben es jedenfalls versucht!« Mit einem »Outward Bound«-Urschrei ging es von Bord.

Wie stellt sich das erlebnispädagogische Konzept heute dar? Dazu äußert sich Detlef: »Der Streß war vorprogrammiert. Wenn die Teilnehmer und Teilnehmerinnen in der überwiegenden Zahl dennoch zufrieden und begeistert von Bord gingen, dann muß man heute sagen, war es wohl ›trotz‹ unseres ausgefeilten Programmes. Das ›wahre Leben‹ spielte sich außerhalb der ›Pflicht‹ in den Kammern, auf den Freiwachen oder beim Landgang ab – und das ist auch gut so.
Mein Hauptaugenmerk lag in der Programmgestaltung von Anfang an auf dem Aspekt der Selbständigkeit der Teilnehmer und Teinehmerinnen. Die Reise und die dabei stattfindende Ausbildung sollte und soll inhaltlich so ausgerichtet sein, daß die Jugendlichen die ›Thor Heyerdahl‹ am Ende der Reise übernehmen und in Eigenregie zum Heimathafen Kiel zurückfahren können. Die Stammbesatzung zog sich dabei in den Hintergrund zurück.
Zunächst glaubte ich, daß das Chaos zum Programmdirektor der Restreise würde und war entsprechend vorsichtig mit der Übertragung von Verantwortung. Das Gegenteil ist jedoch bei den meisten Gruppen der Fall: Schiffsbetrieb und Wachdienst laufen unter der Verantwortung der Teilnehmer und Teilnehmerinnen geordneter ab. (Man will ja seine Kollegen und Kolleginnen nicht auflaufen lassen!) In den Kritiken nach der Reise taucht regelmäßig die Schiffsübergabe als positiver Programmpunkt auf. Die Jugendlichen sehen sich ernstgenommen und übernehmen die Verantwortung mit erstaunlicher Ausdauer und großem Engagement. So kommt es nicht selten vor, daß die gewählte Schiffsführung stundenlang auf der Brücke steht und oft sogar Mahlzeiten ausfallen läßt. Diese Erfahrungen machen Mut. Selbstverständlich bringt jede Gruppe, der Teilnehmer und jede Teilnehmerin andere Fähigkeiten und Erfahrungen mit. Dementprechend sind wir dazu übergegangen, kein festes Programm mehr zu bieten, sondem Angebote zu machen, die die Teilnehmer und Teilnehmerinnen wahrnehmen können, aber nicht müssen. Ein fester Programmpunkt ist ohnehin der Segel- und Wachbetrieb, ohne den das Schiff den Kieler Hafen noch nicht einmal verlassen könnte.
Wer auf die ›Thor Heyerdahl‹ kommt, der kommt in der Regel freiwillig und will mit dem Schiff segeln. Deshalb können wir den Teilnehmern und Teilnehmerrinnen viel Vertrauen entgegenbringen und machen Ausbildungs- und Aktionsangebote, deren Teilnahme außerhalb der Segelmanöver und der Wachdienste freiwillig ist. Neueste Erfahrungen mit diesem veränderten Konzept lassen zum Beispiel den zuvor ungeliebten Programmpunkt ›Run and Dip‹ zum gutbesuchten Angebotsrenner werden. Also: nicht mit erhobenem Zeigefinger belehren, sondern interessante Angebote machen und die Selbständigkeit der Jugendlichen ernstnehmen und fördern!«

Schiffsalltag auf der »Thor«

08.00-09.00 Wache 1
Alle sitzen noch in der Messe – frühstücken – bis auf zwei Wachgänger der Wache 1. Noch hängen wir am Anker, gleich soll's losgehen. Erstmal ein Blick auf den Wetterbericht – dann mal gucken, wie's draußen aussieht: westliche Winde um 3 – auffrischen soll's, 3/4 bewölkt, 14 Grad, 1010mb. – Können schon mal den Kartentisch für draußen aus der »Navi« (Navigationsraum) holen, Seekarte reinlegen und unseren Standort eintragen. Die anderen trudeln auch langsam ein – Sonja und Michael nehmen die Ankerlaternen ab, verstauen sie in der Navi. Christoph, der Maschinist, macht die Maschine startklar. Timon hilft dem Bootsmann Jan das Ankerspill zum Hieven des Ankers anzuschmeißen. – »Wer spritzt die Ankerkette ab?«.

Wache 2
Frühstücksgeschirr wird zusammengestellt – der Geräuschpegel steigt – aufgewacht sind wohl jetzt alle. Es kommt zum »großen Gewusel« in den Kammern:
»...wer hat meineTurnschuhe gesehen ...«
»...du hast meinen Overall an ...«
»...laß mich mal da 'ran ... !«
Hinein in die Arbeitsklamotten. Signal K – Alle strömen zum Hauptdeck – überhören kann das Typhon wirklich keiner! – »...he, wir stellen uns mit unserer Wache doch immer Backbord (BB) vorne auf!« – Ärmelgezupfe. Langsam scheint sich alles zu ordnen. Marcels Vorderfrau fehlt noch, Catrins Nebenmann. Da sind sie – »Wache zwei ist vollzählig !« – »Moin.«

09.00-10.00 Wache 1
Anker wird gehievt – Michael geht mit Timon in den Ankerkasten Kette stauen. »Höllenlärm, hier direkt unter'm Ankerspill und verdammt eng und dunkel!« »Also, worauf kommt es an? ... Längs und quer legen, immer direkt nebeneinander ... der ›Haufen‹ darf bei Seegang nicht umkippen, dann wäre die Kette nicht mehr klar zum ›Fallen des Ankers‹. Und wenn ›die da oben‹ die Ankerkette nicht richtig abspritzen, dann haben wir hier unten den ›Saukram‹, und außerdem kann dann keiner mehr die Schäkel (Längenmarkierung der Kette) beim ›Fallen‹ erkennen« – Anhaltendes Läuten mit der Schiffsglocke – der Anker ist aus dem Grund. Horst und Doris stehen im Ausguck – halten nach Fischernetzen Ausschau.

Wache 2
Alle Segel des Schonermastes sollen gesetzt werden: Schoner-, Mars-, Bramsegel. Hans, Sabine und Hille holen sich Sicherheitsgurte aus dem Kabelgatt – entern auf die Rahen auf – Zeisinge losmachen. Die anderen machen das gleiche am Schoner. So, wie war das noch? »Ans Piek- und Klaufall müssen jeweils zwei Leute, je einer ans Backbord- und Steuerbord-Geitau, einer an die Schot – Niederholer los und beide Bullen besetzten. O.K. – alles klar? Hol durch Piek- und Klaufall ...« – Schoner ist gesetzt – die Leute an den Fallen völlig aus der Puste. Dann: »Mars und Bram klar zum Setzen?« Hille brüllt von oben: »Alles klar!« – Gordinge, Schoten und Geitaue besetzt und klar – »...hol durch... fier weg...!« – Erst Mars, dann Bram – dann »Klar-Deck«.

10.00-11.00 Wache 1
Anne hält die Position, die gesetzten Segel und die Wetterlage im Brückenbuch fest – später wird es ins Logbuch übertragen. Michael geht zu den beiden im Ausguck: »Der Käpt´n meint, ihr solltet lieber nach vorne gucken, nicht nach achtern – daran sind wir schon vorbei!« – »O.K.« 10.30 Uhr: Rudergänger und Ausguck werden abgelöst. »Was habt ihr zuletzt gesehen und gemeldet?« »Die Tonne da, zwei Strich an BB. Der neuen Rudergängerin wird der zu steuernde Kompaßkurs übergeben: 028 Grad. Laut wiederholt sie die Zahl, um somit sicherzustellen, daß nicht durch ein Mißverständnis ein anderer Kurs gesteuert wird. Rainer spuckt ins Wasser. »Was meinst du, wie schnell wir sind?«

Wache 2
Beim Setzen der Segel wirbeln die Schonerleute immer länger herum, als die anderen Wachen. Haben ja auch zwei Segel mehr. Schoner ist weit nach Steuerbord aufgefiert, die Rahen 2 Strich an Steuerbord gebrasst. Hans und Sabine sind an Großstengestagsegel zugange. »Das war so schön eingepackt – ob wir das je wieder so hinkriegen werden? Eine echte Herausforderung!« Alles ist gesetzt. Augenblick verschnaufen. »Um 11.00 Uhr treffen wir uns, um in der Messe, dem Navigationsraum und auf den Niedergängen ›Klar-Schiff‹ zu machen – das schaffen wir in einer halben Stunde, oder?!«

Drei Stunden aus dem Tagebuch (1987) von Babett Pierer

Wache 3
Das Gedrängel vor den Toiletten löst sich langsam auf. Volker, Susanne und Lars sind schon seeklar angezogen, gucken, wo die anderen sind – Vorderkante Deckshaus. – »Dicken Pulli anziehen, oder nicht?« – »Du kommst sowieso gleich beim Segelsetzen ins Schwitzen!« Signal K – Es fehlen noch verdammt viele – Thomas findet seine Jacke nicht. Dann: Wache 3 – alle da! Rainer – aus der 8-12 Wache, der jetzigen Fahrwache – stellt allen den Wetterbericht von heute früh 06.40 Uhr vor. Der Kapitän macht daraufhin Vorschläge, wohin wir heute segeln könnten. Nach dem gemeinsamen Blick auf die Seekarte haben wir uns geeinigt: weiter nach Norden, Richtung Nord-Langeland. »...O.K. – klar zum Setzen aller Segel – hiev den Anker!«

Wache 3
So – wir sind also am Großmast – müssen Großsegel und Großtoppsegel klarmachen zum Setzen. Sicherheitsgurt umgeschnallt – dann lösen Birgit und Volker die Zeisinge vom »Groß«. Alles klar – Thomas und Jörn am Klaufall, Birgit und Michi am Piekfall – die übrigen verteilen sich auf die Geitaue, Bullen, die Schot und den Niederholer, los geht's! »Fest die Piek! Die Gaffel muß einigermaßen waagerecht aufgeholt werden, sonst verkeilt sie sich am Mast! – Geht in Ordnung so!« Gaffelnock zwischen den Dirken hindurch, geführt durch die beiden Geitauleute. Friederike kämpft mit dem Toppsegel – Zeisinge los – das ganze Paket muß noch nach Lee, rüber über die Gaffel, bevor die anderen es von Deck aus setzen können.

Wache 3
Alles fertig – Verschnaufpause! 10.30 Uhr: Heute sind wir mit Deckschrubben dran – also hinein in die Gummistiefel! Susanne und Michi holen die Seewasserpumpe aus dem Niedergang zum Generatorraum und bringen sie außenbords an. Luft ansaugen darf sie nicht. Birgit und Lars gehen an Deck herum, hängen jeden Tampen hoch, schließen alle Luken und Bullaugen. »Klar bei Schrubber«, alles wird geflutet, von vorn nach achtern. Wildes Geschrubbe beginnt, da bleibt kein Auge trocken! Susanne ist sauer, weil Volker sie beim Deckschrubben total naßgespritzt hat. Zwei Leute ziehen hinterher das Deck ab, machen es einigermaßen trocken wegen der Rutschgefahr.

Wache 4
Backschaft! Einen Tag lang! Wie gut, daß es alle gleichmäßig trifft! Jutta, Karsten und Pit sind um 06.00 Uhr geweckt worden – Frühstück vorbereiten. Um 07.00 Uhr sind die anderen aus Wache 4 dazu gekommen. Es dauert nun mal eine Weile, bis Kaffee und Tee für 50 Leute fertig ist. »Eier oder keine Eier?« 08.3O Uhr: Fertig gefrühstückt – Jochen, Stefan und Margit schleppen körbeweise das schmutzige Frühstücksgeschirr hoch in die Kombüse – zwei fangen schon an abzuwaschen. Signal K. »Auch wenn wir heute keine Fahrwache sondern Backschaftsdienst haben, so müssen wir ›unseren Besan‹ doch selber setzen!« Alles bleibt erstmal stehen und liegen – Jacke an und raus!

Wache 4
Stefan fiert den Besan etwas nach Lee, dann fliegt beim Segelsetzen dem Rudergänger nicht das Segeltuch um die Ohren oder versperrt ihm die Sicht. Claudia steht am Schornstein – es ist sofort ein Loch ins Segeltuch geschmort, wenn es gegen das heiße Rohr kommt. – Heute möchte Jutta beim Setzen das »Kommando« haben: »Also – alle Stationen besetzt und klar? – Hol durch die Klau – hol durch die Piek – fier weg den Niederholer – noch'n Schlag, Marcus – fest und belegen!« – Geschafft! – Karsten macht Jutta an: »War ja nicht schlecht, – kannst aber trotzdem mit ›Klar-Deck‹ machen, oder?!« – Besantoppsegel bleibt erstmal eingepackt, – »...mal gucken, wie luvgierig der ›Kahn‹ ist...« Wache 4 verschwindet wieder in der Kombüse.

Wache 4
Große Pläne für's Mittagessen werden geschmiedet. »Wollen wir uns noch einen zusätzlichen ›Pfiff‹ einfallen lassen...?« – aus den Resten von gestern »was zaubern« – Verantwortlichkeiten werden untereinander aufgeteilt – »müssen wohl jetzt schon loslegen, 13.00 Uhr soll es Mittagessen geben und 2 1/2 Stunden brauchen wir gewiß.« Claudia und Pit wollen den Nachtisch zubereiten. 7 Liter Milch zum Kochen bringen ... Margit, Stefan und Karsten nehmen den Sack Wurzeln mit nach draußen auf's Hauptdeck, putzen und schnibbeln da. Marcus und Jochen machen sich über die 6 kg Hack her, Frikadellen soll es geben. Irgend jemand rennt immer zwischen Kombüse und Speiselast hin und her.

Wache 1 und Wache 2 haben sich durchgerungen, gemeinsam mit ihren Booten »Thor 1« und »Thor 2« über den Kleinen Belt zu segeln. Wir belauschen die Wache 2 (in Begleitung ihres Übungsleiters) bei ihrer bemerkenswerten Konversation:

»Nu' macht nicht gleich Pipi, ihr toten Hosen! Das segeln wir auf der linken Backe ab.« – »Wer hegt hier noch die Hoffnung, jemals anzukommen?« – »Warum segeln wir dauernd im Zickzack?« – »Sind wir überhaupt auf dem richtigen Kurs? Wer will denn nach Jütland?« – »Ulf lassen wir nicht mehr ans Steuer, der wird nie Admiral!« – »Eine Segelyacht voraus, die hau'n wir um Schokolade an. He, Skipper!« – »Was, nur ein Riegel Mars, den teilen wir durch acht. Hartmut kann mal zugucken.« – »Peter hat zuviel weggefuttert, das soll er am Kreuze bereuen!«

»Na, wie heißen die 15 Gebote ›Onkel Hahns‹?« – »Das Segel muß neu gebunden werden!« – »Over. Das war Detlef. Er übermittelt uns Glückwünsche, daß wir uns noch des Daseins erfreuen.« – »Wir melden uns nicht über Funk, wir lassen ihn schmoren. Das bringt seine elebnispädagogischen Strategien durcheinander.«

»Fischernetze, aufgepaßt!« – »Der vielgelobte Wind schläft ein. Klar bei Paddel!« – »Aber vorher laßt uns unsere letzten zwei Äpfel neunteln.«

»Ihr vorn am Bug, ihr sollt paddeln und kein Schmu machen.« – »Hm.« Britta in wortloser Übereinstimmung mit ihren Geschlechtsgenossinnen. – »Wir paddeln mit Wache 1 um die Wette! Die packen wir!« – »Nach Pi mal Daumen noch zwei Meilen.«

»Sag mal Hartmut, du ›lazy‹ Lehrkörper, weißt du eigentlich, daß du bezahlt wirst, während wir hier für dich wie verrückt ackern?« – »Jetzt wäre eigentlich Essenszeit. Du alter Schwede, wo ist die Proviant-tonne?«– »Ulf kennt nur zwei Worte: Gummibärchen und Zwieback.«

In der dänischen Inselwelt:

Mit Schlauchbooten auf Expedition

»Thor 2«, aufmunternd zu »Thor 1«: »Wollt ihr die totale Pest?« – »Thor 1«: »Nein...!« – »Thor 2«: »Was wollt ihr dann?« – Alle im Belt: »Maaaooam! Maaaooam!« – »Land ahoi!« – »Terra incognito – die unbekannte Trauminsel.« Stefan: »Ist da auch eine Disko?« Andrea: »Disko, das ist erste Person Singular und heißt: Ich diskutiere.« Peter: »Aufschreiben, los! Aber das kommt unter die Rubrik ›die Flachen‹!«

»Ich denk', mich knutscht ein Elch. Hier bei den Algen sollen wir unser Zelt aufschlagen?« – »Das ist die wahre Essenz des Lebens?« – »Nicht mal 'nen Bock zum Melken gibt es hier.« »Mensch Jan, da, ein Schmetterling! Frischfleisch...!«

»Wer sammelt Reisig fürs Lagerfeuer?« – »Mir hängt der Magen schon auf den Schuhsohlen. Was gibt's eigentlich?« – »Banoks: Mehl, Butter, Wasser, Gewürze. Rauchtee mit Honig. Oder wollt ihr Eierkartons essen?« – »Phhh..., was ist das?« – »Sand reinigt den Magen, sowas soll dich zu einem aufrechten Menschen machen!«

»Outward Bound unterm Sternenhimmel.« – »Ich bin hundemüde. Wenn ich daran denke, daß meine Freunde

Zwei Tage lang auf einer unbewohnten Insel – das ist Abenteuer aus erster Hand. Feuer machen, Essen kochen, Zelte aufschlagen müssen gelernt werden. Am Ende der Expedition nimmt die »Thor« die Gruppen wieder an Bord.

zu Hause schon lange zu Abend gegessen haben und behaglich in warmen Federbetten schlummern.« – »Jensi-Boy liegt im Schlafsack wie der Mops im Paletot, und ich soll die erste Nachtwache übernehmen.« - »Holzauge, sei wachsam!« -»Wer niemals sein Müsli im Schlafsack aß, weiß nicht, wie Krümel piken.« – »Wir geloben, den ›Outward-Bound-Schwur‹ nimmerdar zu brechen!« – »Also, ihr kaputten Krieger und halbwilden Amazonen, angenehmes Flohbeißen!«
Fazit der Reise, von den SchülerInnen des Gymnasiums Klaus-Groth-Straße, Neumünster zusammengefaßt:
Nach Jans Berechnung hatten wir am Nachmittag in einer Sichtweite von zwei Seemeilen ein vorhandenes Wasserspektrum von zirka 1 Billionen Liter um uns, was einem Coca-Cola-Flaschenturm von der Erde bis zum Saturn entspricht. Insgesamt haben wir bei einer Paddelstichzahl von 35 Stichen pro Minute etwa 120 000 mal ins Wasser gestochen.
Hartmut, der nach Peters Meinung lieber Sanftmut genannt werden sollte, hatte gegen Ende der Tour eine Bartwuchsgeschwindigkeit von 0,03 Millimeter pro Minute. Unsere zwischenmenschlichen Beziehungen wurden in der Gruppenkommunikation besonders durch folgende Satzmuster geprägt:
Pädagoge Hartmut: »Du, ich finde das zwar dufte, aber wir sollten da vielleicht nochmal drüber sprechen. – Du, laß uns das heute abend nochmal durchdiskutieren, Du.«
Unsere ersten Worte, als uns die Zivilisation wieder hatte, waren: »K e k s e!«

ES WAR EINE SCHÖNE EXPEDITION!

TS
G 342
THOR HEYERDAHL

»Kon-Tiki« mit vollen Segeln auf schwerer See. Thor Heyerdahl und seine Kameraden haben eine bittere Lehrzeit draußen im Humboldtstrom. Die letzten Lehrmeister im Floßsegeln, die es ihnen hätten lehren können, sind schon seit vielen hundert Jahren hinter dem Horizont entschwunden.

»Señor Kon-Tiki«

Mit der »Kon-Tiki« segelte der norwegische Forscher Thor Heyerdahl zu Weltruhm. Abenteuer und Altertum ließen ihn nicht mehr los.

IV

Unendlich fern von der zivilisierten Welt liegt die kleine Marquesasinsel Fatuhiva. Seit Anbeginn der Zeiten biegen sich an ihrem Strand die Palmen im ewigen Ostwind, streichen die Wolken westwärts ziehend über die rostroten, kahlen Bergspitzen, die aus dem grünen Dschungeldach der Insel herausragen. Tausende von Seemeilen, vom steten Passatwind getrieben und von keinem Land noch von Klippen oder Riffen gebremst, rollen unaufhörlich die Meereswellen von Osten her auf alle Inseln der Tahiti- und Tuamotu Gruppe zu.

Vom Zauber der Südsee gefesselt, setzte im Jahre 1937 der 22jährige Zoologie- und Geographiestudent Thor Heyerdahl, aus dem norwegischen Hafenstädtchen Larvik stammend, seinen Fuß auf den entlegenen Küstensaum von Fatuhiva. Er befand sich auf der Hochzeitsreise, blieb mit seiner Frau Liv fast ein Jahr dort. Sie lebten als die einzigen Weißen unter polynesischen Menschen, schliefen in einer Art Pfahlbauhütte, aßen, was der Tropenwald und das Meer ihnen boten, und befanden sich im Einklang mit der Natur. Sie waren gekommen, um die Ursprünge bestimmter Kratertiere zu erforschen. Doch sie sammelten nicht nur allerlei Getier, sondern entdeckten Götterbildnisse und Zeugnisse einer ausgestorbenen Kultur. Sie stießen auf Skulpturen, die starke Ähnlichkeiten mit den Statuen der Vor-Inkazeit aufwiesen, wie sie ihnen zuvor in Peru zu Angesicht gekommen waren.

Allabendlich, wenn Thor mit seiner Frau am Strand saß, richteten sich ihre Blicke zum Horizont, horchten sie hinaus in die unendlich scheinende Weite des Ozeans. Und es war, als raunten verborgene Stimmen den Ausschauhaltenden die einfache Lösung eines bedeutsamen Rätsels zu. In jedem Atemzug des Windes, der die schwere heranrauschende Meeresdünung in Bewegung hielt, die Gischt von den Wogenköpfen fegte und in das Blattgestrüpp der Büsche und gefiederten Palmenkronen fuhr, in jedem noch so leichten Wellenschlag wie im donnernden, wuchtigen Pulsschlag der ans Ufer geworfenen Brandungssee wiederholte sich die gleiche Botschaft:

von Osten kommend, von Osten, von Osten . . .

Eines Abends, während silbriges Mondlicht sich durch die treibenden Wolkengebilde hindurch über das Meer ergoß, hockte Tei Tetua, ein uralter, halbnackter Eingeborener, vor der fast ausgebrannten Feuerstelle bei ihnen. Der letzte Nachfahre eines auf Fatuhivas Ost-

küste ausgestorbenen Stammes starrte in die sich verzehrende Feuersglut und berichtete, Tiki, der große polynesische Häuptlingsgott, sei es gewesen, der seine Vorväter einst von einem großen Lande von weit hinter dem Meer hierher gebracht hatte.
Bislang hielt die wissenschaftliche Fachwelt die althergebrachte Vorstellung aufrecht, die Besiedelung Polynesiens sei ausschließlich von Asien her erfolgt. Des weiteren waren die malaisischen Inseln, Indien, Ägypten, der Kaukasus als Ursprungsländer in Erwägung gezogen worden, ja selbst Deutschland und Atlantis waren für die Herkunft der Südseeinsulaner nicht außer Betracht gelassen worden. Anhand lokaler geologischer Funde vermochte die Wissenschaft jedoch zu ermitteln, daß die Südseeinseln erst um 500 n. Chr. bevölkert wurden. Die weitere Zivilisationsgeschichte deutete darauf hin, daß sehr wahrscheinlich eine zweite Einwanderungswelle mit einer neuen Häuptlingsreihe diese Inseln um 1100 unserer Zeitrechnung erreicht haben könnte.
Zurückgekehrt in sein Heimatland Norwegen, befaßte sich Heyerdahl intensiv mit der Klärung des Geheimnisses der urpolynesischen Bevölkerungsgruppe, deren Lebensraum sich völlig isoliert von der übrigen Welt nur auf die einsamen Inselreihen des östlichen Pazifiks beschränkt. Europäer hatten, obwohl längst bis zu den Gestaden Indonesiens und Asiens vorgedrungen, niemals eine Karavelle gegen die Richtung von Wind und Strom auf den pazifischen Ozean hinausgesandt. Erst nach der Entdeckung Amerikas begaben sich die Spanier und Portugiesen auf das größte aller Weltmeere, und als sie, dem Rat von Inka-Seeleuten folgend, mit Wind und Strömung im Rücken von Peru aus weiterfuhren, entdeckten sie Polynesien und dessen bis dahin unbekannte Bevölkerung.
Heyerdahls Vermutungen und Aufmerksamkeit richteten sich auf die frühgeschichtliche Zivilisation Perus. Hoch in den Anden hatte ein uns nicht bekanntes Volk Spuren einer seltsamen, hochentwickelten Kultur hinterlassen, ehe es auf unerklärliche Weise ins Nirgendwo entschwunden war. Es hinterließ den Inkas gewaltige Stufenpyramiden und Mauerterrassen, ein monumentales Ruinengebiet in Tiahuanaco mit menschenähnlichen, ins Titanenhafte gehenden Steinstatuen. Erinnerten nicht die Stufenpyramiden auf Tahiti und Samoa, die Steinkolosse auf der Osterinsel, Marquesas und Pitcairn an die unbekannten Baumeister von Peru? Heyerdahl fand neben vielen anderen kulturellen, mythologischen und sprachlichen Hinweisen schließlich in den überlieferten Legenden der Inkas die Spur der weißhäutigen, allem Anschein nach friedlichen Bewohner. Sie waren einst aus dem Norden gekommen. Ihr oberster Priester und Sonnenkönig war Kon Tiki, dem die Quechuaindianer den Zusatznamen »Viracocha« gaben, was bezeichnenderweise Meeresgischt heißt. Der allgewaltige Kon-Tiki-Viracocha, der vorgab, von der Sonne abzustammen, und seine ihn begleitenden weißen, bärtigen Männer vermählten sich den Überlieferungen zufolge – auf einer Insel im Titicaca-See mit einheimischen Frauen. Alsdann hatten sie sich mit Schilfbooten aufgemacht, um die Uru-Indianer der Gegend zu zivilisieren und das Kult- und Kulturzentrum von Tiahuanaco zu schaffen. – Könnte der Priesterkönig nicht mit dem Sohn der Sonne identisch sein, den die östlichen Südseeinsulaner als ihren Stammvater angeben? Nach den Erzählungen der Inkas hatten ihre Vorväter eines Tages die Mehrheit der weißen Männer auf einer Insel des Titicaca-Sees massakriert, lediglich Kon-Tiki gelang es, mit Gefolgsleuten zur Küste zu entkommen, um von dort über das Meer gen Westen – in der Sprache der Inkas »wie der Schaum auf den Wogen« – zu entschwinden.
Vieles deutet darauf hin, daß sich Sonnen-Tikis Geschlecht in Polynesien mit neuem Blut mischte; denn es gibt genügend Anzeichen dafür, daß sowohl Asiaten von Osten her als auch Nordwestindianer mit großen, miteinander verbundenen Kriegskanus, die sogar mit einem richtigen Deck ausgestattet waren, über den Nordpazifik setzten und über Hawaii Polynesien erreicht haben können. Das war die zweite Einwanderungswelle vor etwa 900 Jahren. Und so waren die ersten dort ankommenden Europäer erstaunt, einige Sippenangehörige mit auffallend heller Haut und rötlichen oder gar blonden Haaren inmitten Menschen mit goldbrauner Haut und tiefschwarzem Haar zu begegnen.
Getrieben von Neugierde, unersättlichem Forschungsdrang, ausgestattet vor allem aber mit Phantasie, reichhaltigem Wissen und mit einem nicht unerheblichen Quentchen Abenteuerlust, schickte sich Heyerdahl an, mit einem aufsehenerregenden Experiment der skeptischen Fachwelt zu beweisen, daß Korrekturen hinsichtlich der bisherigen kulturgeschichtlichen Polynesien-Theorie notwendig waren. Zehn Jahre waren seit seinem Aufenthalt auf Fatuhiva verstrichen, als er von der an der peruanischen Küste gelegenen Hafenstadt Callao mit einem zerbrechlichen Indianerfloß aufbrach, um sich zusammen mit fünf Kameraden und einem Papagei achttausend Seemeilen weit über den Pazifischen Ozean bis hin zu den kleinen Inseln der Marquesas-Gruppe driften zu lassen.
Neun entrindete Balsa-Rundstämme, in dem Quevedo-Wald von Equador geschlagen, bildeten die Grundplattform des Floßes, das mit einer Kokosnuß auf den

Namen »KON-TIKI« getauft worden war. Nicht ein einziger Nagel, eine winzige Metallspieke, Stahlseilzurrung noch Ketten waren für den Bau verwendet worden, lediglich mit Hanftauen wurde alles zusammengeschnürt wie vor Hunderten von Jahren. Das Gitterdeck bestand aus längsgeschlitztem Bambus, worauf Matten aus geflochtenem Bambusstroh gelegt worden waren und eine Hütte mit Binsen und Bananenblätterwänden stand. Zwei Masten aus eisenhartem Mangleholz, schräg gegeneinander verspannt, zwei Bambusstangen, sorgfältig zu einer Rah verbunden, an der ein viereckiges Tuch angeschlagen war, machten die Besegelung des Gefährts aus.
Die gezackten Bergkämme der südamerikanischen Küste versanken alsbald hinter ihnen. Der Humboldtstrom und der Südostpassat erfaßten die »KON-TIKI«, und mit einem durchschnittlichen Etmal von 55 bis 60 Seemeilen ging es den Galapagos-Inseln entgegen. Sie trieben in einem fischreichen Strom mit wohlschmeckenden Bonitos, die ihren Speiseplan bereicherten. Aber nicht nur ein tonnenschwerer Walhai kam ihnen gefährlich nahe. Riesige Kraken, Monster- und Mordgesellen, die in der finsteren Tiefe des Humboldtstroms hausen, lauerten zu dunkler Stunde unter dem Floß und verschafften ihnen unruhige, durchwachte Nächte. Im Südaquatorialstrom passierte »KON-TIKI« Galapagos rund 400 Seemeilen südlich. Fortan segelten sie mit achterlichem Passatwind, den Bug gegen den Sonnenuntergang gerichtet, die Achterkante gegen die See und den Wind gestemmt, über drohende Wogenkämme westwärts. Ihr Untersatz glich einer »Dampfwalze aus Kork«, wie Heyerdahl selbst den anspruchsvollen Effekt seines Balsafloßes bezeichnete, als sich die »KON-TIKI« in beängstigender Fahrt in die brausenden Wassertäler hineinwuchtete, um anschließend wieder spielend leicht den nächsten Wellenrücken emporzuklimmen.
Sechs Gefährten mitten in der Meereswüste des Pazifik, tausend Fuß Wasser unter dem Kielholz und von Annehmlichkeiten der zivilisierten Welt weit entfernt. Tagsüber meistens eine fröhliche Bordgemeinschaft, oftmals von Übermut geplagt. Wenn sie jedoch nachts in ihre Deckshütte krochen, auf dem Strohsack lagen, beschäftigten sie zuweilen schwere Gedanken. Sie hörten hinaus, spürten die Einflüsterungen des Ostwindes und das Rauschen der See. Sie nahmen wahr, wie die Binsenmatten im Wellentakt auf die Hölzer schlugen und wie sich leise bollernd und schabend die Stämme hoben und schoben. Alle Bohlen bewegten sich unaufhörlich als lägen die Männer auf dem Rücken eines großen atmenden Wesens, in dem der Geist aus der alten Legende der Inkas zu stecken schien. Das Tauwerk würde es der permanenten Belastung standhalten? Es hatte dem vollen Druck der See zu widerstehen. Sie konnten in den etwas ruhigeren Nächten vernehmen, wie es zwischen den dicken Stämmen knirschte und knackte, wie es kreischte vor Überanstrengung und mitunter gepeinigt aufschrie. Seeleute hatten ihnen prophezeit, keine drei Wochen halte es, dann werden sich die Taue aufgelöst haben.
Jeden Morgen wurden die Taue untersucht. Doch jedes Crewmitglied, das kopfüber über die Bordkante hinab ins Wasser glitt, von zwei Mann an den Fußknöcheln gehalten, fand am Unterboden des Floßes nicht die geringsten Zeichen einer Auflösung der Taue. Weit draußen auf dem Meer fanden sie die Erklärung: Die Taue hatten sich ins weiche Balsaholz geschnitten und schützten sich somit davor, zwischen den Stämmen zerrieben zu werden.
Dennoch gab es etwas, was ihre Hirne weiterhin unablässig marterte und wovon das Gelingen oder Scheitern der Expedition entscheidend abhing. Die Balsahölzer zogen Wasser. Bevor das kontinuierlich schwerer werdende Floß unter die Wasseroberfläche versinken würde, mußten sie das Land erreicht haben. Eine simple, aber alles entscheidende Rechenaufgabe, die nur aufgehen konnte, wenn Wind und Strömung mitspielten. Sie vertrauten jedoch darauf, die Baumsäfte im Inneren der Stämme würden als Imprägnierung wirken und der weiteren Wasseraufnahme Einhalt gebieten.
Am 17. Juli 1947 kamen ihnen die ersten lebenden Boten aus der polynesischen Inselwelt in Gestalt zweier großer, flügelschlagender Tölpel entgegen. Drei Tage lang trieben sie geradewegs auf Fatuhiva zu, doch ihre Hoffnung, dort zu landen, zerschlug sich. Widrige Windverhältnisse ließen das Floß auf die Tuamotu-Atolle zudriften. Das Archipel hat starke lokale Strömungen, und es gelang nicht sogleich, eine der zuerst auftauchenden Inseln anzusteuern. Schließlich trieben sie unaufhaltsam auf die gefährlichen roten Korallenmauern des Takume-Ringriffes zu. Gewaltige Brandungswellen schlugen über dem Floß zusammen, und in einem lebensgefährlichen Ritt durch den tosenden Hexenkessel landete das Floß nach 101 Seetagen relativ unbeschadet auf der einer kleinen, unbewohnten Insel vorgelagerten Riffbarriere. Freundliche Eingeborene hießen sie willkommen und holten sie von dem Eiland, das sie »Fenua Kon-Tiki« tauften, hinüber zu ihrem Dorf auf der größeren Nachbarinsel, wo auch dem Häuptling die mythische Zentralfigur Tiki wohlbekannt war. Nach einem ebenso sinnesfreudigen wie ausschweifendem Hulafest wurde die »KON-TIKI«-Mannschaft von einem Kobraschoner aufgenommen und segelte mit ihm nach Tahiti.

Die Welt horchte auf. Heyerdahl hatte nicht nur mit seiner spektakulären Fahrt einen überzeugenden Beweis für seine kulturgeschichtliche Polynesien-These geliefert; er hatte gleichermaßen Geschichte umgeschrieben. Der von ihm gedrehte Film über die »KON-TIKI«-Reise füllte die Lichtspielhäuser rund um den Erdball, wurde 1952 in Hollywood mit der begehrten »Oscar-Trophäe« belohnt und brachte Heyerdahl eine weltweite Popularität ein. Das kleine Floß »KON-TIKI« wurde so berühmt wie die »Santa Maria«. 15 Jahre dauerte es allerdings, bis Heyerdahls Ansicht über die Besiedelung der polynesischen Inselwelt von allen Forschern des pazifischen Wissenschaftskongresses als richtig anerkannt wurde.

Wo andere mit konventioneller Denkungsart ausgestattete Forscher und Gelehrte aufgehört hatten, weitere Rückschlüsse zu ziehen, begann Heyerdahl, die Fragen nach dem Woher und Wie zu stellen. Auf seiner rastlosen Suche nach den Ursprüngen der Menschheitsgeschichte und den Geheimnissen des Altertums trieb es den Archäologen immer wieder hinaus in die Welt. Archäologen können Beweise finden, aber Heyerdahl belegte zudem seine von ihm aufgestellten Thesen durch Beispiele eigener Experimente, zeigte praktische Möglichkeiten auf. Er suchte das Abenteuer nicht um seiner selbst willen, aber er gibt unumwunden zu, auch keinem Abenteuer aus dem Weg gegangen zu sein. Sein besonderes Interesse gilt der Inselarchäologie. So erkundete er 1953 die Galapagosinseln vor Equador, die, wie sich feststellen ließ, bereits mehrmals von den Vorgängern der Inkas besucht worden waren. In guter Reichweite für südamerikanische Balsaflöße lag auch die heute zu Chile gehörende Osterinsel, ein von Mysterien umwobener, einsamer Fleck auf der Seekarte des Südpazifiks. Mit einem zum Expeditionsschiff umgerüsteten Grönlandtrawler aus Stavanger machte sich Heyerdahl bis zur Kehrseite des Globusses auf, die Aku-Akku-Kultur zu erforschen und der Insel der tausend Rätsel einige ihrer merkwürdigen Geheimnisse zu entreißen. Und es gelang ihm, dort weitere Mosaiksteine für seine kulturgeschichtliche Polynesien-Theorie zusammenzutragen.

An allen Buchten und den baumlosen Hängen des erloschenen Vulkans Rano Raraku stehen sie zuhauf: menschenähnliche, aus Stein gemeißelte Wächter einer vergangenen Zeit. Als am Ostermittag des Jahres 1722 als erste Europäer holländische Seefahrer zur Insel kamen und ihr ihren Namen verliehen, erlebten sie, wie die halbnackten Insulaner den stummen, unerschütterlich dreinblickenden Kolossalstatuen Huldigungen entgegenbrachten. Sowohl Holländer als auch nachfolgende spanische, englische und französische Schiffsmannschaften konnten sich nicht erklären, wie die steinernen, in ihren Ausmaßen die normale menschliche Fassungskraft übersteigenden Skulpturen einst errichtet worden waren. Es blieb Heyerdahl vorbehalten aufzuzeigen, wie die Riesenstatuen vor langer Zeit ohne technische Hilfsmittel zu ihren Standplätzen gebracht und anschließend aufgestellt worden sein könnten: nämlich mit Hilfe von Seilzügen, Steinen und Stangen. Immer von neuem zog es Heyerdahl auf das weite Meer hinaus. Mit erneuten Seereisen unterstrich er, wie hochentwickelte Kulturen des Altertums zueinandergefunden haben könnten. In seinen nachgebauten ägyptischen Papyrusbooten »Ra I« und »Ra II« überquerte er 1969/70 den Atlantik von Marokko zur Karibik und bewies neben anderem, daß derartige Seefahrzeuge, wie sie vor 5000 Jahren auf dem Nil gefahren sind, durchaus in der Lage sind, sich zwei Monate lang auf der bewegten Meeresoberfläche zu behaupten.

Heyerdahls vielbeachtete dritte Reise auf einem frühgeschichtlichen Wasserfahrzeug startete er gewissermaßen an der Wiege der Menschheitsgeschichte, im Garten Eden. Genau an der Stelle im heutigen Irak, wo die großen Flüsse Euphrat und Tigris zusammenströmen, wo einst das verlorengegangene Paradies gelegen haben soll – und wo noch heute – ein von Mythen umsponnener Baum steht, von dem Adam für Eva den Apfel gepflückt haben soll, ließ Heyerdahl nach altsumerischen Motiven sein Schilfboot »Tigris« bauen. Nicht Boote aus Holz, sondern aus Schilf, das man in Mesopotamien immer schon »Berdi« nannte, waren die ersten Wasserfahrzeuge, die zu Zeiten der Sumerer im Zweistromland gebaut worden waren. Noch bevor die Keilschrift erfunden wurde, waren auf blankem Wüstenfelsen und vorgeschichtlichen Siegeln Schiffsmotive eingeschnitten worden, »Götterschiffe« mit hoher Bug- und Heckform. Mit der den sichelförmigen Vorbildem ähnelnden »Tigris« durchfuhr Heyerdahl den Arabischen Golf, die Straße von Hormus, gelangte über den Golf von Oman in das Arabische Meer und erreichte Pakistan. Alsdann segelte er bis in den Indischen Ozean hinein, durchquerte den Golf von Aden, um schließlich die Republik Dschibuti anzulaufen. Die »Tigris«, ein Nachbau der am Anfang der Seefahrtsentwicklung stehenden Wasserfahrzeuge, hatte mit ihrer geglückten Reise nicht nur die Länder unserer Urgeschichte miteinander verknüpft, sondern eine Brücke zwischen Asien mit Afrika geschlagen und damit bewiesen, daß Seehandel und Seefahrt schon zur Zeit der Sumerer über die Gewässer Noahs hinaus möglich gewesen waren. Die »Tigris« hatte der Welt alle die von ihr erwarteten Antworten gegeben. Am 3. April 1978 wurde sie von Heyerdahl und seiner internationalen

Crew brennend dem Meer übergeben. Sie setzten mit ihrem in Flammen aufgehenden S chiff ein Fanal gegen das ringsum ausbrechende Kriegstreiben, gegen Waffenhandel und Unmenschlichkeit in der Welt.
Die »Tigris« sowie auch die »Ra I« und »Ra II« waren unter der Flagge der Vereinten Nationen über die Meere gefahren. Für die »Ra«-Schiffe gewährte der damalige UN-Generalsekretär U Thant Heyerdahl dieses Recht, und von dessen Nachfolger Waldheim erhielt er die Erlaubnis, die Flagge als sichtbares Zeichen der Völkerverständigung auf der »Tigris« zu führen. Auf Heyerdahls Expeditionsschiffen war stets Platz für Toleranz und ein nicht unbedeutendes Stückchen Weltoffenheit. Auf den schlingernden Decks fanden Besatzungsmitglieder aus verschiedenen Ländern zusammen: aus Ägypten, der Sowjetunion, den USA, Italien, Mexiko, Irak, Japan, Dänemark, Norwegen und nicht zuletzt aus Deutschland. Ob bei Flauten oder stürmischer See, Schulter an Schulter führten sie ihr Schiff, schliefen sie dichtgedrängt in engen Kojen. Und Heyerdahl, allemal spiritus rector, sah sich darin bestätigt, daß Crewmitglieder unterschiedlicher Religionsgemeinschaften und politischer Systeme in gutem Geiste zusammenwirken können.
In den nachfolgenden Jahren widmete sich Heyerdahl der Erforschung einer von ihm selbst entdeckten 7000 Jahre alten Kultur auf den Malediven im Indischen Ozean.
Es soll keineswegs verschwiegen werden, daß einem 1988 emeritierten deutschen Völkerkundler zusammen mit Victoria de la Java im Jahre 1970 die Wiederentdeckung der Inkaschrift gelang und er Heyerdahls Polynesientheorie in Zweifel zog. Des deutschen Professors angestrengtes Suchen nach außeramerikanischen Einflüssen vor der Konquistadorenzeit ließ ihn darauf schließen, daß im ersten Jahrtausend n. Chr. hinduistische Anteile in die mesoamerikanische Kultur eingeflossen sein könnten. – Es werden noch Wissenschaftler zuhauf kommen, die sich an der überragenden Gestalt Thor Heyerdahls werden messen können. Was auch immer andere noch belegen mögen, Thor Heyerdahls wissenschaftliche Arbeiten haben einen entscheidenden Beitrag zum Verständnis der Kulturverflechtungen der ozeanischen Völker erbracht. Heyerdahl kennt keinen Ruhestand.
1989 heftete er sich erneut auf die Spuren der alten Vor-Inkakultur, fand man ihn als Leiter eines Ausgrabungsteams im Norden Perus wieder. Durchdrungen von unablässigem Wirken und Forschen studierte er in dem kleinen, 30 Kilometer von der Pazifikküste entfernt gelegenen Ort Tucume die ans Tageslicht gebrachten Tempel und Pyramiden.
Doch das Augenmerk des begnadeten Wissenschaftlers und Abenteurers gilt bei weitem nicht allein der Vergangenheit. Als Pazifist und engagierter Umweltschützer nimmt er kritisch Stellung zu aktuellen Fragen. Sein Geburtsland benannte ihn bereits 1969 zum Vertreter Norwegens für ökologische Angelegenheiten bei den Vereinten Nationen. Ein Jahr später referierte er vor dem Unterausschuß des US-Senats für Umweltfragen über den Verschmutzungsgrad des Atlantischen Ozeans. 1978 wurde ihm für seine Anstrengungen zur Reinhaltung der Weltmeere der Pahlewi-Preis der UN zuteil. 1981 erging an ihn die »Goldene Blume« von Rheydt. Last not least ehrte 1987 der Kieler Universitätspräsident diesen Wissenschaftler höchsten Grades im Wikinger-Museum Haithabu bei Schleswig mit Urkunde und Medaille des Hendrik-Steffens-Preises. Die Auszeichnung ist nach dem gleichnamigen norwegischen Naturforscher und Philosophen (17731845) benannt, die jährlich an herausragende Persönlichkeiten Skandinaviens vergeben wird. In der Festrede hieß es, Heyerdahl werde »für sein Engagement und seine wissenschaftliche Neugier sowie für die Fähigkeit, Wissenschaft schriftstellerisch zu vermitteln«, geehrt.
Der junggebliebene und nimmer müde werdende Heyerdahl scheut sich nicht, aktuelle Akzente zu setzen. Ehe viele andere nach ihm das Thema aufgriffen, führte er in Kuba mit dem Revolutionsführer Castro eine Debatte, ob Christoph Kolumbus in freundlicher Mission oder als Eroberer und Ausbeuter nach Amerika kam.
Das Balsafloß »Kon-Tiki« und die »Ra II« stehen heute unter vollen Segeln im »Kon-Tiki Museum« in Oslo. Eine Millionenschar staunender Besucher hat sich dort von den Fahrten und Taten des außergewöhnlichen norwegischen Forschers, Entdeckers und Abenteurers in den Bann schlagen lassen. Von ihm gefangen nehmen ließ sich auch die enorm große Lesergemeinde seiner Bücher, welche in 64 Sprachen übersetzt worden sind. Für einen, der in jungen Jahren der zivilisierten Welt den Rücken gekehrt und ihr entflohen war, hat er es zu erstaunlichem Weltruhm gebracht.
Heyerdahl lebt seit 1958 im italienischen Colla Micheri, wo er unter günstigen Arbeitsmöglichkeiten und mit nie erlahmender geistiger Energie seine Arbeit fortsetzt und Projekte vorbereitet. Man nennt ihn dort »Signore Kon-Tiki«. Schon der beflissene Bürgermeister der Osterinsel hatte ihn gefragt, ob er ihn mit »Señor Kon-Tiki« ansprechen dürfe, – und so kennt ihn seit langem die Welt.

Die während des Sommers 1983 von der »Thor Heyerdahl« in der westlichen Ostsee – gewissermaßen vor der eigenen Haustür – durchgeführten Fahrten waren zur vollsten Zufriedenheit aller Beteiligten verlaufen. Der langgehegte Traum der Eigner, die Kieler Förde, das heimische Revier, zu verlassen und mit dem eigenen Schiff auf große Fahrt zu gehen, sollte nun endlich in Erfüllung gehen. Somit wurde die »Thor« vom 19. September bis zum 12. Oktober 1983 im alten Werftgelände von Kiel-Dietrichsdorf auf ihren ersten Atlantiktörn vorbereitet. Schier tausend Dinge mußten bis zur letzen Minute erledigt werden. Das große Whooling vor dem Auslaufen war unbeschreiblich, unter und über Deck herrschte ein unbeschreibliches Tohuwabohu. Die beiden Eigner schickten manch stilles Stoßgebet gen Himmel, daß alles termingerecht klappen möge.

Am frühen Morgen des 14. Oktober wehte am Mast des Dreimast-Toppsegelschoners der Blaue Peter. Als Freunde und Angehörige der Besat-

Sturmfahrt durch die Biskaya

zung sich gegen 8 Uhr zur Verabschiedung eingefunden hatten, war im Hinblick auf das bevorstehende große Seeabenteuer die Hektik der letzten Tage einem freudigen Erregungszustand gewichen.

»Klar Schiff«, »Alle Mann an Bord!«, »Alle Leinen los!« Der bewegende Augenblick des Abschiednehmens und Tücherwinkens war gekommen. Und – die im norddeutschen Nieselregen Zurückbleibenden konnten sehen, daß die »Thor« ihre weite Reise in den Süden in einem tadellosen Zustand antrat.

Es war fürwahr ein bunt zusammengewürfeltes Völkchen, das sich an Deck des Dreimast-Toppsegelschoners tummelte. Die Mannschaft setzte sich – und so sollte es auch in der Zukunft bleiben – aus allen möglichen Berufen, Gesellschaftsschichten und Menschen unterschiedlichster Herkunft zusammen. Alle, die hier

Auf der ersten Ausreise Ende Oktober 1983 empfing uns die wildbewegte Biskaya mit Windstärke 11 und haushohen Wellen. Die »Thor Heyerdahl« lenzte unter zwei Stützsegeln raumschots vor dem Sturm.

auf Zeit angeheuert haben, stammen aus dem Freundeskreis der »Thor«, sind Windjammerfreaks mit Herz und Seele. Auf diesem Schiff werden keine Meriten vergeben, dennoch ist bereits jetzt an erster Stelle Köchin Ilse zu nennen. Unsere Küchenmeisterin »Grübchen« – immerhin profitieren wir von ihrer Großküchenerfahrung im Vier-Sterne-Hotel – sorgte mit ihrer Kombüsencrew schon bei der Ausreise mit unermüdlichem Fleiß für das leibliche Wohlergehen der Crew. Dreimal täglich Pann und Pütt aus den Schapps holen und wieder verstauen und zigmal in den Vorratskeller hinabsteigen, das ist wahrlich eine schweißtreibende Arbeit – da lobte sich manch einer, lieber dreimal in die Masttoppen zu klettern.

Lust und Laune brachten auch alle anderen mit an Bord: Zimmermann, Vollmatrosen, Steuermann, Co-Piloten, unsere »Seefrauen« und der Obermaschinist mit seinen »Bilgenkrebsen«, die unten im »Ölkeller« – sprich: Maschinenraum – den »eisernen Gustav«, unseren Dieselmotor, warten. Viele gehen an Land gänzlich anderen Berufen nach, sind Ärzte, Kindergärtnerin, Studenten, Bank- und Büroangestellte, Ingenieure oder üben sonstige bürgerliche Berufe aus, haben sich extra für den Törn beurlauben lassen, um als »Jan Maat« vor dem Mast oder im Maschinenraum als »Donkeymann« zu fahren und neue Erfahrungen zu machen. Diejenigen, die ihre nautischen Kenntnisse und seemännischen Fähigkeiten als Arbeitsleistung einbringen, tun es schlicht nach dem Motto: »Hand für Koje«. Gastsegler, die außer der Liebe zum Schiff und zur See keine besonderen Vorkenntnisse und Qualifikationen für den Bordbetrieb vorweisen und für einen Törnabschnitt als »Trainee« in die Stammannschaft aufgenommen werden, leisten aktive Mitarbeit und zahlen zudem gerne ihren Obulus in die ziemlich auf »Ebbe« stehende Schiffskasse. Nach dieser Devise wird der Schoner in Fahrt gehalten. Von Etappe zu Etappe werden einige abmustern, andere ihren Platz einnehmen, aber allen – Joungsters wie Oldies –, die mitfuhren oder späterhin noch an Bord kommen werden, ist eines gemeinsam: Die »Thor Heyerdahl« zieht sie zurück in ihren Bannkreis; denn sie wissen, dort treffen sie auf Gleichgesinnte, auf aufgeschlossene und moderate Menschen, denen aber eine sehr engagierte Haltung zu eigen ist, wenn es um humanitäre Belange, um Fragen der Umwelterhaltung und die Form des friedvollen Miteinanderleben und -bestehen geht. Sie werden wiederkommen, wenn es ihre Zeit erlauben wird und das einzigartige Schiff weiterhin in Fahrt halten – das ist gewiß.

Bevor die eigentliche Seefahrt begann, erfolgte die Passage des Nord-Ostsee-Kanals. »Gode Reis'!« Der Schleusenwärter in Brunsbüttelkoog winkte dem in den Morgendunst hinausfahrenden Segler nach. Mit kenterndem Elbestrom lief die »Thor« am Abend elbabwärts.

Skipper Detlef ließ jeweils ein Reff in die Gaffelsegel binden, ehe sie an den Masten hochgezogen wurden. Zwei Mann turnten derweil zur Marsrah hinauf, warfen die Beschlagzeisinge los. Segelanweisungen des Wachführers schallten über das Deck. »Dicht die Schot!«

In der Nordsee gab es den ersten »Steam« – einen Vorgeschmack auf die stürmische Biskaya.

»Noch ein Pull! – Hol durch die Gei! – Fest die Klau!« Untrügliche Anzeichen, daß nun das wahre Leben auf See begonnen hatte. Kaum standen die Segel, schralte der Wind. Die Rahen wurden rundgebraßt, d.h. so hart wie möglich herumgeholt, bis sie steuerbords fast an den Wanten zum Anschlag kamen. Auf dem Neuwerker Fahrwasser bauschte eine kräftige Brise die Segel, die »Thor Heyerdahl« rauschte, an den Flachs des Großen Vogelsandes vorbei, dem Feuerschiff »Elbe 1« entgegen. Alle waren frohen Mutes, daß die große Reise unter Segeln jetzt Wirklichkeit geworden war.
Die Nordsee wollte offensichtlich dem Gast, der aus der Ostsee kam, erst einmal vorführen, daß sie keine leicht betaute Wiese ist. Puh! – Gleich hinter dem Feuerschiff empfing sie uns mit einem heftigen Sturm, der mit Beaufort 8 aus der südwestlichen Ecke kam und eine ruppige vorderliche Windsee und hohe Dünung mit sich brachte. Die offene See zwang das Schiff, heftige Verbeugungen zu machen, als wolle sie von dem neuaufgeriggten Schiff erst einmal gehuldigt werden. Hob die »Thor« den Bug, knallten Sturzseen gegen das Vorschiff. Während die »Thor« sich das überkommende Wasser abschüttelte, sprühte den Wachgängern an Oberdeck die Gischt von vorn ins Gesicht.
Das war also unser erster »Steam«. Wir bekamen, während wir gegenan »knüppelten«, einen ersten Vorgeschmack auf das, was uns später in der stürmischen Biskaya erwarten sollte. Die Windsee wurde noch heftiger, und unter den gerefften Segeln konnten wir gerade noch, den Schoner hoch am Wind anliegen lassend, ungefähren Kurs auf Helgoland halten. Neptun forderte seinen Tribut, der erste Mitreisende klammerte sich an die Leewanten, fütterte die Fische mit dem Gabelfrühstück, welches uns das Küchenpersonal zum lukullischen Genuß bereitet hatte.
Der vorübergehend etwas abflauende Wind raumte mittags auf Südsüdwest. Kapitän Detlef entschied, vier Kabellängen vor Düne Helgoland vor Anker zu gehen. Am nächsten Morgen verließ die »Thor« die Reede und machte an der Ostkaje im Hafen von Helgoland fest. In der Nacht nahm der Südsüdwest zu und erreichte eine Windstärke über 10. Ein starker Schwell stand in der Hafeneinfahrt, so daß die Achterleinen verstärkt werden mußten.
Wir waren froh, im geschützten Hafen zu liegen, wünschten keinem, sich jetzt noch draußen mit den Elementen auseinandersetzen zu müssen. Jeder, der einen Blick über die Mole warf, konnte das wilde Gebaren der Nordsee erkennen. In ihr ist Gorch Focks Roman »Seefahrt ist not« verankert. In diesen Augenblicken konnten wir uns vergegenwärtigen, was er, der die See kannte, über sie geschrieben hatte:
»Der Wind wurde aber immer wilder und ochsiger, die schlimmen Regenflaggen jagten einander, und die See

kochte immer furchtbarer. Der Ewer wollte es auch mit dem gerefften Großsegel nicht mehr tun: Sie mußten es wegnehmen und dafür den kleinen Klüver als Sturmsegel setzen, statt den Besan aber den dreieckigen Nackenhut... bis die Nacht jählings hereinbrach... Da ritt der Sturm mit elf bis zwölf Windstärken sein schweißbedecktes, mit weitgeöffneten Nüstern und fliegender Mähne einherbrausendes Roß, die Nordsee, und selbst das Sturmsegel, die winzigen Lappen wollten nicht halten... Sie waren allein auf der Doggerbank, nirgends ein Schiff... sie sahen kein anderes Licht...«

Wir warteten ab, bis der Wind auf Westnordwest gedreht hatte und es vertretbar erschien, daß wir unsere Nase wieder in den Wind steckten. Am 20. Oktober liefen wir bei einer nach der Beaufortskala gemessenen Windstärke von 6 bis 7 aus und ließen den roten Inselfelsen rasch hinter uns. Mit diesem für uns guten achterlichen Wind segelten wir am Borkumriff und Schiermonnikoog vorbei in Richtung Ärmelkanal. Ein blasser Mond und mickrige Gestirne blinkten nur kurzzeitig durch die tiefe Wolkendecke auf uns herab.
Längst gehörte es zur Bordroutine, daß sich die Wachen in einem vierstündigen Rhythmus abwechselten. Jedes Schiff, auf dem sich die Seeleute wohl fühlen, ist ein sogenanntes »Drei-Wachen-Schiff«. Nach vier Wachstunden schließen sich acht freie Stunden an. Die »Thor« ist so eines. Was den Schiffsbetrieb anbelangt, gibt es die »0/4«-, die »4/8«- und »8/12«-Wache. Der Rest der Mannschaft ist als vierte Wache für den Innendienst eingeteilt worden. Das Wachsystem ist so ausgeklügelt, daß die jeweils vierte Wache für einige Tage den Innendienst übernimmt und anschließend wieder als Wache 1 eingeteilt wird. Durch diese routierenden Wachzyklen verschieben sich die Wachzeiten und jeder darf mal Backschafter zur eigenen oder zu anderer Freude spielen. Tagsüber bedeuten vier Doppelschläge mit der Glasenuhr: Zeichen zur Wachablösung.
Nachts wird nicht geglast. Eine halbe Stunde vor Mitternacht wird die 1. Wache von einem in die Kammern geschickten Wachgänger gepurrt. Während Rudergänger und Ausguck der alten Wache noch auf ihren Positionen bleiben, trifft man sich fünf Minuten vor Wachablösung auf dem Hauptdeck; backbords tritt die abgehende, steuerbords die aufziehende Wache, die gleich die »Hundewache« von null bis vier Uhr übernehmen wird, an. Das Zeremoniell der Wachübergabe erfolgt. Von der abgehenden Wache heißt es: »Verfang Roder un Utkiek. Gode Wach!« Die aufziehende Wache wünscht: »Gode Ruh!« Der Steuermann der abgetretenen Wache begibt sich nochmals in den Navigationsraum, nimmt ein letztes Besteck, weist seinen

Nachfolger ein, schreibt seinen Wachbericht ins Bordbuch, ehe auch er sich zur Ruhe begibt.
An Oberdeck richtete die neuaufgezogene Wache ihr Augenmerk konzentriert auf die dunkle See. Der Rudergänger starrte vor sich auf die erleuchtete Kompaßrose, hob zwischendurch den Blick, um Segelstellung und Fahrt voraus zu überprüfen. Mond und Gestirne blinkten nur kurzzeitig durch die tiefe Wolkendecke. Gelegentlich fielen ein paar Worte zwischen den Wach-

posten. Der farbige Schein der Positionslaternen spiegelte sich auf der an der Bordwand vorbeiströmenden pechschwarzen See. Über den Masten und Segeln zogen Wolkenfetzen wie fliehende dunkle Kraniche hinweg. In diesen Momenten regten sich elementare Empfindungen bei denen, die oben auf Kompaß und Ruder vertrauend einsam ihre Wache hielten. Tagsüber flaute der Wind ab. Am kommenden Abend erreichten wir die Höhe der Insel Vlieland. Im Morgengrauen des 22. Oktober umschwärmten uns holländische Krabbenkutter. Um 7 Uhr früh hielten wir gebührenden Abstand von der Mobil-Ölplattform P6-A. Als der Morgen des 23. Oktober graute, peilten wir voraus den Leuchtturm von South Foreland, der an der südöstlichen Ecke von England steht. Die Seekarte verwies auf das Vorhandensein von zahlreichen Wracks in diesem Seegebiet, wo sich der Schiffsverkehr bündelt. Wir durchsegelten unter mäßigen Sichtverhältnissen die stark befahrene Straße von Dover und sahen an Steuerbordseite in vier Seemeilen Entfernung die Kreidefelsen Dovers in diesiger Luft schimmern. Der Ausguck auf der Back war mit zwei Mann besetzt worden, die bei jeder Annäherung eines Schiffes mit der Schiffsglocke glasen mußten: einmal glasen – Schiff an Steuerbord, zweimal – Schiff an Backbord, dreimal – Schiff voraus. Dem hier aus Süd wehenden Wind und dem mit drei Knoten von vorn einsetzenden Gezeitenstrom stemmten wir die Maschinenkraft unseres Diesels entgegen. Im Verkehrstrennungsgebiet fahrend, machten wir am Nachmittag steuerbords Beachy Head aus und konnten dann parallel zum südenglischen Küstenstrich mit westlichem Kurs unter vollem Tuch weitersegeln. Vor unserem Bug kreuzten Fährschiffe in stoischer Gelassenheit den Kanal und versetzten unseren Rudergänger mitunter in helle Aufregung.

In der Nacht zum 25. Oktober lag unser Standort zwischen dem vor der Küste Cormwell's gelegenen Leuchtturm von Eddystone und dem Feuer von Ile de Batz auf der französischen Seite des Kanals. Weitab an Steuerbord voraus liegt die britische Signalstation Lizard. An der schroffen, wild umtosten Felsenküste von Lizard Point fand am 15. November 1922 eines der schönsten von der Kieler Förde stammenden Schiffe ein jähes Ende. Es war der letzte von der Kieler Germaniawerft gebaute Fünfmastschoner namens »Adolf Vinnen«, der dort auf seiner ersten Reise infolge eines Ruderschadens strandete. Es gehört zur Chronik der Fünfmastschiffe, daß sie nahezu alle verloren

gingen. Denken wir dabei nur an das Fünfmastvollschiff »Preussen« – das größte Rahsegelschiff, das jemals die Meere durchfurchte. In stockdunkler Nacht des 5. November 1910 kollidierte sie bei Beachy Head mit einem unvorschriftsmäßig fahrenden Dampfer und landete als Wrack an den Kreideklippen von Dover. Allein diese kleine Rückschau macht deutlich, daß beim Durchschippern des Englischen Kanals – der am stärksten befahrenen Meerenge der Welt – seit jeher äußerste Vorsicht geboten ist. Dessen sich bewußt, blätterte der wachhabende Steuermann nicht nur auffallend häufig im vom Deutschen Hydrographischen Institut herausgegebenen Leuchtfeuerverzeichnis, sondern beschäftigte sich zudem, um absolute Klarheit zu gewinnen, intensiv mit den Berichtigungen zum Verzeichnis. An Deck verglich er die rot, grün und hell durch die Nacht funkelnden und blitzenden Wegezeichen des Hauptschiffahrtsweges mit den Eintragungen. Aufdringlich von achtern aufkommenden dicken Pötten wurde durch Anstrahlen der Segel signalisiert, daß sie uns tunlichst nicht übersehen sollten.

Am Ausgang des Kanals staute sich die lange atlantische Dünung gegen den Küstenstrom und gegen die westwärts stehende Tide und bescherte uns hohen Seegang. Am Nachmittag des 25. Oktober konnten wir auf östlichen Kurs gehen. Abends hatten wir unser erstes Etappenziel erreicht und machten in Brest im Port de Commerce, Môle de l' Quest, fest. Wie vorher abgesprochen, gingen einige Leute von Bord, neue kamen hinzu.

Nach Übernahme von zwölf Tonnen Trinkwasser und Frischproviant legte die »Thor« am Vormittag des 27. Oktober von der Mole in Brest ab, steuerte mit Motorkraft den Goulet de Brest auswärts. Alsbald wurde der »Radattel« abgestellt und unser Schoner wagte sich unter voller Besegelung – außer Toppsegel – auf den atlantischen Ozean. Eine frische Raumschotbrise brachte uns gut voran. Das Schiff wiegte sich in der ausgeprägt langen Atlantikdünung, die Windsee und Seegang auf der Wasseroberfläche erzeugten. Die Außenlufttemperatur betrug 14°C, die Leute trugen dicke Sweater. In den Nachtstunden krimpte der Wind von Südwest auf Ostnordost. Es mußte gehalst werden. Es bildeten sich große Wellen, deren Kämme sich brachen und stellenweise größere weiße Schaumflächen hinterließen. Das Schiff rollte in kurzer, hoher, nordöstlicher See. Der empfangene Wetterbericht sagte Starkwind voraus. Sicherheitsvorkehrungen für die zu erwartende Sturmfahrt wurden getroffen. Die Morgenwache, zugleich auch die Kapitänswache, brachte Strecktaue auf dem Oberdeck an, an denen man sich festhalten konnte, wenn eine See über das Mittelschiff wusch. Längs der Wassergänge steuerbords und backbords wurden oberhalb des Schanzkleides von der Back bis zur Poop Netze gespannt. Die eineinhalb Meter über die Nagelbank hinwegragenden »Leichenfänger«, wie sie despektierlich genannt werden, haben wir uns von den alten Kap-Hoorn-Seglern abgeguckt, die mehr unterhalb als oberhalb des Meeresspiegels die rauhen südlichen Breiten durchfuhren.

Frische Luft macht hungrige Mägen, und gute Kostgänger sind Windjammerleute allemal. Gegen Mittag schlich schon 'mal einer an die »Hochburg der Gourmets« heran und schnupperte neugierig von außen durch das gerade offen stehende Kombüsenbulleye an Luvward, welche Köstlichkeiten wohl da drinnen heute »geschmirgelt« wurden. Dann heißt es »backen und banken!« In der Messe scharrten sich die immer ausgehungerten »Seenixen« und Seemänner um die massiven Holztische. Die Backschafter brachten leckere Putenschnitzel mit Curryreis auf die Back. Bei dem Seegang war es nötig, schlingernde Teller und Bestecke festzuhalten. Um vor der »inneren Einkehr« geläutert zu sein, ist es Brauch, vor jeder Mahlzeit eine Schweigeminute abzuhalten, deren Ende ein Doppelschlag der in der Messe hängenden Glocke ankündigt.

THOR
KIEL

Gleich darauf setzte lauthals die »Seebärenfütterung« ein. Trotz der Schaukelei schlangen sich die Unverwüstlichen mit Heißhunger die Bäuche proppenvoll. Zwei beklagenswerte Leute aber standen derweil an Oberdeck. Sie hatten sich, dem Rat von Detlef folgend, trockenes Brot aus der Kombüse verabreichen lassen. Träge kauend hielten sie standhaft aus und schauten, wie man ihnen geheißen hatte, unablässig zum Horizont; denn sonst nirgendwo gab es einen Fixpunkt, der die innere Aufruhr im Magen ruhig zu stellen vermochte. In der Messe hatte man sich indessen den Nachtisch zur Gemüte geführt. Unter Deck mußte das Rauchverbot strikt eingehalten werden. Deshalb fanden sich die Raucher auf dem Open-air-Deck ein, um dort das opulente Mahl mit einer »Aktiven« zu krönen Als um 16 Uhr die zweite Wache ihren Dienst antrat, wehte ein steifer Wind. Die See fing an, sich zu türmen. Die beim Brechen der See entstandenen Schaumstreifen begannen sich in die Windrichtung zu legen; deutliche Anzeichen dafür, daß wir inzwischen Windstärke 7 hatten.

Das Schiff rollte in der groben See, nahm zunehmend Wasser an Deck. Von Ostnordost zog es dunkel über die Kimm herauf. Der Schonermast mußte entlastet werden, ehe der Wind zulegen würde. An den Strecktauen entlang arbeiteten sich die Decksleute zum Vorschiff vor. Am Toppsgarten hatte der Griff zum richtigen Koffeynagel zu erfolgen. Die Bramsegelschoten wurden losgeworfen. Oben knallte das Bramsegel sogleich wie wild umher. Rasch an die Geitaue und Gordingfallen Steuerbord und Backbord, um das droben im Wind schlagende Segel aufzugeien. Nur noch der nicht mit Gordingen dichtgeholte Bauch des Segels schlug im Wind. Dann ein Sprung zur Nagelbank auf der Steuerbordseite, das Bramfall lösen, die Bramrah fieren, bis sie fest in den Toppnanten hing. So, erstmal belegen. Die Bramrahbrassen laufen über Blöcke am Großmast. Zwei Mann waren auf dem Deckshaus. Sie holten am Fuß des Großmastes die Bramrahbrassen dicht.

»Enter auf!« Die Toppsgasten turnten luvseitig die Schonerwanten empor. Die innere Stimme sagte: Halte dich abwechselnd mit jeweils einer Hand an den gekleideten Wanten fest, laß die Finger weg von den zwischen den Wanten festgezeisten Webeleinen – die geteerten, dünnen »Strickleiterstufen« sind ausschließlich für die Füße da, können reißen. Der Mars ist erreicht. Keine Zeit, um jetzt den leichten Weg nach oben zu wählen und durch die achtere Öffnung zwischen den Salingstreben hindurchzuschlüpfen. Statt dessen nimmst du den direkten, den kurzen sportlichen Weg außen über die Püttingswanten – jene Rundeisen, deren untere Haken im Mastbeschlag für die Fockrah stecken und die schräg nach oben bis zu den Püttingseisen der Stengewantjungfern reichen. Und während du akrobatisch emporhangelst, holt das Schiff plötzlich stark nach Luvward über. Einige Atemzüge hält der Körper sich steif. Du hängst knapp über der Höhe der Fockrah horizontal wie eine erstarrte Spinne unter ihrem Netz, stemmst die Fußspitzen fest zwischen die hier oben verdammt engen Webeleinen, spürst deine angespannten Muskeln, und dein Blick erfaßt einen Teil vom Wolkenhimmel über dir. Diesen Moment wirst du überstehen. – Der Mast pendelt zurück nach Lee, schon schwingt man sich mühelos hoch, greift fest an die Oberwanten und klettert an ihnen empor, läßt die Marsrah unter sich.

In Höhe des Tonneracks angelangt, hieß es für die Toppsgasten, sich hinüberzurecken, sich festzuklammern an dem jetzt feuchtglitschigen Rundholz, an dem die Segelfalten wie toll umherschlugen. Face your fears! Reiß dich zusammen, Seemann und Seefrau! Noch einige Spreizschritte und dann auf dem schwankenden Fußpferd sich weiter vortasten, die Füße über die Springpferde setzen, jenen kurzen Leinen, die von der Achterkante der Rah herabhängen und in deren unterer Kausch das Fußpferd liegt. Der Sturm drückte einem den Bauch gegen die sich hin und her wiegende Rah. Jetzt – an den Rahen wichtiges Gebot! – mußte der Schnappschäkel des Sicherheitsgurtes an das eigens dafür vorhandene Handjackstag eingeklinkt werden. Safety first! Unvorstellbar, daran zu denken, daß früher auf den alten Rahseglern meistens ein zweites Jackstag fehlte, lediglich Schulschiffe hatten es. Der kauzige »Gustav aus Mariehamm«, unter dessen Hausflagge noch in diesem Jahrhundert eine Flotte von Großseglern ohne jede Versicherung fuhr, verbot ausdrücklich auf seinen Schiffen ein zweites der Sicherheit der Seeleute dienendes Jackstag zu führen. – Die Leute an der Bramrah, zwei auf jeder Seite des Mastes arbeiteten zusammen, hatten alle Hände voll zu tun, den Wind aus den Segelfalten herauszudrücken, das schwere, widerspenstig Tuch, an dem der Wind zerrte, bis zur Fußgilling an die Rah heranzuziehen. Die letzte Bucht wurde zu einer Tasche geformt, in der die Tuchfalten hineingezwängt, dann mit Schwung auf die Oberkante der Rah geholt und festgezeist wurden. Noch ein paar Schritte zur Seite, dem Nebenmann behilflich sein.

So – das Bramsegel ist aufgetucht. Es ist kühl dort oben. Aber jetzt merkst du, vor lauter Anstrengung dampft dein Körper unter der Kleidung. Vor dem Abstieg gönnst du dir einen Blick »down below«, siehst das aufgewühlte Meer und das wellenumtoste Schiffsdeck deines Segelschoners. Du weißt, dein Schiff entlohnt dich

auf seine Weise für deinen Einsatz, indem es dich jetzt aus vollem Herzen einen Augenblick lang zufriedenes Glücks empfinden läßt. Auf das glitschige Deck zurückgekehrt, spürt man noch die Erregung der körperlichen Anspannung, das feine Vibrieren von Muskeln, Sehnen und Nerven. Gleich galt es, die Parten nochmals straff durchzusetzen und die wirr an Deck liegenden Tampen ordnungsgerecht aufzuschießen. Mit gut aufgetuchtem Bramsegel läßt es sich besser einem aufziehenden Sturm begegnen.

Der Bordalltag unterlag dem steten Rhythmus von Wachwechsel, Arbeitsdienst, Essenszeiten, Schlafen. Das durch Glasen bestimmte Bordritual, die Geräusche von Wind und Wellen sowie die unablässigen Bewegungen des Schiffes in der See brachten es mit sich, daß die »Thor« mittlerweile zu einem Teil von uns selbst wurde. Jeder war erfüllt von seiner ihm zugewiesenen Aufgabe, findet hier Anerkennung. In dieser demokratisch geregelten Bordgemeinschaft zeigte sich in beispielhafter Weise der Mensch als Gemeinschaftswesen. So wie es der Namenspatron und das Vorbild Thor Heyerdahl auf seinen Expeditionsfahrzeugen vorgelebt hat, so wird auch hier dieser Geist lebendig. Was Aristoteles einmal mit »Zoon politikon« meinte – *der Mensch als soziales, politisches Wesen, das sich in der Gemeinschaft handelnd entfaltet* – an Bord der »Thor Heyerdahl« ist ein Stück davon Wirklichkeit geworden. Hier braucht sich niemand, wie im Berufsleben daheim, zu verbiegen und einen Kratzfuß zu machen; jede Stimme an Bord ist gleichwertig mit der des anderen und wird gehört. Es schafft Befriedigung, sich selbst Leistungen abzufordern, freiwillig Verantwortung für die Gemeinschaft zu übernehmen. Gleichwohl muß der Kapitän und Patentinhaber aufgrund seiner Kompetenz das Schiff und seine Besatzung führen. Doch hier ist der Kapitän nicht »Master next God«, der auf seinem Segler keine anderen Götter neben sich anerkennt, wie es auf anderen Schiffen der Fall war und leider noch oft ist. Hier bürgt der Schiffsführer durch sein persönliches Verhalten, er braucht sich nicht extra als »Käpten« durch eine weiße Mütze auszuzeichnen. Dagegen stünde den duften Typen an Bord auch kein Mützenband in goldenen Lettern mit dem Namen des Schiffes.

Als die Nacht hereinbrach, wehte es mit einer Windstärke von 7 bis 8 immer noch aus Ostnordost. Unser Kartenkurs durch die Biskaya war 212°. Um Mitternacht befand sich die »Thor Heyerdahl« auf der Position von 44°33' nördlicher Breite und 8°09' westlicher Länge. Die Geschwindigkeit des Schoners wurde mit über acht Knoten geloggt. Der Ostnordost blies mit vollen Backen. Die stark bewegte See überflutete nun ständig den Schandeckel und floß über die seitlichen Lenzpforten zurück in die See.

Der Rudergänger spürte es jedesmal an der Leichtigkeit beim Ruderlegen: Immer, wenn das vor dem Wind und den haushohen Wellen herlaufende Schiff sich oben auf dem Wellenkamm befand, bestand die Gefahr, daß die »Thor« ins Surfen geriet. In den Augenblicken, da sie mit der See »ritt«, erreichte sie fast die gleiche Geschwindigkeit wie die Wellen; die Ruderwirkung ließ nach. Das Schiff begann zu gieren. Um das gefährliche seitliche Ausscherren aus dem Kurs zu vermeiden und den Segler nicht zum Spielball der Wellen werden zu lassen, mußte die Fahrt vermindert werden. Das bedeutete: Segelfläche reduzieren. Aber das Marssegel muß bei der hohen See stehen bleiben, so lange es nur geht, auch wenn sich der Schonermast unter der ungeheueren Belastung auf Teufel komm raus biegt – das hohe Segel fängt auch dann den Wind ein und hält das Schiff steuerfähig, wenn die unteren von ihm im Wellental nicht mehr in dem erforderlichen Maße bestrichen werden.

Der Kapitän wurde geweckt und nach oben gerufen. Dann hieß es. »All hands on Deck!« Die Klingel schrillte durch das Schiff »Lang-kurz-lang«. Das war Signal »K« und bedeutete: »Alle Mann sammeln an Oberdeck!«

Das erste was die Leute wahrnahmen, als sie die Tür zum Wetterdeck aufstießen, war das laute Orchester des Sturms und eine pechrabenschwarze Nacht. Allmählich hatten sich die Augen an die Dunkelheit gewöhnt. Der Blick fiel auf die beiderseits der Bordwand sich auftürmenden, Ehrfurcht einflößenden Wasserwände. Die prallen Segel standen auf Raumballon. »Klarmachen zum Bergen Großsegel!«

Gleichsam wie wilde weißgelockte Nereustöchter rauschten aus der Dunkelheit die sich brechenden Wellenkämme heran. Keine leichte Aufgabe für die Decksleute, in der Dunkelheit und bei stark krängendem Schiff und überkommendem Wasser alle Holeparten zu besetzen. Zuerst mußten die Rahen steuerbords rundgebraßt werden. Die Rollen für das Großsegelmanöver wurden verteilt: jeweils ein Posten an der Großschot, an den Bullenstandern und Geerden backbords wie steuerbords, an der Großsegeldirk Backbord- und Steuerbordseite, zwei Mann am Niederholer, zwei Mann am Piekfall, einer am Klaufall. Kapitän und der Wachhabende mußten wohlüberlegte Kommandos geben.

Ein großer Brecher wurde noch abgewartet. Kaum war er abgelaufen, ließ Detlef sofort anluven. Klau- und Piekfall, die Geerden und Bullentalgen wurden losgeschlagen, aber noch über die Belegnägel festgehalten. Die »Thor« drehte in den Wind. Als die Segel killten

und die Bäume zu schlagen begannen, kam das Kommando. »Hol nieder Großsegel!«
Das Klaufall ging vom Belegnagel, gleichzeitig wurde die Großschot durch die Schotblöcke gezogen, die luvseitige Geer durchgesetzt und somit Baum und Gaffel mittschiffs gestellt, der Niederholer durchgeholt und das Piekfall über den Nagel mitgefiert. Das war Knochenarbeit. Die Leute arbeiteten mit fliegendem Atem. Um ein Schlagen von Schoner- und Besansegel zu vermeiden, mußten auch die zugehörigen Schoten über den Nagel mitgeholt und die Geerden und Bullentalgen mitgefiert werden. Alles mußte Hand in Hand gehen. Jetzt bewährte sich, daß die Stammcrew die Segelmanöver in der Ostsee unzählige Male geübt hatte. Der Großbaum war kaum abgedirkt, die Großschot war gerade dichtgeholt, das Segeltuch und die Gaffel zwischen den Faulenzern eben zum Liegen gekommen, da kam der kritische Moment.
»Wahrschau – Brecher!« brüllte der Steuermann Thomas aus Leibeskräften.
Ein hoher, tückischer Wasserwall schlug gegen den Bug. Rasch der Griff zu den Strecktauen. Festhalten! Schon fegte vorn backbords ein kräftiger Gruß von Rasmus über das Schanzkleid, jagte als quirlender Schaum den Wassergang entlang, um in den klappernden Lenzpforten wieder zu verschwinden. Der Mann am Ruder ließ das Schiff auf den alten Kurs abfallen. Genügend Schrick wurde wieder in die Schoten von Schoner- und Besansegel gegeben. Quatschenaß arbeiteten die Leute weiter. Die Rahen wurden wieder ziemlich vierkantgebraßt, das Großsegel eingepackt und angedirkt, alle herumliegenden Tampen aufgeschossen. »Klar Deck«, meldete der Steuermann. »Allright.« Das äußerst schwierige Manöver hatte bestens geklappt. Der Skipper war sichtlich zufrieden. Jetzt lief die »Thor« fürs erste gut im Ruder. Die entlassenen Leute fielen unter Deck hundemüde in ihre Kojen, um eine Mütze voll Schlaf zu bekommen.
Bei Wachübergabe um 4 Uhr stand die »Thor« auf Position 43°58' Nord und 8°45' West, also an der Nordwestecke der iberischen Halbinsel, gut 40 Seemeilen vor Kap Ortegal und rund 70 Seemeilen vor Kap Finisterre. Mit Stärke 7 bis 8 trieb der Ostnordostwind eine grobe See, die auf Seegangsstärke 8 geschätzt wurde, schräg von achtern heran. Der Seegang wies Wellenberge mit beachtlicher Länge auf. Von den Kammkanten begann die Gischt abzuwehen. Das Schiff rollte stark, die Rahnocken neigten sich weit über. Sturzbäche ergossen sich in regelmäßigen Abständen über das Mittelschiffsdeck. Es half nichts – die Freiwache wurde um 6 Uhr morgens an Deck gerufen! Das Marssegel mußte mit vereinten Kräften geborgen werden. Die Schoner-Toppsgasten gingen hoch an die Marsrah. Wenn die Böen Atem holten, nutzten sie die Minute, die Tuchfalten einzubinden. Jede siebente Welle ist erfahrungsgemäß eine hohe Welle. Wenn sie heran war, hieß es für jedermann, sich mit Händen und Nägeln festzuklammern. – Nach dem Marssegel mußte der Außenklüver eingeholt und festgebunden werden – eine nicht minder gefährliche Arbeit. Um 7 Uhr war unser Standort knapp 20 Seemeilen nördlich Cabo Villano.
Als die Morgenwache um 8 Uhr den Dienst übernahm, blies es aus Ostzunord mit 8 bis 9 Windstärken. Das sogenannte »Rollen« der See begann. Die hohen Wellenberge und Täler trugen dichte Schaumstreifen einher. Mit großem seemännischen Vermögen, wobei es nicht zuletzt auf das geschickte Können jedes einzelnen ankam, wurde das Schonersegel geborgen und im Besansegel das zweite Reff eingebunden. Keine Minute zu früh; denn eine Stunde später überfielen uns Sturmböen mit Windstärke 10. Neun Meter hohe Wellenungetüme mit langen überbrechenden Kämmen rollten schwer und stoßartig an den Achtersteven unseres Dreimast-Toppsegelschoners heran und hoben ihn steil in die Höhe. Anschließend schossen wir in rasender Fahrt, von Gischt umsprüht, in den nächsten Wassergraben hinab. Tonnenweise schlug die brodelnde See an Deck, gurgelte über die Aufbauten und die Vorschiffsluke. Und schon stand der nächste Wasserwall achtern am Schiff.
»Magic Bay of Biscay« – was hattest du mit uns vor? Der Wind nahm kontinuierlich zu. An eine ordentliche Mittagsmahlzeit war unter diesen Umständen gar nicht zu denken. Ein Sandwich oder ein Kanten Hartwurst, aus der Faust gegessen, taten es auch. Von mittags an wehte es konstant mit ausgewachsenen zehn Windstärken. Das schwere Rollen der See und die langen überbrechenden Kämme ließen uns manchmal den Atem stocken. Gegen 15 Uhr hatten wir einen orkanartigen Sturm mit Windstärke 11. Die haushohen Wellenkronen zerstoben überall zu Gischt, die Sicht in der milchglasigen Luft war erheblich herabgesetzt. Die großen Rahsegler lagen einst im Sturm unter Untermarssegeln beigedreht. Die »Thor Heyerdahl« lenzte, nur mit kleinen Stützsegeln, der Stagfock und dem gerefften Besansegel, raumschots vor dem Sturm. Trotz minimalisierter Segelfläche machte die »Thor« vor Wind und See eine rasante Fahrt über Grund von zirka neun bis zehn Knoten.
Obwohl uns die widrigen Verhältnisse arg zu schaffen machten, war es beruhigend zu erleben, daß das Seeverhalten unseres Schiffes besser war, als wir zunächst erwartet hatten. Doch die bange Frage blieb, ob das

Rigg mit allem stehenden und laufenden Gut der gewaltigen Belastung widerstehen konnte. Wir wußten, die Takelage war nach den Richtlinien der Klassifikationsgesellschaft Germanischer Lloyd ausgelegt worden, hatte auf alle segelkundigen Fachleute einen außerordentlich guten Eindruck gemacht, doch würde sie dieser Sturmfront mit ihrer gnadenlosen Gewalt standhalten?

Im Rigg brüllte und jaulte es, als säßen tausend Furien darin. Die zwei angeschlagenen Segel waren bis zum Bersten mit Wind gefüllt, standen steif wie Bretter. Unter tiefen Wolkenwalzen jagte ein steiles Wellengebirge das nächste. Die »Thor Heyerdahl« kam jetzt hart über, packte sich auf die Seite, wühlte sich unter der Last der wilden Sturzseen in gläserne Wassermassen ein. Der Rumpf erbebte, die Wanten zitterten. Die Leute, die zwischen den Strecktauen auf der Poop wachten, erschauderten für einige Herzschläge. Zwei Mann hielten das Steuerrad. Gottlob war alles sturmfest gezurrt, waren alle Schotten mit den Vorreibern fest verrammelt und die Bulleyes gut gesichert. Wie ein Stehaufmännchen richtete sie sich zu unserer unbeschreiblichen Freude wieder auf.

Trotz Wetterzeug hatten die Leute nasse Plünnen auf dem Leibe. In der Messe und dem Logis war eine Menge Utensilien auf den Boden geschleudert worden. Der Koch konnte die Pötte trotz Schlingerkörbe längst nicht mehr auf der Herdplatte halten. Aber auch mit Kaltverpflegung ließ sich leben. Nur bei einigen »Weißnasen« hing der Magen auf Halbmast. Dagegen verlangten die unverwüstlichen Seebären, der »Käpten« solle endlich seine gehütete »Medizinflasche« aus dem Regal holen zwecks Belebung der Lebensgeister.

Der Gute kam nicht umhin, dem Drängen nachzugeben. »Besanschot an!« Traditionsgemäß mußte der erste Schluck des hochprozentigen Rums als Opfergabe für Rasmus in Luv über Bord gegeben werden; denn würde man ihn in Lee über Bord gekippt haben, hätte Rasmus es möglicherweise für bloßen unbrauchbaren Abfall halten können. Brrrr. . . was für ein Tropfen, der in der Kehle kratzte – der wahre »Matrosentod«! Die Youngsters und Seekranken durften mal am Korken riechen.

Um Mitternacht beruhigten sich die Meeresgötter und entließen uns aus ihrem Höllenschlund. Der Wind krimpte auf Ostnordost und verminderte seine Stärke auf 7 bis 8. Die »Thor« nahm nur gelegentlich Wasser an Deck. Im Verlaufe des kommenden Tages, das Kalenderblatt wies ihn als Sonntag, den 30. Oktober 1983 aus, flaute der Wind bis auf 5 bis 6 Windstärken ab. Die Morgenwache toppte die Bram auf und schüttelte die Leinwand des Bramsegels aus. Der Klüver wurde gesetzt. Petrus hob die Wolkendecke empor, der Himmel klärte sich auf. Die Mittagswache setzte das Schonersegel, den Außen- und Innenklüver und die Abendwache das Großsegel.

Die Anspannung der letzten Tage war einer fröhlichen Ausgelassenheit gewichen. In der Messe – seit langem wieder Kommunikationszentrum – waren an diesem Sonntagabend alle Plätze belegt, ging es fidel her. Die Biskaya hatte es uns knüppeldick beschert, die letzten Tage waren kein Pappenstiel gewesen. Allen waren Seebeine gewachsen, waren auf den salzigen Geschmack gekommen und ausnahmslos der »Thor« mit Haut und Haaren verfallen. Das kameradschaftliche Aufeinanderangewiesensein hatte schon lange die Grenzen zwischen Stammcrew und Mitseglern verwischt und allesamt in das Band der »Thor Heyerdahl«-Familie eingeschlossen. Einer ließ die Glocke bimmeln. Das vielfältige Stimmengewirr verstummte.

Kapitän Detlef erhob sich, schwang eine kleine Rede auf Schiff und Besatzung. Und dann gab es ein grandioses Festessen, es wurde getafelt, was die Bordküche an kulinarischen Genußfreuden nur bieten konnte. Ein Musikus holte seinen Quetschbüdel hervor und stimmte an:

Am Golf von Biskaya ein Mägdlein stand,
ein blonder Matrose nahm sie bei der Hand.
Sie klagte ihr Schicksal...

Freudiger Gesang drang bis ans Oberdeck, daß die Wanten klapperten. Die ausgelassene Stimmung wollte nicht enden. Unsere Gedanken und Gespräche richteten sich in warme, südliche Gefilde, die vor unserem Bug lagen... *Our ship went sailing out over the bar. Oh Rio! And we pointed her nose to the Southern Star...* In dieser Nacht gingen die Kabinenlampen spät aus.

Am nächsten Morgen wurden Großstengestag-, Großtopp- und Besantoppsegel gesetzt. Ein guter Wind blies in die Tücher. In der ganzen Pracht ihrer Segel erreichte die »Thor« am 7. November 1983 die Insel Gran Canaria. Piekfein aufgeklart, mit blank gewaschenem Deck und peinlichst genau verpackten Segeln liefen wir in die Hafeneinfahrt von Las Palmas und machten an der Muelle Deportivo fest.

Kieler Passanten, die in all den kommenden Jahren die »Thor Heyerdahl« ruhig am Bollhörnkai liegen sahen, können sich kaum vorstellen, was das Schiff auf hoher See bewältigt hat. Die »Thor«-Leute aber können ein Lied singen von jenen stürmischen Tagen – und vom wogenden Meerbusen der Biskaya

Die »Thor Heyerdahl« am Bahnhofskai Kiel, ihrem alten Stammliegeplatz.

Über mir Segel und Sterne

unter mir schwankende Planken: eine Reise, die mein Leben veränderte

VI

Die nachstehende Schilderung stammt aus dem Reisetagebuch der ehemaligen Zahnarzthelferin Gunda Dietrich. Sie heuerte für sieben Monate auf der »Thor Heyerdahl« als Besatzungsmitglied an, ließ sich umschulen und arbeitete fortan als Heilerziehungspflegerin.

Samstag
Heute mittag haben meine Freundin und ich das Schiff zum ersten Mal gesehen. Der erste Eindruck: Mensch, ist das groß und alt! Es war schon ein komisches Gefühl, mit 50 total verschiedenen Menschen auf so engem Raum zusammensein zu müssen. Um 14 Uhr war in der Messe die erste Mannschaftsbesprechung. Wir wurden einander vorgestellt und in drei Wachen eingeteilt. Ich war in der Wache 2, die für den Großmast zuständig ist und jeden Tag von 0 bis 4 Uhr und von 12 bis 16 Uhr Wache hat. Um 15 Uhr sind wir dann unter Motor in die Heikendorfer Bucht bei Kiel ausgelaufen. Während der Fahrt gab es ein verspätetes Mittagessen (natürlich Labskaus!), hat mir super geschmeckt. Danach wurden uns die Segel und Masten erklärt.
Als nächstes hatte ich erstmal »Backschaft«. Der Abwasch von 45 Leuten war einfach grausam! Wir haben dann zwei Stunden Segelsetzen geübt. Abends haben wir mit den Leuten aus unserer Wache auf dem Deckshaus gesessen und geklönt. Die Stimmung war schon entspannter als mittags. Wir hatten einen sehr schönen Mondaufgang. Das orange Mondlicht spiegelte sich auf dem ruhigen Wasser. Der Mond stieg langsam höher, bis er als weiße Scheibe am Himmel stand. Die Luft war feucht, es hatte noch gar nicht richtig geschaukelt, das Schiff lag ganz ruhig hier vor Anker.

Sonntag
Zu einer völlig unchristlichen Zeit im Urlaub, um halb acht Uhr, gab es Frühstück. Dann wurde der Anker gelichtet, und zum Mittagessen waren wir endlich auf See. Mit Kurs Nordost segelten wir Richtung Fehmarnbelt. Nach dem Essen begann unsere erste Wache, wir setzten noch gemeinsam einige Segel, und um 15 Uhr hatte ich eine Stunde Ruderdienst.
Die Zeit der Wache verging sehr langsam, meine Hände, Beine eigentlich alle Knochen schmerzten. Am Sonntagabend haben wir alle zusammen an Deck gesessen und Shanties gesungen. Es wurde Akkordeon, Gitarre, Mundharmonika gespielt, und Detlef, der Kapitän, hat uns Geschichten zu den Shanties vorgelesen. Es war unheimlich schön, und alle sangen mit. Es ist eine wahnsinnige Stimmung in dem Ganzen, unter dem weiten Sternenhimmel zu sitzen, sich in eine Decke zu kuscheln und einfach nur das Feeling zu genießen. Der Lichtschein der alten Petroleumlampe spiegelte sich auf den Gesichtern, und ich glaube, alle waren in dem Moment einfach nur glücklich dabeizusein.

Montag
Am Montag sind wir durch den Fehmarnbelt gefahren, dann um die Südspitze von Falster Richtung Møn. Da wenig Wind war, sind wir fast die ganze Zeit unter Motor gefahren. In der Nachmittagswache hat unser Wachführer uns erklärt, wie man die Kurse berechnet und sie in die Seekarte einträgt, wie man die Kompaßpeilungen umrechnet und wie man mit dem Radar und dem Echolot umgeht.
Ab 2 Uhr habe ich am Ruder gestanden und mich bemüht, den Kurs zu halten. Ich hatte das Gefühl, wir laufen bald auf Grund, da die Kreidefelsen von Mønsklint im Mondschein sehr hell aussahen und mir unheimlich nah erschienen. Danach war ich völlig durchgefroren, habe mich aber bei einem heißen Pott Kaffee schnell wieder erholt.

Mittwoch
Nach der Kontrolle der Ankerkette und einem Kontrollgang durchs Schiff hatte man wieder Zeit, die Stille der Nacht zu genießen. Das ganze Schiff schlief. Man hörte nur den Wind in der Takelage, das Knarren von Holz und das Plätschern von Wasser. Heute morgen sind wir Kurs Nord Richtung Kopenhagen gesegelt. Wir hatten etwas Seegang (4-5 Beaufort). Mich nahm die Weite des Meeres völlig gefangen! Zum Abendbrot gab es

Dorsch, von den Fischern auf Møn ganz frisch gekauft, der einfach Spitze geschmeckt hat!

Donnerstag
Heute morgen habe ich bis um 11 Uhr geschlafen und das Frühstück ausfallen lassen. In der Nachtwache gestern hatte ich zwei Radarpeilungen genommen und eine Stunde am Ruder gestanden. Es war schon ein irres Gefühl, da auf dem Achterdeck zu stehen und die Masten und Segel vor sich zu sehen. Es wirkte alles unheimlich groß, und der Himmel über mir war endlos weit. Um 14 Uhr sind wir in Kopenhagen eingelaufen. Da wir noch Wache hatten, durften Caren und ich die Kompaßhaube putzen. Ob nun mit Spucke, Asche, Essig oder Sidol, der durchschlagende Erfolg war nur, daß meine Fingernägel völlig grün wurden! Nach der Wache habe ich mich landfein gemacht und mir an Land ein dickes Eis gegönnt. Abends habe ich auf das Nachtleben von Kopenhagen verzichtet, um endlich wieder mal durchzuschlafen.

Samstag
Gestern vormittag war ich noch an Land, um Reiseproviant einzukaufen und die Stadt zu erkunden. Nach der Hafenwache um 16 Uhr hieß es dann »Leinen los« und ab in Richtung Schweden. Als wir aus dem Hafen heraus waren, wurden alle Segel gesetzt. Wir hatten zwar nur Windstärke 3, aber endlich wehte uns der Wind wieder um die Nase. Abends bin ich noch mit dem Dingi mitgefahren.
Es war ein irre gutes Gefühl, mit Vollgas über die Wellen zu fliegen! Es war auch ein wunderschöner Anblick, die »Thor Heyerdahl« vom Dingi aus unter voller Besegelung fahren zu sehen. Dieser Anblick verstärkte meine Liebe zu dem alten Segler sehr.
Als wir Wache hatten, sind wir in das Kattegat gefahren (Helsingborg-Helsingør). Der Landabstand beträgt dort nur 1,5 Seemeilen, und es sind viele Lichter zu sehen, was das Navigieren nicht unbedingt erleichtert. Nach der Wache habe ich mir den Sonnenaufgang angeschaut. Es ist ein wahnsinnig schöner Anblick, wenn sich im Osten die ersten Wolken abzeichnen und alles langsam klare Formen und leuchtende Farben annimmt. Die Wolken sind dunkel abgegrenzt vor einem gelb-orangen Farbenmeer. Die Sonne kommt dann als grelles Licht mit rötlichem Rand am Horizont hervor. In diesem Moment werden der ganze Himmel und das Wasser heller, und die Farben lösen sich langsam auf. Ich hatte noch nie einen Sonnenaufgang so bewußt erlebt!
Am Nachmittag haben wir Halsen und Wenden geübt. Nach einem erfolgreichen Segelmanöver hat man ein richtiges Erfolgsgefühl, das kaum zu überbieten ist. Es ist einfach die Feststellung, daß man mit eigener Kraft und durch die Zusammenarbeit aller etwas Großes bewegt hat.
Heute war »Bergfest«, und nach dem Abendessen haben wir wieder zusammen an Deck gesessen, gesungen und geklönt. Um 21 Uhr sind wir vor der schwedischen Insel Hallands Väderö vor Anker gegangen. An Deck spielte Steffen auf der Gitarre »Guten Abend, gute Nacht«, das hörte sich so schön an und paßte so gut zu meiner friedlichen Stimmung, daß ich vor lauter Glück fast hätte weinen können. Ich lag in meiner Koje und fand alles viel zu schön, um wahr zu sein.

Montag
Gestern haben wir den ganzen Tag vor der Insel Hallands Väderö gelegen. Vor dem Frühstück habe ich »Run & Dip« mitgemacht. Das Laufen war ja sehr anstrengend, danach war aber das Baden herrlich. Nach dem Frühstück habe ich den Tauchkurs mitgemacht. Wir sind im Schlauchboot zum Strand gerudert und dort im seichten Wasser durch den Wald der Wasserschlingpflanzen geschnorchelt. Ich kam mir vor wie ein anderer Mensch, wie in einem Märchen, so anders sieht es nur einen Meter unter der Wasseroberfläche aus.
Am Nachmittag durfte ich dann mit der Sauerstoffflasche an der Ankerkette mit runtergehen, etwa zehn Meter tief. Die Wolken und die Sonne sah ich über mir und die Luftbläschen, die aufstiegen und wie Silberperlen glitzerten. Die Hände sahen ganz weiß aus, und alle Bewegungen sind viel weicher und leichter als über Wasser. Ob sich ein Fisch wohl auch so fühlt wie ich?
Am Abend waren wir alle auf der Insel, haben ein großes Lagerfeuer gemacht und herrlich zu Abend gegessen. Wir haben alle notwendigen Sachen mit den großen Schlauchbooten hinübergerudert. Am Lagerfeuer haben wir unter dem weiten Sternenhimmel gesessen, gesungen und uns unterhalten. So eine Stimmung würde in einem geschlossenen Raum wohl niemals aufkommen!
Mit einigen anderen zusammen habe ich die Nacht an Land geschlafen. Zurück an Bord hatte ich einen Riesenappetit auf das Frühstück. Dabei fiel mir eine Zeile von Ringelnatz ein:
»Aus meiner tiefsten Seele zieht, mit Nasenflügelbeben, ein ungeheurer Appetit nach Frühstück und nach Leben!«
Und jetzt, schon viel zu schnell, ging es wieder auf Südkurs, Richtung Heimat. Es war das erstemal, daß ich wieder an das normale Leben dachte. Ich hatte das Gefühl, nie etwas anderes gemacht zu haben, als hier an Bord zu sein.

Die Takelage und Segel der »Thor Heyerdahl«

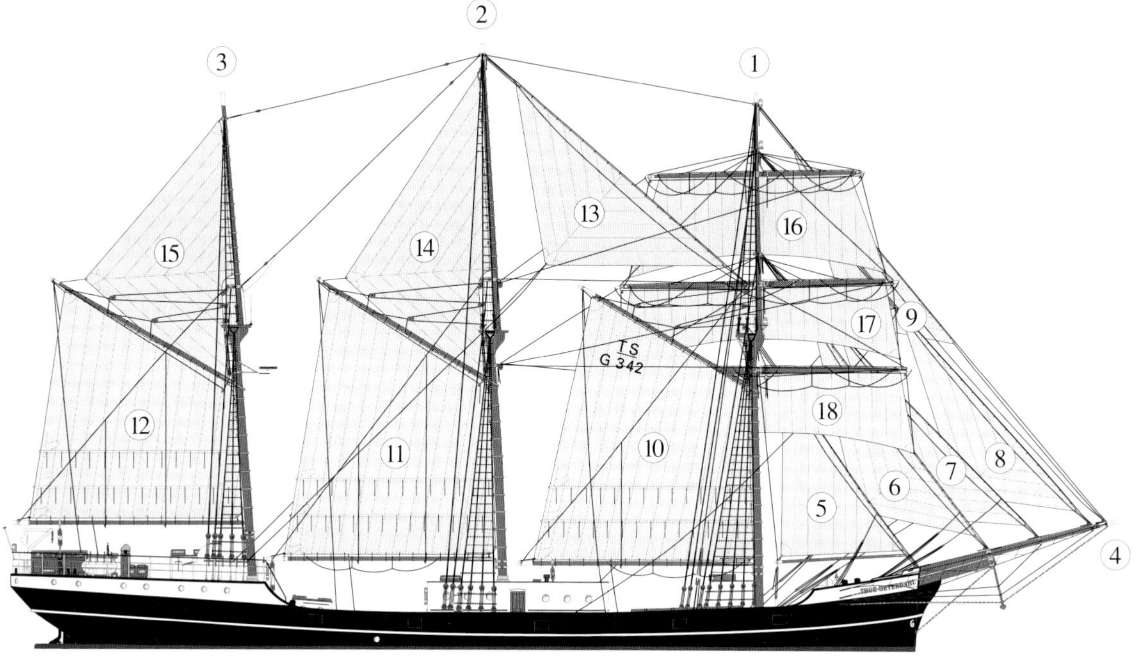

Die Masten

1. *Schonermast*
2. *Großmast*
3. *Besanmast*
4. *Klüverbaum*

Die Segel

5. *Stagfock*
6. *Innenklüver*
7. *Mittelklüver*
8. *Außenklüver*
9. *Flieger*
10. *Schonersegel*
11. *Großsegel*
12. *Besansegel*
13. *Großstengestagsegel*
14. *Großtoppsegel*
15. *Besantoppsegel*
16. *Bramsegel*
17. *Marssegel*
18. *Breitfock*

Der Segelriß zeichnet die »Thor« als einen Dreimast-Toppsegelschoner aus, einen Schoner, der am vorderen Mast statt eines Gaffeltoppsegels mehrere Rahsegel führt.

Arbeiten im »Gehölz«

Das Aufentern ins Rigg erfordert Selbstüberwindung und Umsicht. Nur mit eigenem Willen und eigener Kraft kommt man hinauf. Die alte Seemannsregel »eine Hand für sich, eine für das Schiff« darf kein Toppsgast außer acht lassen. Alle Arbeiten müssen von Hand erledigt werden. Wenn es auf dem schwankenden Fußpferd unangenehm wird, gilt es, den »inneren Schweinehund« zu überwinden und es »durchzustehen«. Den Rahsegler über das Meer zu bringen, läßt sich nur in Gemeinschaftsarbeit bewältigen. Nach vollbrachter Leistung kommt ein stolzes Gefühl auf, etwas Einmaliges geschafft und sich persönlich bewährt zu haben.

Das Bugspriet und seine Abstützung

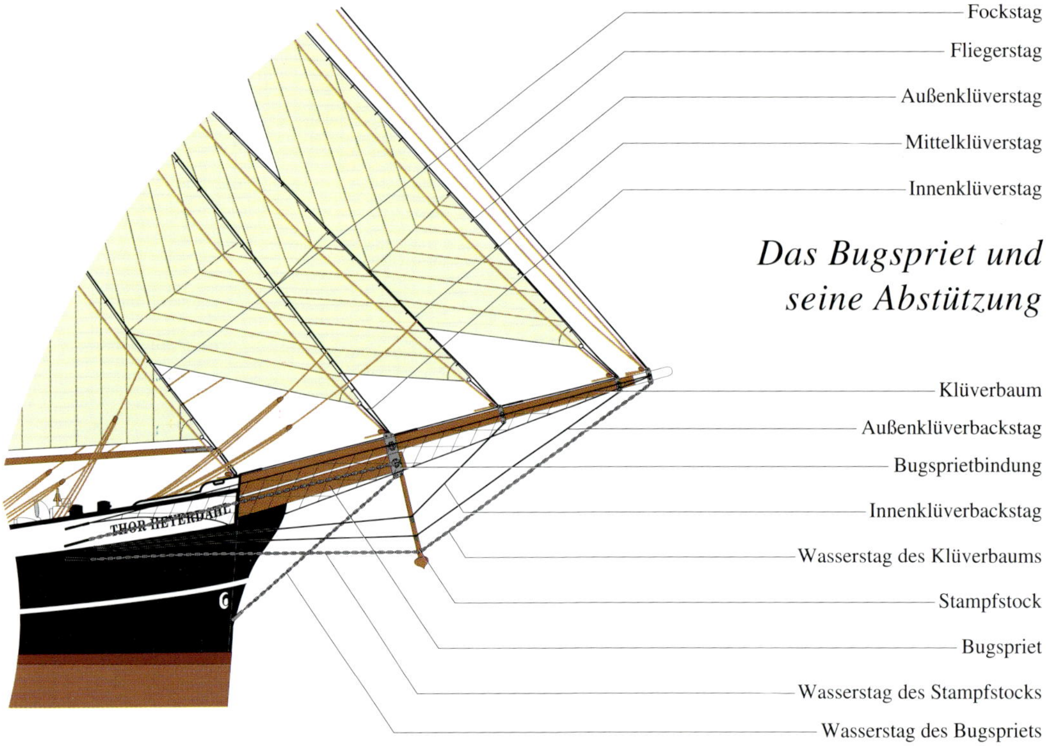

Das Gaffelsegel

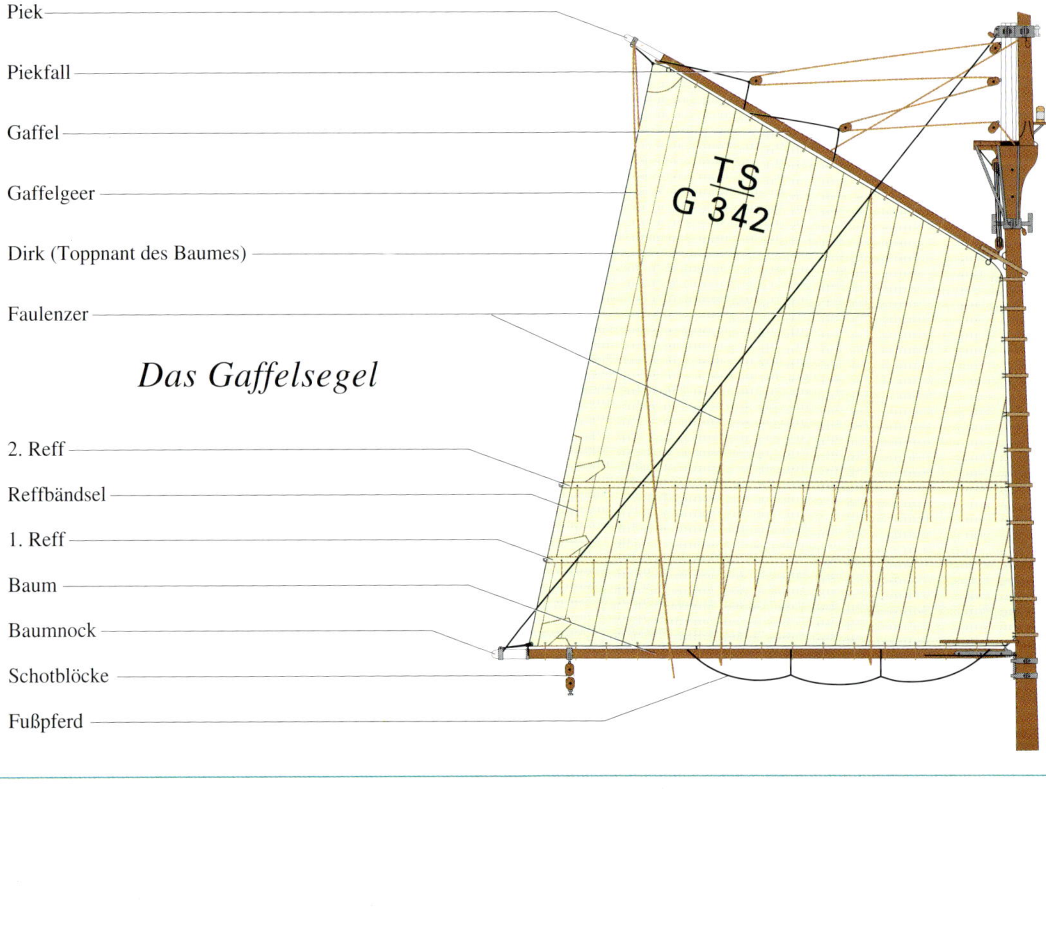

Die Rahtakelage

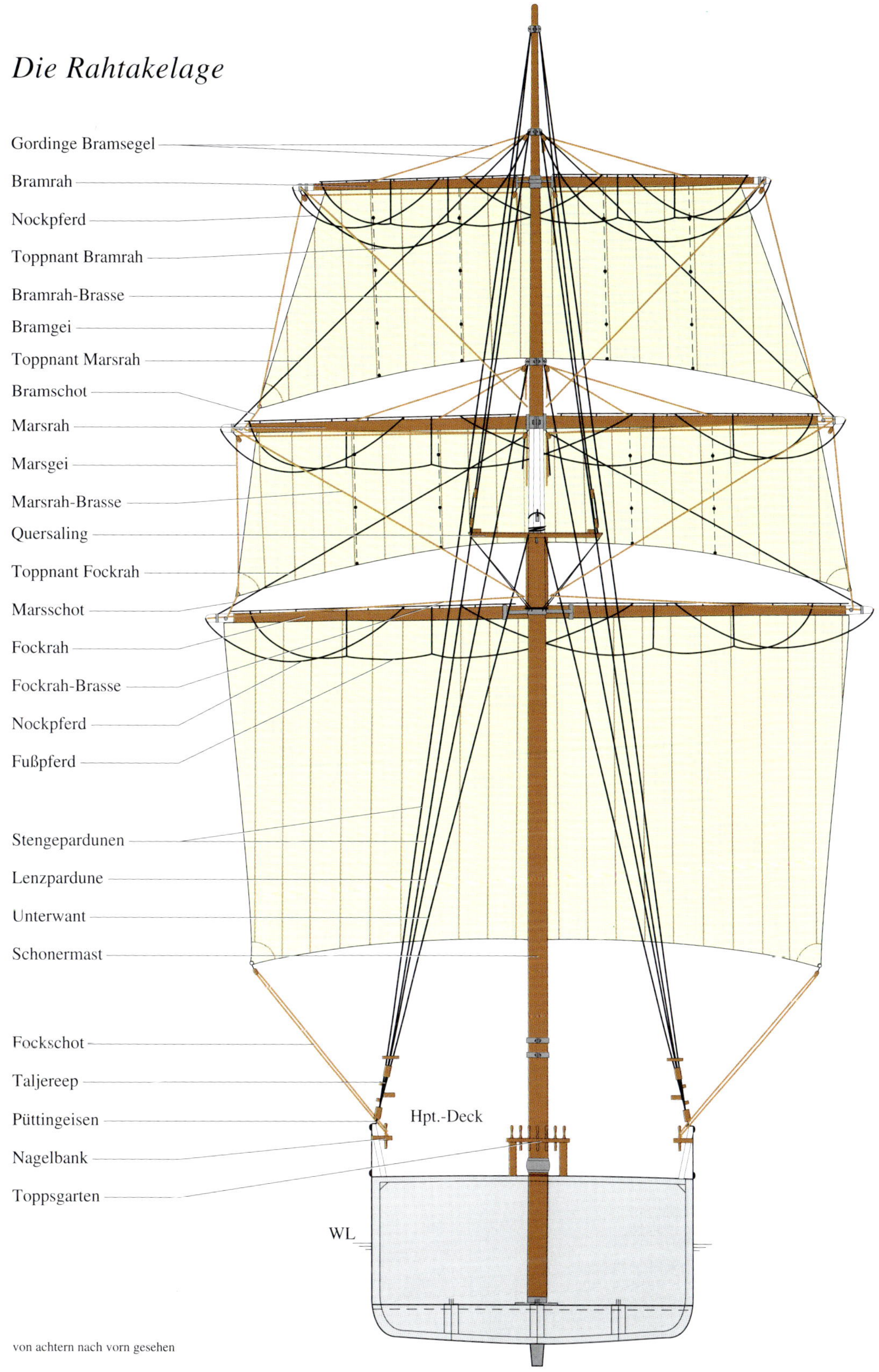

von achtern nach vorn gesehen

Die »Thor« segelt mit STA-REGATTA

VII Um Mitternacht hatte Manfred Hövener seine Steuermannswache angetreten. Manfred, Inhaber des Kapitänspatentes und obendrein ordentlicher Professor an der Seefahrtsschule in Bremerhaven, fährt während seiner Urlaubszeit ehrenamtlich als Wachführer auf der »Thor Heyerdahl«. In der »Navi-Kammer«, dem Navigationsraum der »Thor«, beobachtet er aufmerksam den Radarschirm, wirft einen Blick auf den Barometerstand, kontrolliert noch einmal den Schiffsort auf der ausgebreitet vor ihm liegenden Seekarte. Der Dreimast-Toppsegelschoner holt in der schweren See hart über, und er muß sich mit gespreizten Beinen gut abstützen. Der Zeigefinger seiner Rechten bleibt, während er sich mit der linken Hand am Kartentisch festhält, eine Weile auf der Seekarte liegen, genau auf jenem Flach in der Nordsee, das durch große Lettern ausgewiesen ist: Doggerbank.

Die Karte gibt für die gegenwärtige Position der »Thor« eine Wassertiefe von nur 20 Metern an. Manfred überprüft die Angabe mit dem Echolot. Nordwestlich der Doggerbank hat die Nordsee eine Tiefe von 100 bis 150 Metern. Es herrscht Starkwind um Windstärke 8, gemessen nach der Beaufort-Skala, aus westnordwestlicher Richtung; das bedeutet, es baut sich backbords weit voraus eine hohe See auf, die sich auf der Doggerbank zu gefährlichen Grundseen entwickelt.

Am 16. Juli 1985 hatte die »Thor« bei südwestlichen Winden Bremerhaven verlassen mit Kurs durch die Deutsche Bucht. Dies ist keine Ausflugsfahrt. Die »Thor« ist Teilnehmerin eines *Cutty Sark Tall Ships' Races,* welches alljährlich in den Sommermonaten von der STA (Sail Training Association) für die Flotte der Traditionssegler veranstaltet wird. In diesem Jahr ist die Regattabahn die Nordsee und Chatham am Ausgang des Medway-Flusses Zielhafen der ersten Etappe.

Für die Ausrichtung der *Cutty-Sark-Gedächtnis-Regatta* kommt jener britische Whiskey-Fabrikant auf, auf dessen Flaschen-Etiketten der Name des letzten

Rechts: Filigranes Geflecht aus Masten, Rahen, Stagen und Tauen. Die »Thor Heyerdahl« bei der Sail Amsterdam im August 1985 am Javakai liegend.

Auf der See und in den Häfen:
individuelle Völkerverständigung unter Segeln.
Die »Thor Heyerdahl« ist, seitdem sie in Fahrt gesetzt wurde,
Mitglied der großen internationalen Familie der Sail-Training-Schiffe
und nimmt regelmäßig an den von der STA (Sail Training Association)
organisierten Regatten und Hafenveranstaltungen teil.

STA-Regatta

KIEL Ausl.	1.7.85
BREMERHAVEN	11.-14.7.85
CHATHAM	20.-24.7.85
ZEEBRUGGE	28.-30.7.85
AMSTERDAM	1.- 6.8.85
RENDSBURG	10.-12.8.85
KIEL Einl.	21.8.85

Die teilnehmenden Schiffe unterliegen den Racing- und Sailing Rules der STA. Jedes Schiff führt im Segel eine internationale TS-Unterscheidungsnummer.

noch existierenden Tee-Klippers prangt, der seit 1957 als Museumsschiff im Trockendock von Greenwich liegt. Die Wettfahrt soll an die legendären Teeklipperrennen des 19. Jahrhunderts erinnern, doch geht es dabei nicht mehr um einträglichen Gewinn wie früher, noch um Ruhm und Ehre von Kapitän, Schiff und Besatzung, sondern einzig darum, Jugendlichen Kenntnisse im Hochseesegeln zu vermitteln und sie durch die Faszination des gemeinsamen Borderlebnisses aneinanderzubinden. So besteht das Gros der für dieses Rennen nach England an Bord genommenen Besatzung gemäß der Satzung der STA aus Jugendlichen zwischen 16 und 25 Jahren.

Von dieser Regelung wird keinen inch-(zoll-)breit abgewichen. Diese bittere Erfahrung mußte auch der 13jährige Kevin Herrling, Sohn des Vorsitzenden des »Segelschiff ›Thor Heyerdahl e.V.‹«, machen. Er war mit der »Thor« nach Bremerhaven gekommen, in der großen Hoffnung, als »Trainee« – so werden die an den STA-Regatten teilnehmenden Jugendlichen genannt – ausnahmsweise bei der Wettfahrt mitsegeln zu können. Doch die Beauftragten der STA blieben ihren Grundsätzen treu – auch bei soviel Segelbegeisterung des jungen Kevin, er mußte zurückbleiben. Da beschloß er, sein Glück auf eigene Faust zu probieren. Wir werden noch von ihm hören…

Von den STA-Wettfahrten sind reine Luxusyachten und Vergnügungsschiffe ausgeschlossen, die einzig auf kommerzielle Einnahmen von zahlungskräftigen Passagieren erpicht sind. Sie dürfen sich jedoch gerne bei den Hafenparaden in das Spalier der STA-Flotte einreihen. Das Reglement der STA erlaubt nur Schiffen die Teilnahme an den Wettfahrten, deren Besatzung zumindest zur Hälfte aus Auszubildenden, den sogenannten »Trainees«, besteht und nicht Schiffsnachwuchs im Sinne seemännischer Berufsausbildung sein müssen.

Im Jahre 1956 wurde auf Initiative des Londoner Windjammerenthusiasten und Anwalts Bernhard Morgan *The Sail Training Race Comittee* aus der Taufe gehoben, das inzwischen STA heißt, mit Sitz in Gosport. Zu den namhaftesten Verfechtern der Idee, die Großseglertradition auf aktive Weise zu bewahren, gehörte der damals erste Lord der britischen Admiralität, Earl Montbatton of Burma, einst Vizekönig von Indien. Bestrebungen, internationale Treffen von Segelschulschiffen zum Wohle der Völkerverständigung zu organisieren, kamen in der Zeit vor dem Zweiten Weltkrieg

Start der STA-Regatta in Bremerhaven.
Das Schlußlicht des Windjammer-Lindwurms bildeten die »Thor« und die »Lizzy«.

auf. Beseelt von dem Windjammergedanken, hatte 1938 der schwedische Kapitän Arnold Schumburg Großsegler einiger, sich der Segelschiffahrt verbunden fühlender Nationen zu einem Treffen nach Stockholm eingeladen. Anläßlich dieses Treffens wurde der *Nordeuropäische Segelschulschiffverein* gegründet, dem Dänemark, Deutschland, Estland, Norwegen, Polen und Schweden beitraten. Das Völkerringen von 1939 bis 1945 um die Vormachtstellung in der Welt und auf dem Meer machte alle Pläne des gemeinsamen Segelns vorerst zunichte, die Jugendlichen vieler Länder trafen statt dessen auf den Schlachtfeldern aufeinander. Doch in der Nachkriegszeit erfolgte zumindest in der westlichen Hemisphäre eine rasche Rückbesinnung auf Völkerverständigung und -freundschaft. So kam es im Juli 1956 im kleinen südenglischen Hafen Dartmouth, wo sich die britische Marineakademie befindet, zum ersten Windjammertreffen, das unter der Schirmherrschaft von Prinz Philipp, des Herzogs von Edinburg, stand.
Die erste STA-Regatta wurde ein Jahr darauf im englischen Hafen Torby gestartet und führte nach Lissabon in Portugal. Unter den 36 teilnehmenden Großseglern befanden sich Repräsentanten von elf Nationen. Dänemark entsandte das Vollschiff »Georg Stage«, Norwegen schickte die beiden Vollschiffe »Christian Radich« und »Sørlandet«, Schweden die Zweimast-Gaffelschoner »Falken«, »Gladan« und »Flying Clipper«, aus Belgien kam die Barketine »Mercator«, aus Griechenland der Dreimastschoner »Creole«. Im Feld der Windjammer befand sich auch die portugiesische Bark »Sagres«, die ehemalige, 1896 in Bremerhaven als Vollschiff erbaute »Rickmer Rickmers«. Ursprünglich war sie mit Kohlefracht in der Ostasienfahrt eingesetzt worden, hatte auf den Rückreisen Reis- und Bambusladungen nach Europa gebracht. Später wurde sie in der Salpeterfahrt eingesetzt. Nach einem schweren Sturm erfolgte 1904 in Kapstadt ihre Neutakelung. Im Jahre 1916 wurde sie in Horta auf den Azoren requiriert und von der portugiesischen Marine 1924 zum Schulschiff »Sagres« umgebaut. Ihr Bug zierte die Gallionsfigur Heinrich des Seefahrers, ihre weißes Segel zeigten ein rotes Kreuz. Auch bei der zweiten STA-Regatta 1958, die von Brest nach Las Palmas verlief, war die gute alte »Sagres« noch dabei. Vier Jahre später wurde sie in Lissabon aufgelegt. Obwohl sich die Portugiesen nur schwer von dem Segler trennen konnten, gelang es den Initiatoren des Vereins »Windjammer für Hamburg e.V.«, ihn am 7. Mai 1983 nach Hamburg zu holen, wo er nunmehr – mit altem Namen – als Museumsschiff das Hafenbild prägt.
Die von der STA veranstalteten *Tall Ships' Races* fanden in den Jahren regen Zuspruch, auch Ostblockstaaten schickten ihre Windjammer zu den internationalen

Einlaufen in Amsterdam 1985.
Die »Thor Heyerdahl« läßt am längsten von allen Windjammern die Segel stehen.

Veranstaltungen. Namhafte Hafenstädte mühten sich, anläßlich regionaler Ereignisse oder internationaler Feiern die majestätischen Oldtimer der Meere, zu denen sich im Laufe der Jahre einige Neubauten gesellten, einzuladen und Windjammerparaden zu veranstalten. Zu den olympischen Segelregatten 1972 gaben sich die Windjammer ein Stelldichein in Kiel, nach New York kam die Flotte erstmals 1976, um den Feiern des 200-jährigen Bestehens der USA einen außergewöhnlichen Rahmen zu verleihen. Nach Oslo segelte die Flotte 1978 zu Ehren der Wikinger, die vor 975 Jahren Amerika erreichten. Mit Hilfe der STA kam es 1982 zur 100. Kieler Woche zu einem weiteren Windjammertreffen in der Kieler Förde. – In England, dem Geburtsland der STA, gab es lange Zeit kein größeres seetüchtiges Segelschiff. Das änderte sich erst 1966, als die STA ihren neugebauten, scharfgeschnittenen Toppsegelschoner »Sir Winston« übernahm. Zwei Jahre später kam ein Schwesterschiff hinzu, die »Malcom Miller«. Beide Schoner nehmen regelmäßig an allen STA-Rennen teil.

Auch 1985 gehören diese Schoner zu den Schiffen, die in der Spitzenposition des *Cutty-Sark-Rennens* zu finden sind. Das Feld der teilnehmenden Segler hat sich längst auseinandergezogen. Drei Tage nach dem Auslaufen in die Deutsche Bucht hatte die »Thor« eine Position nördlich des 55. Breitengrades auf etwa 3,5 Grad östlicher Länge erreicht, also direkt am östlichen Rand der berüchtigten Doggerbank. Da lag sie noch gut im Rennen, obwohl sie aufgrund ihrer schweren, stebigen Bauweise ohnehin den schnellen Segelschiffen von rankem Riß niemals das Privileg streitig machen könnte, zuerst am Ziel einzutreffen. Alle im Wettstreit liegenden Schiffe sind von der STA vermessen, haben aufgrund ihrer unterschiedlichen physikalischen Voraussetzungen Handycap-Bewertungszahlen erhalten – entsprechend dem heute bei Vereinswettfahrten üblichen Wertungssystem mit Yardstickzahlen. Erst nach Ausgang der Regatta werden – in Abhängigkeit von Zeitvergütungen – die gesegelten Zeiten bewertet und die Siegerin anhand der Handicap-Formel errechnet.

Vorbereitungsbesprechung und Auslaufen Amsterdam 1985.

Aber die besondere Auszeichnung ist die *Cutty-Sark*-Trophäe. Sie wird an dasjenige Schiff vergeben, das am meisten zur internationalen Verständigung beigetragen und zudem hervorragende Seemannschaft geleistet hat. In geheimer Wahl entscheiden die Schiffsführer und Besatzungen, wem die Auszeichnung gebührt.

Mit ihrer derzeit ärgsten Rivalin, der »Großherzogin Elisabeth« vom Schulschiffverein in Elsfleth, liegt die »Thor« etwa gleichauf. Die »Thor« hatte für ihre Verhältnisse gute Etmale geschafft, aber in den letzten vierundzwanzig Stunden scheint sie, seitdem der Wind drehte, auf der Stelle zu liegen. Die hohe vorderliche See verhindert schließlich, daß sie in den letzten Stunden – wie die Logbucheintragung des Wachvorgängers ergibt – nicht mehr als 1,5 Seemeilen Fahrt voraus macht.

Manfred beabsichtigt gerade, sich an Oberdeck zu begeben, da wird die »Thor Heyerdahl« über UKW-Selektivruf von Radio Norddeich gerufen. Günter Hoffmann meldet sich aus Kiel, fragt, ob Kevin Herrling möglicherweise doch als blinder Passagier an Bord gelangt ist. Dessen Eltern sorgen sich, da er nicht nach Hause gekommen sei. Günter hatte bereits viele in Frage kommenden Seefunkstellen angerufen, ohne über den Verbleib des Ausreißers Klarkeit zu bekommen. Eines kann Manfred mit Gewißheit sagen, auf der »Thor« ist Kevin nicht; man hätte das Kerlchen entdecken müssen.

Manfred hangelt im schweren Wetterzeug den schmalen Niedergang empor und tritt aufs Poopdeck. Regenschauer peitschen ihm in der Dunkelheit ins Gesicht. Das Schiff liegt mit nur wenigen gerefften Segeln hart am Wind. Der steife Wind treibt schräg von vorn eine hohe See auf das Schiff zu, die mit gewaltigen Prankenhieben gegen den Bug schlägt und den Rumpf erbeben läßt. Festklammern! Manfred zieht sich an den auf dem Deck gespannten Strecktauen zum Ruderstand hin, wo die Deckswache ausharrt. Bei diesem Wetter haben sich alle mit dem Sicherheitsgurt an festen Decksläufen festgehakt. Von der »Großherzogin Elisabeth«, von ihren maritimen Liebhabem »Lizzy« genannt, ist an der dunklen Kimm nichts mehr zu sehen. Der Wind ist in der ersten Stunde dieses 21. Juli in Böen bis auf Stärke 9 angewachsen. Björn, der das wagenradgroße Steuer hält, konzentriert sich darauf, Kurs zu halten, besonders dann, wenn das Schiff ins Wellental fällt. Das Marssegel darf unter keinen Umständen backschlagen, d.h., es könnte fatale Folgen nach sich zie-

Tall Ships' Race 86. Die »Thor Heyerdahl« am 27. 7. 1986 auslaufend Bremerhaven.

hen, sollte der Wind von vorn einfallen. Das würde den Segler auf die Seite werfen und könnte evtl. den Schonermast kosten; denn das Rigg aller Rahsegler ist so abgestagt, daß es starken Winddruck nur von achtern und von der Seite aufnehmen kann. Die Geschichte der Seefahrt kennt viele Beispiele, daß ein Backschlagen von Rahsegeln im Sturm oft zum Verlust des betroffenen Schiffes führt.

Segelmacher Hein, unser allseits geschätzter Senior, der auf dieser Reise mit von der Partie ist, starrt auf die aufgewühlte Nordsee. »Der ›Seefürst‹ meint es heute nicht gut mit uns! Wenig ›Schangs‹, da gegenan zu knüppeln!« Der heulende Wind verschluckt seine Worte, aber der Wachführer hat seinen alten Seebären verstanden.

»Wie es wohl der ›Lizzy‹ ergehen mag«, fragt Phil, der neben Björn am Ruderstand steht. Sie suchen mit dem Fernglas den dunklen Horizont ab, ohne irgend etwas auf der aufgewühlten See erkennen zu können.

Zur gleichen Zeit wird auf der »Großherzogin Elisabeth« Kapitän »Auge« – so nennen sie auf der Küstenklatschwelle den Schiffsführer, dessen Vater Professor an der Seefahrtsschule in Elsfleth ist – an die »Thor Heyerdahl« erinnert. Günter meldet sich auch bei ihm über die Küstenfunkstelle und fragt nach, ob Kevin eventuell dort angemustert habe. Aber auch auf diesem Schiff weiß man nichts von ihm.

Nach eineinhalb Stunden spüren die Wachgänger auf der »Thor« die nasse Kälte in die steifgewordenen Glieder kriechen. Susanna will die Wache mit heißem Kaffee versorgen. Sie arbeitet sich vorsichtig an den Strecktauen entlang. Immer mit den Händen festhalten, heißt die strikte Devise. Wer in dieser Nacht über Bord fällt, den findet keiner mehr. Gefährlich wird es unten in der »Kuhl«, als sie backbords die Niedergangstreppe zum Hauptdeck hinuntersteigt. Sie klinkt den Sicherheitsgurt in das nach vorn laufende Strecktau ein. Im Licht ihrer Stablampe überprüft sie unterwegs die Knoten jeder Verknüpfungsstelle, nimmt dabei einige über die Reling kommende Sturzbäche in Kauf. Dann schwingt sie sich durch die Tür ins Deckshaus. In der Kombüse zwingt die Schiffsbewegung sie dazu, sich zwischen der Arbeitsplatte und dem Herd festzustemmen, ehe sie das Haltebändsel der Thermoskanne lösen

Regatta-Start am 19. 7. 1989 vor Helgoland, die »Mir« an Steuerbordseite.

kann. Mit der Kanne und zwei Bechern wagt sie sich wieder an Deck, klinkt sich sofort erneut ein und turnt behend nach vorn zum Backdeck.
Dort stößt sie auf zwei Mitglieder ihrer Wache, die Gastsegler Nicola aus Hamburg und Matt aus New York, die am Bug, über den die Gischt sprüht, Ausguck halten und dabei auf Treibgut und möglicherweise aufkommende Schiffe achten. Gerade stäubt eine besonders hohe See ihren nassen Segen über das vorderliche Schanzkleid. Allesamt ziehen die Leute die mit Südwestern bedeckten Köpfe ein, kauern sich vorübergehend im Schutze des vorderen Deckhauses nieder. Der heiße Schluck Kaffee wird dankbar entgegengenommen. »Wo ist die Lizzy?« Matt scheint das Wettkampffieber trotz der widrigen Wetterlage noch nicht verlassen zu haben. »Voraus ist nichts von ihr zu sehen.« »Vielleicht ist sie abgefallen?« meint Nicola.
Der Wind hat etwas zurückgedreht, bläst jetzt aus Westsüdwest. Zu der Grundsee kommt eine Kreuzsee hinzu, läßt die »Thor« mehr und mehr in östliche Richtung abdriften, ohne daß sie der englischen Küste näherkommt. Sie stampft schwer in der kochenden See. Gorch Focks Schilderung in seinem Roman »Seefahrt ist not« wird plötzlich zur gegenwartsbezogenen Realität: »*...auf der Doggerbank, hundertfünfzig Seemeilen hinter Helgoland... Der Wind war Nordwest zum Westen und wehte etwa in Stärke 8 nach dem alten, englischen Admiral Beaufort... Es trommelte und pfiff im Südwesten, als wenn ein Heer in der Schlacht zum Stürmen lärmte, der weiße Geifer floß aus dem Maul des Untiers, das brüllend auf sie zukam und sich wütend auf sie warf, daß die Masten sich bogen... Wie brauste es in den Lüften, wie erhob sich die See, wie tanzte der Ewer. Wenn er mit dem Kopf untertauchte, stand er mit dem Achtersteven so hoch, daß es aussah, als überschlüge er sich, und erhob er seinen Bug hoch aus der See, so zeigte er das tränenüberströmte Gesicht...: das Wasser rann ihm aus den Klüsenaugen und über die Backen... Sie standen allemann an Deck, mit Tauen festgebunden... Als die Seen immer naseweiser wurden, scherten sie einige Taue kreuz und quer über Deck, von Wanten zu Wanten und von der Wisch nach der Besan, damit sie überall einen Halt fänden, wenn sie stolpern sollten... Und siehe, siehe: Eine Grundsee, die der Sturm aus der Tiefe*

Dreimast-Toppsegel-Schoner

Eine Station der Wettfahrt 1987.
Die »Thor Heyerdahl« in Gdingen in Kiellinie mit der »Dar Mlodziczy« und der »Dar Pomorza«.

Die »Grönland«, die »Thor Heyerdahl« und »Statsraad Lehmkuhl« 1987.

Die »Thor Heyerdahl« 1991 in Helsinki.

aufgerüttelt hatte..., schoß herauf richtete sich urgewaltig auf und lief dem Ewer nach, der nicht von der Stelle konnte.«
Für die »Thor«, das erkennt Steuermann Manfred, ist es unter diesen Seegangsverhältnissen ein hoffnungsloses Unterfangen, den Kurs weiterhin auf Biegen und Brechen zu halten. Gegen drei Uhr morgens entschließt er sich, den Kapitän zu wecken.
Der Schiffsrat tritt zusammen: Kapitän Detlef entscheidet unter den gegebenen Umständen, das Etappenziel Chatham aufzugeben. Schließlich geht es bei dem Gedächtnisrennen in erster Linie ums Segeln und keineswegs ums Siegen. Warum zuviel riskieren und dadurch unnötig Schiff und Besatzung in Gefahr bringen. Lieber pünktlich am nächsten Etappenziel ankommen, in Zeebrügge.
Manfred weckt mit der Schiffsklingel die Freiwachen: lang – kurz – lang. Das Signal »K« aus dem Morsealphabet reißt die Leute aus ihrem unruhigen Schlaf. Sieben Minuten später formieren sich die Wachgruppen in Ölzeug auf dem Oberdeck.
»Wache eins vollzählig angetreten bis auf Rudergänger und Ausguck!« ruft Steuermann Manfred durch den Sturm. Die anderen Wachführer brüllen ebenfalls ihre Meldung. »Wache zwei vollständig angetreten!« »Wache drei vollständig!« »Wache vier ebenfalls vollständig!«
Detlef erklärt vor versammelter Mannschaft, was anliegt, gibt dann seine Segelanweisungen für das Wendemanöver. Die einzelnen Wachführer teilen ihre Leute ein. Sie wissen genau, wer von ihnen die meiste Erfahrung mitbringt und wem sie absolute Bewegungssicherheit zutrauen können und postieren sie entsprechend. Das Vorbereitungskommando kommt: »Klar zur Wende!«
Jetzt gilt's, Jungs und Mädels von der »Thor«. – »Rhe!« Rasend schnell werden Taue losgeworfen. Segel flappen und Bäume schlagen krachend um, als der Scho-

Die »Thor Heyerdahl« Juli 1987 in den Schären von Stockholm.

ner durch den Wind geht. Alles läuft auf Kommando ab, gleichermaßen wie bei einem Uhrwerk, in dem alle Rädchen präzise ineinandergreifen. Im nächsten Moment legt sich das Schiff auf die Backbordseite. Jetzt stehen die Leute steuerbords hoch und trocken, aber denjenigen, die sich backbords in der »Kuhl« aufhalten, schwappt die überkommende See bis zu den Knien hinauf.

Die »Thor Heyerdahl« läuft ab. Doggerbank ade! Mit 7 Kn Fahrt rauscht sie auf südlichem Kurs durch die dunkle See. Hei, was bringt die Seefahrt wieder Laune. Gemeinsam wird das Deck aufgeklart. Als alle Tampen ordnungsgemäß aufgeschossen sind, ist für Manfreds Wache der Wachtörn abgelaufen. Vor dem Schlafengehen gibt es in der Kombüse noch eine Schüssel heißer Suppe. Und dabei kreiert Matt seinen aus dem Stegreif gedichteten Doggerbank-Shanty, der uns lebhaft an diese Nacht in Erinnerung bleiben sollte: »Norwegia on Starboard / Scotland on portside / We shall not be moved / We are the ship / That never got to Chatham.«

Hinter dem dunklen Horizont, gut zwanzig Seemeilen vom gegenwärtigen Stand der »Thor« entfernt, kämpft sich derweil der kleine norwegische Spitzgatter »Haukenes« durch die schäumende See. Auch er ist aus Bremerhaven ausgelaufen und befindet sich auf dem Wege nach London. Sein Skipper hat ein Herz für den segelbegeisterten Jungen aus Kiel, der jetzt, eingewickelt im Schlafsack, auf der Hundekoje der »Haukenes« eingeschlafen ist. Als Kevin, auf der Pier in Bremerhaven stehend, ihn bedrängte, ihn mit nach England zu nehmen, konnte er nicht umhin, den abenteuerlustigen Jungen an Bord zu lassen. Kevin beabsichtigt – von London nach Chatham ist es nur ein Katzensprung – dort auf die »Thor« zu kommen.

Am Morgen meldet der Ausguck auf der »Thor« die Ansteuerungstonne Ijmujiden voraus. Mittags wird die Schleuse Suidersluis passiert. Abends liegt die »Thor Heyerdahl« nach 556 Seemeilen Nordseetörn fest in Amsterdam. Jetzt erfuhren wir, daß »Lizzy«, unsere Konkurrentin, in der letzten Nacht aufgeben mußte und mit dem Wind nach Norwegen abgelaufen war.

Am 24. Juli waren die Sturmschäden behoben, die »Thor« segelte nach Brügge in Belgien und verlegte am 30. Juli nach Zeebrügge, dem zweiten Zielhafen des *Cutty-Sark-Rennens*. Was auf Olympische Spiele gemünzt ist, trifft auch hier zu: Dabeisein ist alles.

Doch es gab einen aus der großen »Thor-Heyerdahl«-Familie, der den geflügelten Worten des Barons Pierre de Coubertin in der Tat alle Ehre machte: Er ist der jüngste von allen und heißt Kevin, ist sozusagen an Bord der »Thor« von ihrer Indienststellung an dabeigewesen und verfügt über eine gehörige Portion Abenteuerlust. Und – man staune – er ist der einzige von der »Thor«, der im Zielhafen ankam, den weder Vorschriften noch Sturm aufhalten konnten. Dort wartete er jedoch vergeblich auf das Einlaufen seines Dreimast-Toppsegelschoners. Er meldete sich telefonisch bei seiner Mutter, die sofort seinen Paß an die Hafenbehörde von Chatham sandte. Als er den eingetroffenen Brief mit seinem Paß bei der Hafenmeisterin abholen wollte, verlangte die Dame, entsprechend den geltenden Vorschriften, von Kevin, sich auszuweisen – was er verständlicherweise nicht konnte. Schließlich ließ sich die Miss überzeugen, und Kevin erhielt das Kuvert mit dem ersehnten Paß. Auf der in Chatham liegenden Charteryacht »Kuddel« aus Wentorf bei Laboe gab es am kommenden Tag einen Crewwechsel. Heimkehrende Schweizer Segler nahmen Kevin im VW-Bus mit nach Köln. Von dort aus gelangte er mit dem Zug nach Kiel, wo seine Mutter ihren »verlorenen Sohn« erleichtert in die Arme schließen konnte. Erschöpft von seiner Odyssee, schlang er sich daheim erst einmal den Bauch voll und schlief sich richtig aus, ehe es ihn wieder zu neuen Taten trieb...

Nach kräftezehrender Schwerwetterfahrt trafen die Segler der STA-Flotte nach und nach in Zeebrügge ein. Besuche und Gegenbesuche wurden abgestattet, Erfahrungen ausgetauscht, Hilfeleistungen gegeben. Viele Segler mußten ihre erlittenen Sturmschäden instandsetzen. Unser emsiger Chief Werner kurbelte seine Schweißmaschine an, reparierte selbstlos gebrochene Metallbeschläge der Nachbarschiffe. Polnische Seeleute brachten zerrissene Segel. Segelmacher Hein saß stundenlang vor seiner großen Nähmaschine, die wir in die geräumige Messe bugsiert hatten, und ließ die Nadel rattern, um auf die Segelkleider der Konkurrenzschiffe Flicken aufzusetzen und eine Anzahl neuer Tuchbreiten einzunähen.

Allabendlich wurden Bordpartys gegeben. Die illuminierten Decks quollen über vor Leuten. Ein jeder ist herzlich willkommen; denn es ist der eigentliche Sinn der STA-Veranstaltungen, daß junge Menschen aus aller Herren Länder zusammengeführt und sich kennen lernen sollen. Nach der harten Seefahrt ist Frohsinn angesagt, wird überschwenglich gefeiert. Mädchen und Jungen waren anteilmäßig fast gleich vertreten. Aus dem fröhlichen Stimmengewirr hörte man englische und deutsche Laute heraus, Sprachfetzen aus dem Französischen, Holländischen, Spanischen und Russischen drangen ans Ohr. Im gemeinsamen Tun und Gespräch lernt man die Eigenheiten und Verhaltensweisen der anderen zu verstehen und zu akzeptieren. Britische Segler waren erstaunt, daß sie auf der deutschen »Thor Heyerdahl« die Schiffsoffiziere nicht in Uniformen mit Kolbenringen am Ärmel vorfanden und wunderten außer über die fehlende Kleiderordnung ebenso über das allgemeine »Du«, das bei uns an Bord gang und gäbe ist.

Am nächsten Tag tauschten die in Zeebrügge versammelten Segler für die letzte Teilstrecke untereinander Mitglieder der Besatzung aus. Diese Gepflogenheit heißt *Cruising in Campany* und stellt traditionell ein wesentliches Element bei den Tall Ships Races dar, nämlich die Verständigung und Kameradschaft auf See zu pflegen. Mit bunt gemischten Besatzungen lief die Seglerflotte in den Ärmelkanal aus. Auf der »Thor« waren nun sieben Nationen vertreten: Amerikaner, Brasilianer, Deutsche, Engländer, Estländer, Holländer und Schweizer. Im Kanal wimmelte es von Segeln. Zu der *Cutty-Sark-Flotte* stieß ein Dutzend der größten segelnden Windjammer der Welt, darunter die sowjetische »Kruzenshtern«, die »Libertad« aus Argentinien, die italienische »Amerigo Vespucci« und nicht zuletzt die deutsche »Gorch Fock«. Sie alle hatten weite Wege über das Meer unternommen, um hier an der *»Sail Amsterdam«* teilzunehmen, an einer der Superparaden der Windjammer, die turnusgemäß nur alle vier Jahre stattfinden.

Am 1. August 1985, als der Korso der Windjammer dichtgedrängt in die Einfahrt von Amsterdam glitt, eskortiert von tausenden von Sport- und Hafenbooten, glich die Szenerie einem einzigen Meer von Masten und Fahnen. Trauben von Menschenmassen säumten die Ufer, um dem »Tall Ship Adventure« beizuwohnen. Kaum ein paar Dingis hätten noch auf die Wasserfläche gepaßt, so überfüllt war der Hafen. Bei Kollisionen unter einigen Fahrzeugen gab es manche Schramme. Kapitän Detlef bewies, daß er Nerven so dick wie die Maststagen hat. Er ließ auf der »Thor Heyerdahl« die Segel am längsten von allen einlaufenden Schiffen stehen. Unter Vollzeug schob sich die »Thor« durch das Gewühl der Boote in innerste Hafenbecken. Erst auf der Höhe des Amsterdamer Hauptbahnhofs ließ er die Segel bergen, ehe unser Dreimast-Toppsegelschoner hinter der großen Viermastbark »Kruzenshtern« zu liegen kam.

Kevin, ein wahres Kind der »Thor«, hatte sich inzwischen dem Zahnarztstudenten Axel Blohme angeschlossen und war mit ihm von Kiel nach Amsterdam gefahren, um seinen Toppsegelschoner zu begrüßen.

Auch die Hafenmeisterin von Chatham fand sich dort ein und berichtete von der amüsanten Geschichte mit Kevins Ausweis.
Nach dem Spektakel der Parade der Windjammer wartete die Stadt mit einem vielfältigen und attraktiven Programm für die Schiffsbesatzungen und Touristen auf. U.a. wurde auf dem Ijsselmeer eine Plattboot-Regatta veranstaltet, bei der jedes Boot Teilnehmer des Cutty-Sark-Rennens an Bord nahm. Eine Woge der Begeisterung schlug den Besatzungen in dieser meerverbundenen Stadt entgegen. Gleich einer Völkerwanderung strömten die Menschen zum Hafen, um die großen über die Toppen geflaggten Windjammer und Küstensegler in Augenschein zu nehmen. Chronisten sprachen anläßlich des Jahrhundertereignisses in Amsterdam von einer Besucherzahl von 3,5 Millionen. Doch nach vier Tagen ausschweifenden Hafenlebens mußten die Leinen wieder losgeworfen werden für den letzten Schlag zum Heimathafen Kiel. Diesmal an Bord: der unverwüstliche Kevin; denn diese Etappe war keine STA-Regatta mehr.
In den Folgejahren nahm die »Thor Heyerdahl« an vielen internationalen STA-Segelveranstaltungen teil. Der internationalen STA-Flotte haben sich mittlerweile über 500 Segelschiffe angeschlossen. Deutsche Vertreter sind seit 1970 in der STA integriert. Der ehemalige Kommandant der »Gorch Fock«, Kpt.z.S. Hans Engel, zugleich auch Mitbegründer des Jugendwerks zur See Clipper e. V., leitete in seiner Eigenschaft als Vizepatron der STA während der Segel-Olympiade 1972 vor Kiel die erste in der Ostsee abgehaltene *Op Sail.* Als sich die STA-Flotte zur 300-Jahrfeier der Marinestadt Karlskrona traf, suchte Kapitän Engel einen Nachfolgerkandidaten. Die Wahl fiel auf den Regionalobmann des Raumes Weser-Ems Manfred Hövener, der mit dazu beigetragen hatte, daß die betagte nordische Yagst »Grönland«, 1867 für die deutsche erste Arktisexpedition erbaut, für das Deutsche Schiffahrtsmuseum in Bremerhaven restauriert wurde. Dieser gründete am 15. April 1984 zusammen mit Harald Freiherr von Forstner und 18 weiteren Mitgliedern die STAG *(Sail Training Association Germany).* Die Präambel der STAG-Satzung erinnert unverkennbar an die erzieherischen Leitsätze des Pädagogen Kurt Hahn, der mit seiner Idee »Erziehung durch die See« die *Outward-Bound-Bewegung* ins Leben rief und im englischen Gordonstown den ersten *Sail-Trainings*-Schoner unter Segel setzte.
Die Veranstalter der STAG sind auf Beiträge und Spenden aus Wirtschaft und Verwaltung angewiesen, um auch Jugendliche zu fördern, die aus sozialen Gründen einen Sail-Training-Törn nicht aus eigener Tasche finanzieren können. Die Sail-Training-Flotte trifft sich mittlerweile jährlich zu den Tall Ships' Races, die auch von den gastgebenden Häfen unterstützt werden. Wie in allen anderen beteiligten Ländern wird auch bei uns die Sail-Training-Arbeit von Regional-Beauftragten und weiteren ehrenamtlichen Mitgliedern wahrgenommen. Rund zwei Millionen Zuschauer säumten das Weserufer, als die STAG in Bremerhaven mit der Windammerparade Sail '86 ihre erste Großveranstaltung in Kooperation mit der englischen Muttergesellschaft organisierte. Die auslaufende Armada paradierte vor dem Bundespräsidenten von Weizsäcker. Den Vorsitz des Rates der deutschen Sektion STAG gab Hövener 1986 an von Forstner ab, blieb jedoch ihr Geschäftsführer. Nachfolger von Hövener und neuer Repräsentant der STA für die Bundesrepublik Deutschland wurde anläßlich der internationalen Segelkonferenz in London Ende 1987 der Admiral a.D. Horst Helmut Wind. Admiral a.D. Wind fuhr als Erster Offizier auf der »Passat« und war später Kommandant der »Gorch Fock« gewesen, mit der er erfolgreich an vielen STA-Regatten teilgenommen hatte. Eine Leidenschaft teilt er mit Hövener: Beide fahren auf dem 1988 unter gemeinsamen Anstrengungen in Fahrt gesetzten Flaggschiff der STAG-Flotte, der »Alexander von Humboldt«, als Kapitäne. Bei der »Alex«, wegen ihrer flaschengrünen Segel auch »Greenliner« genannt, handelt es sich um das ehemalige Feuerschiff »Kiel«. Unter großem Engagement Höveners war es gelungen, das Schiff in die STAG einzubinden. Dank eines Bremer Investors konnte es für den stolzen Betrag von 2,3 Millionen DM in Bremerhaven zur Bark umgerüstet und in die neu geschaffene Stiftung DSST *(Deutsche Stiftung Sail Training)* eingebracht werden.
Die »Thor Heyerdahl« ist seit ihrer Indienststellung Mitglied der STAG, in der sich inzwischen über 500 Traditionssegler organisiert haben und als sichtbares Zeichen ihrer Zugehörigkeit in ihren Großsegeln die Training-Ship-Nummer führen. Die »Thor« hat sich an zahlreichen STA-Segelregatten und Veranstaltungen beteiligt, von denen die spektakulärsten die *Sail Amsterdam '85*, die *Sail Bremerhaven '86* und die *Sail Stockholm '87* waren.
Auf der Regatta-Teilstrecke Stockholm nach Bornholm gelang es der »Thor Heyerdahl« einmal zu zeigen, was in ihr steckte. Diesmal stimmte alles: Windrichtung und -stärke. Bei dem extremen Starkwind mußte die gesamte Konkurrenz die Tücher reffen bzw. bergen. Mit Segelmacher Hein an Bord und der Gewißheit seiner Qualitätsarbeit im Rigg riskierten wir im heimatlichen Revier der Ostsee einmal alles.
Segel ist nicht gleich Segel, und ein Segelmacher darf selbstbewußt betonen, daß er die Segel mit der Hand

Die »Thor Heyerdahl« gewinnt den ersten Preis des Cutty Sark Tall Ships' Races 1987.

macht und nicht »fabriziert«. Das Segelmachen ist eine derbe Kunst und zugleich eine sorgsam durchdachte Wissenschaft, verlangt ebensoviel »Kopf wie Hand« und kann nur von Menschen mit ausgeprägtem Verantwortungsgefühl ausgeübt werden. Kein Laie vermag das Bearbeiten und Behandeln von Segeln in all seinen Feinheiten zu erfassen. Es bedürfte vieler Erklärungen, um einen Unkundigen in unser Segelmacher Heins Geheimnisse einzuweihen, die er sein Leben lang in der Großsegelschiffahrt erworben hatte, fuhr er doch nicht nur auf dem Kreuzfahrtsegler »Sea Cloud of Chayman«, sondern bereits, als die selbe Viermastbark noch »Husar« hieß - und das war 1937, als es noch genügend Leute gab, die das alte Seefahrtshandwerk beherrschten und weitergeben konnten. Sämtliche Tücher, die zwischen den Masten und Rahen der »Thor« ausgespannt waren, den Sturm einfingen und das Schiff nun in rasender Fahrt vorwärts auf Bornholm zutrieben, sind durch seine fachkundigen Hände gegangen und haben eine dauerfeste, »handfeste« Bearbeitung erhalten. Hinter Bergen von weißgrauen Tüchern verschanzt, hatte er selbst noch bei schwerer See in der Biskaya auf seiner Nähmaschine die Nähte nachgesteppt. Er hatte den Trick raus, auch bei starkem Seegang fehlerfrei zu nähen, auch wenn die Maschinennadel während des Eintauchens des Schiffes ins Wellental mit Spitzengeschwindigkeit losratterte. Jedes Stell Segel hatte er in Bestzustand gebracht. Damit nicht genug: Sein Arbeitsplatz war »an allen Ecken und Kanten« der »Thor«, nie war er um Arbeiten verlegen. Und wenn er seinen Fitt, den langen hölzernen Dorn, in ein Segeltau bohrte, um einen fachgerechten Spleiß oder Takling zu machen, dann scharrten sich die jungen Leute an Bord der »Thor« um ihn. Einer seiner Schüler war Kevin, den er liebevoll unter seine Fittiche nahm.

Heins Kennerblick ging immer wieder prüfend hoch zu den wie Bretter stehenden Segeln. Das Segelgarn dreikardeelig und von besten Material und obendrein gut genäht, es mußte die schmalen »Streifen« mit der mehrfachen Saumnaht halten. Hein kannte das Wesen seines Schiffes und das seiner Kapitäne – oder noch besser, als sie selber es wußten. Aufgrund seines Wissens und seiner Erfahrung konnte er hie und da ein wenig von den üblichen Tabellen und Normen abweichen, dieses Segelkleid oder jene Naht ein wenig breiter, kleiner oder fester ausführen. Er hatte die verstärkten Segel gut umsäumt mit Liektauen, daß mit ihnen die größen Fahrtleistungen aus der schweren »Thor« herauszuholen waren. Alle Kauschen sind in die Lägel an den Schothörnern, am Kopf, Hals und der Nock aller Segel fest eingestochen, ebenso auch in die Lägel um die Hinterlieke an den Reffenden, damit die Segel den schweren Hieben standhalten können, die die Sturmböen austeilen. Immer fühlte er Schmerz in seiner Brust, wenn ein Segel draußen auf See plötzlich Schwachstellen und Fehler zeigte, und ließ es alsbald wie möglich abschlagen, um es zu verbessern.

Windstärken bis Beaufort 9 forderten der »Thor« und ihrer Besatzung äußerste Seefestigkeit ab. Wenn die schweren, dunklen Böen-Wolken den Horizont verdunkelten, verschluckten sie gleichfalls auch die achteraus segelnden Konkurrenten, zu denen der schwedische Schoner »Falken«, das Ausbildungsschiff der französischen Marine »Belle Poule« und der Dreimaster aus der Volksrepublik Polen zählten.

In dem Bewußtsein, über solide Schwerwettersegel zu verfügen, konnten wir unter Vollzeug die nerven-kitzlige Sache ausreiten. Gleich dem »Fliegende Holländer« stürmte die »Thor« über die sich wild gebärdende Ostsee, ohne daß auch nur ein einziges Tuch im geringsten in Mitleidenschaft gezogen wurde.

Entgegen allen Erwartungen gewann die »Thor Heyerdahl« auf der Etappe Stockholm -Rønne in ihrer Klasse B den ersten Preis des *Cutty Sark Tall Ships' Races 1987*. Den zweiten Platz belegte die »Belle Poule«.

Für die Strecke von rund 300 Seemeilen benötigte die »Thor« nach korrigierter Zeit einen Tag, 8 Stunden, 24 Minuten und 16 Sekunden. Besonderen Stolz empfand die »Thor«-Besatzung über den Sieg, weil auf den gegnerischen Seglern fast ausschließlich langzeitlich dienende Marinesoldaten im Einsatz waren. Unsere Mannschaft bestand dagegen zur Hälfte aus Auszubildenden einer großen deutschen Computerfirma.

Mit ausgerissenen Schothörnern und aufgeplatzten Segeltüchern kamen die anderen vor Bornholm an. Die Segelschäden der »Lizzy« und diverser polnischer Segler reparierte wieder einmal ein braver, tüchtiger Mann: unser »Sails« – der unvergessene Hein Heide.

Die beliebte *Cutty-Sark*-Trophäe wurde dem Kapitän der »Thor« am 19.7.187 in Rönne von seiner Königlichen Hoheit Prinz Henrik von Dänemark und vom Präsidenten der Sail Training Association, General Sir Patrick Howard-Dobson feierlich überreicht.

Unser Dreimast-Toppsegelschoner ist aus dem Kreis der internationalen Familie der Sail-Training-Schiffe nicht mehr fortzudenken. Bei allen Hafentreffen und Erlebnisfahrten gewann er neue Freunde hinzu und leistete seinen Beitrag zur individuellen Völkerverständigung unter Segeln. Der stellvertretende Vorsitzender der STAG Siegfried J.W. Schadagies nannte den Leitgedanken: »Die See ist unsere Brücke – sie verbindet Länder und Völker!«

Windjammer-treffen 1986 in Larvik

Wir verabredeten uns mit Thor Heyerdahl in seiner Heimatstadt

Links unten:
Vor Helgoland kommt ein Begleitschiff von der »grauen Flotte« auf.

Oben:
Die Reise geht rund Skagen.

Rechts:
Birgit übernimmt das Steuerrad.

VIII

Nach einer stürmischen Nachtfahrt durch das Skagerrak finden wir die »Thor Heyerdahl« im Morgengrauen des 30. Juli 1986 auf Position 57° 30,6' Nord und 8° 46,9' Ost. Wieder lag sie im Rennen eines Tall Ships' Races, das drei Tage vorher in Bremerhaven gestartet wurde und nach Larvik in Südnorwegen führte.

Gegen Mittag, als unser Toppsegelschoner in die über 700 Meter tiefe *Norwegische Rinne* einlief, wehte ein steifer Südwest mit Windstärke 7. Die »Thor« rollte und gierte stark in der groben achterlichen See. Das Signal »K« dröhnte durch das Schiff, ließ die Besatzung noch vor dem Mittagessen an Oberdeck erscheinen. In Bremerhaven hatten die an der Regatta teilnehmenden Schiffe wie üblich untereinander Crewmitglieder ausgetauscht. Günter Hoffmann und Steffen Schmid von der »Thor«-Crew fuhren an Bord der Viermastbark »Kruzenshtern«, die vom Fischereiministerium der UdSSR unterhalten und durch ihre Teilnahme an vielen Treffen der *Operation Sail* sehr bekannt wurde. Auf der »Thor« befanden sich mehrere von der »Sedov«, dem größten Segelschiff der Welt, übernommene sowjetische Jugendliche, die jetzt halfen, das Bramsegel und den Außenklüver zu bergen und in das Großsegel ein Reff einzubinden. Das machte Heißhunger auf das gemeinsame Mahl in der Messe.

Die »Thor« nahm direkten Kurs auf den Langesundsfjord. Auch den Nachmittag über hielt die Südwest-Wetterlage an. Der scharfe Wind warf große Schaumkronen auf, »Katzenpfoten« am Himmel deuteten auf Böen hin. In der Nähe des Besanmastes standen Hein und Mirella aus Jugoslawien beisammen. Ihnen fiel auf, daß Kapitän Detlef einige Minuten lang alleine an der Reling des Poopdecks stand und gedankenverloren in die Ferne schaute.

Die Begegnung mit Thor Heyerdahl stand bevor. Die Hafenstadt Larvik hat große Söhne hervorgebracht, darunter den bekannten Yacht- und Schiffskonstrukteur Colin Archer. Der berühmteste von allen aber ist der Namensgeber unseres Dreimast-Toppsegelschoners. Thor Heyerdahl war Detlef vom ersten Augenblick an

sympathisch, und er war sich sicher, dies beruhte auf Gegenseitigkeit. Bis heute halten beide den Kontakt miteinander aufrecht.

Detlef sah die schäumenden Wogen, die sich an seinem Schiff entlangwälzten. Immer schon waren es die Wellen, die eine unausdrückbare Faszination in sich bargen, auf ihn ebenso wie auf Thor Heyerdahl eine unwiderstehliche Anziehungskraft ausübten. Bei der Betrachtung der See wanderten seine Gedanken vorübergehend zurück, sah er noch einmal die »Tigris« sich im Spiel der Wellen auf dem Indischen Ozean wiegen. Unwillkürlich dachte er daran, wie er in die »Tigris«-Bordgemeinschaft aufgenommen wurde. In der Bauphase des Schilfbootes im irakischen Al Qurna hatte er auf Geheiß Heyerdahls zeitweise die Bauaufsicht übernehmen müssen, ohne Experte auf dem Gebiet des historischen Schilfrohr-Bootbaus gewesen zu sein. Dort am Zusammenfluß von Euphrat und Tigris, wo nach der biblischen Geschichte einst der Garten Eden gewesen sein soll, entstand unter seinen Augen von August bis November 1977 mit Hilfe von vier bolivianischen Aymaras und 25 Marsh Arabs das Schilfboot »Tigris«. Nach einer zweimonatigen Bauphase ging es am 11. November 1977 den Shatt el Arab hinunter. Nach einer Odyssee durch den Persischen Golf, bei der sie aufgrund widriger Winde fast vor Kuwait gestrandet wären, hatten sie in der Silvesternacht die Straße von Hormus unter Segeln passiert und erreichten den Indischen Ozean am 1. Januar 1978. Vielfältige Abenteuer hatten sie zu bestehen.

Auf dem engen Deck dieses schwimmenden Schilfbündels hatten sich elf Männer aus neun Nationen zu einer Gemeinschaft zusammengefunden, unterschiedliche Hautfarben, Kapitalisten und Kommunisten, Juden und Araber – ein bunter Haufen, dem nie der Gesprächsstoff ausging. Bordsprache war Englisch. Sie entdeckten schnell, daß das Gelingen der Expedition und die hervorragende Stimmung an Bord keinesfalls durch die äußerliche Verschiedenheit oder die nationale Zugehörigkeit der einzelnen negativ beeinflußt wurde. Jeder hatte seine Aufgabe auf der »Tigris«, und letztlich war entscheidend, wie man seinen Wach- oder Backschaftsdienst versah. Schließlich hatten alle dort die gleichen Probleme zu bewältigen und ähnliche Lösungsstrategien.

Beeindruckt war Detlef von der außergewöhnlichen Fähigkeit Heyerdahls, auf einmalige Art und Weise Wissenschaft und Abenteuer zu verbinden. Als Expeditionsleiter zeigte er sich vor allem demokratisch und in allen Situationen von moderater und stilvoller Umgangsform. Besonders bewunderte Detlef dessen Geduld und feinsinnigen Humor. Für jeden fand er stets ein offenes Ohr. Stundenlang saßen sie während der »Tigris«-Expedition am Kombüsentisch und lauschten seinen interessanten Erzählungen.

Die elf Leute bildeten auf See eine Familie, die sich gegenseitig trug und durch nichts zu erschüttern war. Doch sobald sie auf Land stießen, wurden sie mit den Gegensätzlichkeiten ihrer Nationen konfrontiert. Im Irak durften zunächst die beiden amerikanischen Expeditionsteilnehmer, der Filmemacher Noris Brock und der Architekt Norman Baker, nicht einreisen. In Oman war der russische Arzt Yuri Senkevitch nicht willkommen. Doch die »Tigris« segelte unter der Flagge der Vereinten Nationen, und nur unter Berücksichtigung dieses Umstandes ließen sich der iranische Herrscher und der Sultan von Oman erweichen, die Tore ihrer Länder für die gemeinsame Ein- und Ausreise aller »Tigris«-Leute zu öffnen. Im Hafen von Tschibuti – das gerade seine Unabhängigkeit von Frankreich erlangt hatte – warf die »Tigris«, nachdem sie 6800 Kilometer gesegelt war, ihren Anker inmitten von Kriegsschiffen, die die kleine, neutrale Republik vor den rundum miteinander in Fehde liegenden Nationen schützen sollten. Zwanzig Wochen und drei Tage hatte Detlef mit Thor Heyerdahl und den anderen einträchtig auf dem Schilfboot zusammengelebt. Von Tschibuti aus konnte die »Tigris« nicht weitersegeln. Die nordjeminitischen Behörden zogen aus »Gründen der Sicherheit für Leib und Leben« ihre Erlaubnis zurück, ihre Hochheitsgewässer zu befahren, die umliegenden afrikanischen Küstengebiete waren entweder in der Hand der äthiopischen Streitkräfte oder wurden von der eritreischen Befreiungsarmee belagert. Dort wurde jeder Eindringling mit Kugelsalven begrüßt.

Zum letzten Mal hatten sie alle an dem zwischen den beiden Kabinen stehenden Brettertisch Platz genommen. Vor seinem geistigen Auge sah Detlef noch einmal darauf Yuris getrocknete Stachelmakrelen liegen und Rashads Schale mit dem eingelegten Fisch, den Zwieback, die Teekanne... Fünf Monate lang hatten sie dort einander gegenüber gesessen und über Gott und die Welt gesprochen. Nun hatten sie sich um ihren Tisch geschart, um einen Appell an die Vereinten Nationen zu unterzeichnen, in dem sie von den Entscheidungsträgern der industrialisierten Nationen verlangten, den Völkern keine modernen Waffen mehr zur Verfügung zu stellen, damit die Kämpfe in Afrika und überall auf der Welt eingedämmt würden.

Um unsere Kultur davor zu bewahren, nicht zu einem sinkenden Schiff zu werden, wollten sie mit der »Tigris« ein loderndes Fanal setzen. Die »Tigris« wurde aus dem Hafen geschleppt, sie verankerten sie vor dem Leuchtturm der kleinen Koralleninsel Muscha. Mit

Ins Gästebuch schrieb uns der norwegische Forscher die Zeilen:

»Today I have every reason to say ›congratulation‹ for the most successful cruise in my hometown Fjord of Larvik celebrating the Tall Ship Race 1986. An excellent ship in every sense!

Thor Heyerdahl«

3. August 1986

Unser Namensvater und Taufpate Thor Heyerdahl kommt mit seiner Frau in Larvik an Bord, um mit uns zu segeln.

gesetzten Segeln ließen sie das Schilfboot nach alter Wikingerart am Eingang zum Roten Meer in Flammen aufgehen. Am Ufer stehend, spürte ein jeder ein Würgen im Halse. Keiner vermochte etwas zu sagen, nur Heyerdahl murmelte kaum hörbar: »Sie war ein gutes Schiff.« Jetzt noch, an der Reling seines Toppsegelschoners stehend, sah Detlef die sprühenden Flammen das Segel aufzehren, vernahm er das Knistern der brennenden Schilfbündel, hörte das Bersten der Bambusstreben...

Beim Rückflug geriet die gesamte »Tigris«-Crew in die gefährlichste Situation ihres gesamten Unternehmens: Notlandung des Flugzeugs mit nur einem Triebwerk in Addis Abeba. Was waren da schon Piraten vor Kuwait, Sturm im Indischen Ozean oder Hammerhaie vor Somalia gegen ein instabil gewordenes Flugzeug gewesen. – Kapitän Detlef kehrte aus der momentanen Erinnerung in die Gegenwart zurück, gesellte sich zu Mirella und Hein. Der norwegische Küstenstrich lag bereits deutlich erkennbar vor ihnen. »Setzt Gastflagge im Vortopp!« sagte Detlef zum Wachführer.

»Heja Norge!« schmunzelte Hein.

Um 21.45 Uhr ließ die »Thor« den Anker auf der Reede von Jomfruland fallen. Sie wartete zusammen mit den anderen Traditionsseglern bis zum gemeinsamen Einlaufen in den Larvik Fjord, wo sie am am Vormittag des 1. August erneut den Anker fallen ließ. 115 Segler versammelten sich im Hafen. Vollschiffe, Barken, Schoner, Kutter, Sloops und Ketschen legten sich längs des Kais zu dritt oder zu viert nebeneinander, andere ankerten, über die Toppen geflaggt, draußen auf dem Fjord. Auf der »Thor« übte man sich in Geduld, bis die meisten anderen Segler die Plätze im Hafen eingenommen hatten. Doch der Ankergrund hielt nicht, die »Thor« trieb achteraus und konnte sich nur mit Motorunterstützung auf der Stelle halten. Schließlich nahm sie ihren Anker auf und legte sich längsseits des großen Rahseglers »Dar Mlodziezy«.

Windjammer-Treffpunkt August 1986

Liebevoll erhaltene alte Segelschiffe drängen sich, über alle Toppen geflaggt, im Hafen.

»Tall Ship Adventure« total

Turmhohe Masten und weitausladende Rahen im Stadtzentrum. Liebhaber alter Segelschiffe, »Landratten« und »Sehleute« strömen, aus allen Landeswinkeln kommend, zu den Kais, um die »Sympathieträger« der Seefahrt zu bestaunen. Windjammerherz, was willst du mehr.

Mit großer Anteilnahme erlebte Thor Heyerdahl das Eintreffen des Windjammer-Korsos des *Cutty Sark Tall Ships' Races.* Ein langgehegter Traum ging für ihn in Erfüllung, denn schon als Knabe hatte er auf einem Hügel Larviks gesessen und von großen Segelschiffen geträumt, die in den Hafen hinein und wieder raus aufs weite Meer segelten. Und jetzt quoll der Hafen über vor hohen Masten der stolzesten Windjammer unserer Zeit; ein fantastischer Anblick – und mittendrin der prachtvolle Dreimast-Toppsegelschoner, der seinen Namen trug.
In diesen Tagen beherbergten die Stadtmauern Larviks neben Thor Heyerdahl einen weiteren Ehrengast, den Komponisten Arne Nordheim. Larviks Bürgerschaft hatte beide Ehrenbürger, die sich zuvor nie begegnet waren, eigens zu diesem Segler-Festival in die Stadt ihrer Kindheit eingeladen. Am Freitag, als die Seglerflotte einlief, trafen die beiden zum erstenmal aufeinander und wandelten gemeinsam mit Bürgermeister Gunnar Jensen auf den Spuren ihrer Jugend durch die anheimelnden Gassen der Vestfoldstadt. Schnell erkannten sie, wie nahe sie einander verbunden waren.
»Wir sind hier in Larvik ein paar hundert Meter voneinander aufgewachsen. Aber Thor ist ein paar Jahre älter als ich, also bin ich ihm niemals vorher begegnet«, sagte Nordheim. Als sie ihren Fuß zu den Kais lenkten, schubste Thor Arne freunschaftlich an: »Eine tolle Sache für die Jugend verschiedener Nationen sich auf diese Weise zu treffen. Das Segeln trägt zum Zusammengehörigkeitsgefühl und dem Verständnis der Jugendlichen vieler Nationen bei. Hinter dem Hochseesegeln steht der Gedanke, der Jugend die Chance zu geben, über die Landesgrenzen hinaus Freundschaftsbande zu knüpfen.« »Außerdem ist der Anblick dieser Segelschiffsflotte ein ästhetischer Genuß«, lächelte der Komponist.

Rechts:

Volksfest in Göteborg

Rechts außen: Auslaufen der Windjammer-Flotte.

Am Ruder steht jetzt unser Segelmacher und alter Fahrensmann Hein Heide

An diesem Wochenende stand Thor Heyerdahls Geburtsstadt ganz im Zeichen der Segelschiffe. Ein buntes Treiben erfüllte die Straßen und Wirtshäuser. Das Hafengelände konnte die aus dem Landesinneren herbeiströmenden Menschen kaum aufnehmen. Am Samstagabend gab es Empfänge und Feierlichkeiten auf allen Schiffen. Thor Heyerdahl und Arne Nordheim, die beiden großen »Larvik-Jungen«, nahmen an diesen hektischen Tagen – Seite an Seite – an verschiedenen Veranstaltungen teil. Am Sonntag aber stand für sie etwas Besonderes auf dem Programm:

Morgens legte die »Thor« von der »Dar Mlodziezy« ab und machte um 9.30 Uhr am Fährkai Larvik fest. Die Gangway wurde ausgelegt. Und dann der große, erhebende Augenblick: Die »Thor«-Besatzung durfte den Namensgeber und Taufpaten ihres Schiffes, der in Begleitung seiner charmanten Gattin über die Gangway kam, willkommen heißen. Thor Heyerdahl war an Bord unseres Schiffes, das gleichfalls auch sein Schiff ist. Innige Wiedersehensfreude brach hervor zwischen dem großen Forscher und Kapitän Detlef und dessen Freund Günter. Unverkennbare Freude und Dankbarkeit auch bei Thor Heyerdahl darüber, daß die beiden Freunde und Schiffseigner aus Deutschland das Schiff zu ihm in seine Heimatstadt gebracht hatten, das nicht nur seinen Namen führt, sondern auch seinen Geist und seine Lehren weiterträgt. – Mit ihrem Namenspatron und 60 weiteren eingeladenen Gästen an Bord legte die »Thor Heyerdahl« bei strahlendem Sonnenschein zu einer Fjordtour ab. Unter den Gästen befanden sich Arne Nordheim, der Bürgermeister und Einwohner von Larvik sowie 30 Schüler aus Raaval, Breidablikk und aus der Langestrand-Werkstatt. Es wehte eine recht frische Südwestbrise. Beim Verlassen des Hafens meinte der Namensvater humorvoll zu seinem Freund von der »Tigris«-Expedition: »Bei diesem Gegenwind bekommst du draußen auf dem Larvik-Fjord vielleicht größere Schwierigkeiten als damals, als wir auf dem Indischen Ozean kreuzten.« Sich Arne Nordheim zuwendend, meinte er lächelnd: »Ich hatte selbstverständlich nichts dagegen, einem Schoner wie diesem meinen Namen zu geben.«

Lotse Agnar Rakke richtete sein ganzes Augenmerk darauf, daß unser Schoner genügend Abstand von den Schären hielt. Nachdem Stavernsodden passiert wurde, ließ Detlef die Gaffelsegel hissen. Dann kletterten die Toppsgasten hinauf an die Rahen, um das Mars- und das Bramsegel auszuschütteln. Jetzt bekamen die geladenen Gäste ein wirkliches Gefühl dafür, was es heißt, mit einem Toppsegelschoner »hart am Wind« zu segeln. Für die Schüler wurde die Tagesfahrt zum Ereignis ihres Lebens. Strahlender Mittelpunkt war – wie sollte es auch anders gewesen sein – Thor Heyerdahl. Er war entgegenkommend und zeigte sich allen gegenüber von großer Liebenswürdigkeit, ganz gleich, ob es sich um Autogrammwünsche oder um Fragen zu sei-

nen unzähligen Expeditionen handelte oder ob jemand einfach nur einen kleinen Plausch mit einem der berühmtesten Männer dieser Welt halten wollte.
In manchen Augenblicken aber, wenn Heyerdahls Blick auf seinen vertrauten deutschen Freund fiel, gingen auch seine Gedanken knapp ein Jahrzehnt zurück. Er hatte Detlef als Naturfreund und Idealisten kennengelernt. In seinem Buch »Tigris« hatte er über Detlef geschrieben: »Er liebte den Frieden, war gegen den Krieg, gegen Gewalt, gegen Rassismus. Er sprach wenig, nur dann, wenn es einen triftigen Grund gab, konnte aber sehr gut zuhören und lachte über einen guten Witz am meisten.« Heyerdahl sah Detlef noch in der Erinnerung, wie er gleich nach dem Stapellauf ihres Schilfbootes in die trüben Fluten des Tigris-Flusses hinabgetaucht war und eine Ewigkeit verschwunden blieb, um einen Schilfstrang zu lösen, der sich mit dem Rumpf der »Tigris« und dem Stapellaufschlitten verfangen hatte. Kurz vor Erreichen des Arabischen Golfs, zwischen Basra und Abadan, als die »Tigris« drohte im Flußschlamm zu stranden, wagten sich Detlef und sein Gefährte Toru über den Fluß auf die iranische Seite hinüber und versuchten dort Unterstützung zu bekommen. Und Heyerdahl dachte zurück, als sie bei Bahrain beinahe auf die Felsenklippen der Insel Faylakah geworfen wurden. In der finsteren Nacht sah er Detlef vorn am Bug wild umherfuchteln, als beide Ankerleinen gerissen waren. Piraten-Dauen tauchten auf und erpreßten 2000 Dollar von ihnen. Ach, es gab ja so viele Erlebnisse, die sie auf unverbrüchliche Weise verbindet. Heyerdahl mußte in sich hineinlächeln; er hatte damals mit Detlef eine gute Wahl getroffen – weiß Gott.
Die Mitreisenden nahmen den Ehrengast wieder in Beschlag. Alle genossen diesen herrlichen, einzigartigen Tag auf See mit Thor Heyerdahl. Als die rückkehrende »Thor« gegen 15 Uhr wieder am Fährkai Larvik anlegte, hatten sich Hunderte von Bürgern eingefunden, um den berühmtesten Sohn ihrer Stadt zu sehen.
Unvergessen wird das anschließende gemeinsame Kaffeetrinken an Bord der »Thor Heyerdahl« in Erinnerung bleiben, zu dem sich der Kapitän der sowjetischen Viermastbark »Kruzenshtern« Genadi, der Kapitän der norwegischen Dreimastbark »Statsraad Lehmkul« Askjörn Esgmatz und der Kommandant des SSS »Gorch Fock« Immo von Schnurbein einfanden. Hierbei gestand der Kapitän der »Kruzensthern« Thor Heyerdahl, daß die Lektüre seines Buches »Kon-Tiki« ihn motiviert habe, zur See zu fahren. Sowohl Thor Heyerdahl als auch die anwesenden Kapitäne der Großsegler trugen sich in unser Gästebuch ein. Am Abend verholte die »Thor Heyerdahl« zum *Channel Quay Souths.* Ein Teil der »Thor«Besatzung war anschließend zu Gast auf der »Kruzensthern«, auf der Günter und Steffen gesegelt waren.
Am Montagmorgen berichteten die Regionalblätter »Aftenposten« und »Vestfold Arbeiderblad« und andere Zeitungen eingehend über die Fahrt mit der »Thor«. Besondere Anerkennung wurde auch Kapitän Soitzek gezollt. Die mitgefahrenen Reporter lobten ihn »für seine feine Art das Kommando zu führen. Ruhig und ohne Aufregung sorgte er dafür, daß alles so klappt wie es soll. »Schnell und genau«, so faßte Thor Heyerdahl seine Eindrücke nach der Tour auf dem Larvik-Fjord zusammen.«
Mittags hieß es Abschied nehmen von Thor Heyerdahl und seiner ausnehmend gastfreundlichen Stadt. Auslaufend paradierten die Windjammer an der königlichen Yacht »Norge« vorbei. Wie große, weiße Vögel entfalteten die schnellen Rahsegler ihre mächtigen Flügel und zogen aus dem Larvik-Fjord hinaus. Dann wurde Kurs auf Göteborg abgesetzt.
In der Nacht zum Dienstag erreichte der herrschende Westwind Stärke 8. Auf der »Thor« mußten alle Topp- und Rahsegel geborgen und Schoner- und Besansegel gerefft werden. Den ganzen Tag über rollte das Schiff stark in der See und nahm Wasser über Deck. Am Abend mußten die im *Cutty-Sark*-Rennen liegenden Segler einen Sturm von Starke 9 abreiten. Am Donnerstag ging die »Thor« auf der Reede von Hyppeln vor Anker. Am Freitag, dem 8. August, steuerte die Rudergängerin nach Kapitänsanweisung auf die 45 Meter hohe *Älvsborg*-Brücke von Göteborg zu, die nicht alle Barken wegen ihrer hohen Masten passieren konnten, und machten an der *Stigbergenskaje* fest. Im Kreise unserer Windjammer-Familie erlebten wir ein weiteres herrliches Wochenende, ehe sich am Montag, dem 11. August, die Großsegler-Flotte auflöste. Viel Wehmut kam auf, als sich die Wege voneinander trennten und die meisten Schiffe auf Heimatkurs gingen. Die Gewißheit bleibt, man wird sich wiedertreffen. Gegen Mittag passierte die »Thor« Tonne 5 im Alvsborg-Fjord. Der Rudergänger nahm Kurs – *according to master's order* – auf Röro. Nach einer Nacht vor Anker nordwestlich von Röro besuchten wir mit unserem Schoner den Hafen Smögen. Von dort aus segelten wir nach Svendborg. Am 22. August 1986 endete in Kiel am Bahnhofskai unsere Besuchsreise nach Larvik.

Rechte Seite:
Die »Tigris«, das Schilfboot nach altsumerischem Vorbild, mit dem Thor Heyerdahl und zehn Mann – darunter Detlef – vom Arabischen Golf bis nach Afrika segelte.

Islands in t

Mit der »Thor Heyerdahl« durch die faszinierende karibische Inselwelt

The caribbean way of sailing – Badespaß und Wasserfreuden

e sun

IX Für den ersten Überführungstörn von den Kanarischen Inseln in die Karibik übernahm am 1. November 1983 auf Canaria der erfahrene Kieler Kapitän Harry Kleinhammer die Schiffsführung der »Thor Heyerdahl«. Im Hafen von Las Palmas gewannen wir in Pedro Perez, dem Pächter der Texaco-Bunkerstation, einen Freund, der uns in vielen Belangen hilfreich zur Seite stand. An der Pier seiner Station bunkerten wir Dieselkraftstoff, ergänzten unseren Trinkwasserbestand und rüsteten uns für den großen Schlag über den Atlantik. Als wir am 12. November die Außenmole *La Isleta* passierten, lagen 3 093 Seemeilen herrliches Blauwassersegeln vor uns. Im warmen Windgürtel des Nordostpassats verlief die Reise südlich bis knapp unterhalb des 15. Breitengrades. Die Zeremonie der Atlantiktaufe wurde vollzogen. Neptun höchst persönlich kam an Bord. Ihm und seinem Gefolge – Thetis, Triton und dem unnachgiebigem Medicus – mußten die Täuflinge außerordentlich huldigen.

Am Morgen des 9. Dezember 1983 tauchte sie vor dem Bug der »Thor Heyerdahl« auf: Martinique, unsere erste karibische Insel. Sie liegt im östlichen Teil des weitgeschwungenen Inselbogens, der sich gleichsam wie eine Kette großer, halbversunkener Naturedelsteine von Kuba im Nordwesten bis Aruba im Süden um das Karibische Meer legt. Die Inseln werden als die Antillen bezeichnet und in die Großen und die Kleinen unterteilt. In dem etwa 600 Seemeilen umspannenden Inselbogen der Kleinen Antillen unterscheidet man die im Nordwesten gelegenen *Virgin Islands,* die westlichen *Inseln über dem Winde* und die südlichen *Inseln unter dem Winde.* Diese Bezeichnung der Inselgruppen stammt aus der Zeit der Segelschiffahrt. Zu den *Inseln über dem Winde* gehören die *Leeward Islands,* von Anguilla im Norden herunter bis Dominica reichend, und die weiter südlich gelegenen *Windward Islands,* die eine Kette von Martinique bis Grenada bilden, in der die kleinsten Kettenglieder die *Grenadien* sind.

Nach dem Indianerstamm der Kariben, der aus den Urwäldern Südamerikas lange vor Kolumbus herübergekommen war, erhielt die Inselwelt ihren Namen. Europäer haben nach der Entdeckung der Karibik die beiden dort ansässigen Indianerstämme der Arawak und Kariben nahezu ausgerottet, Handel mit afrikanischen Sklaven betrieben und das »Mittelmeer der Neuen Welt« jahrhundertelang wirtschaftlich ausgebeutet und seine Bevölkerung unterdrückt. Übrig blieb ein aus verschiedenen Rassen entstandenes Völkergemisch. Politisch gesehen sind die Kleinen Antillen das am stärkten zersplitterte Gebiet auf dem Globus; die »Thor Heyerdahl« mußte während ihrer karibischen Kreuzfahrt häufig die Gastflagge wechseln.

Bedingt durch den beständig wehenden Passat – im Englischen als Tradewinds bezeichnet – herrscht ein gleichbleibendes angenehmes Klima in diesem vielfach von Amerikanern und Europäern bevorzugten Reisegebiet. Die durchschnittlichen Lufttemperaturen liegen um 29 Grad Celsius. Angenehme Kühlung verschafft der stete Passatwind. Während der Regenzeit in den Sommermonaten ist mit nur kurz andauernden, erfrischenden Regengüssen zu rechnen. Hurrikans können in den Monaten Juni bis August, gelegentlich noch im September und Oktober auftreten. Während der

Wintermonate, in denen die »Thor Heyerdahl« die Karibik besucht, besteht keine Wirbelsturm- und Starkwindgefahr.
Die Küstengewässer im Osten Martiniques sind mit zahlreichen Korallenriffen gespickt und wurden deshalb in gebührendem Abstand passiert. Wir rundeten die Südspitze von Martinique, um die ein kräftiger Strom setzte, und kamen an dem hoch aus dem blauen Meer herausragenden, im Sonnenlicht wie Millionen Diamanten glitzernden Felsbrocken *Rocher du Diamant* vorbei. Klaus kannte dessen einstige Bewandtnis, als noch der britische Union Jack auf dem Rock wehte: »Dieser Felsklotz war früher, so unglaublich es klingen mag, das britische Vorpostenschiff ›HMS Diamond Rock‹. Jedenfalls hatte die britische Admiralität den Felsen 1804 zu einem regelrechten Kriegsschiff der Royal Navy erklärt und an ihm eine richtige Schiffstaufe vollzogen, ihn mit Offizieren und 120 Marinesoldaten bemannt sowie mit Schiffskanonen bestückt. 18 Jahre lang blieb das Felsenschiff für die Franzosen uneinnehmbar, denn schließlich konnte es, so oft es die Franzosen auch beschossen, nicht versenkt werden. Erst als in der Nähe ein Schiff strandete und einige Dutzend Fässer mit Rum an diesen Felsen trieben, gelang es den Franzosen, die rumselige britische Besatzung von ›Diamond Rock‹ zu übertölpeln.« Klaus hob seine Brust. »Während meiner Seefahrtszeit hat mir eine Kreolin anvertraut, was man da funkeln sieht, das sollen die tränenden Augen der englischen Geister sein.« Kleines Schmunzeln in der Runde an der Reling.
Unser erster Hafen war Fort de France, die an der Westküste gelegene Hauptstadt des französischen Überseedepartements Martiniques. Frankreichs »überseeische Tochter«, auf der unser karibischer Traumurlaub begann, ist von außergewöhnlichem landschaftlichen Reiz; Einflüsse europäischer Lebensart sind unverkennbar, die Übermutter »Marianne« ist allgegenwärtig. Im karibisch bunten Stadtzentrum von Fort de France beeindruckte uns der blumengeschmückte *Place de la Savanne* sowie der Obst und Gemüsemarkt, die heitere Geschäftstüchtigkeit. Einige von uns besuchten die architektonisch interessante Bibliotheque Schoelcher, die Ihren Namen nach dem Minister aus dem Elsaß erhielt, dessen Verdienst es war, daß die von Napoleon 1848 auf den französischen Antillen wiedereingeführte Sklaverei abgeschafft wurde.
Sehenswert ist die nach dem Vorbild von *Sacre-Coeur* errichtete Kirche von Balata sowie der dortige botanische Garten. Den Touristenpfaden folgend besichtigten wir im Norden der Insel die Ruinen des durch den Ausbruch des Vulkans Mont Pelée im Jahre 1902 völlig zerstörten früheren Hauptortes St. Pierre. 30 000 Menschen wurden unter dem Aschenregen begraben, nur ein einziger Mann, ein auf seine Hinrichtung wartender, hinter dicken Gefängnismauern eingekerkerter Sträfling, überlebte die Giftwolke und den glühenden Ascheregen. Der Todeskandidat wurde begnadigt und in amerikanischen Jahrmarktshallen als »der Mann, der den Weltuntergang erlebte« zur Schau gestellt. Man berichtete uns, er sei später dem Wahnsinn anheimgefallen. Im Musée Volcanologique bestaunten wir ergriffen geschmolzene Kirchenglocken, allerlei Gerätschaften und stehengebliebene Uhren, die von jener Schreckensnacht künden.

GOLFO DE MEXICO
FLORIDA
Miami
Straights of Florida
old Bahama Channel
CUBA
Windward Passage
N
W
E
S
JAMAICA
HAITI
GREATER
HONDURAS
NICARAGUA
COSTA RICA
COLOMBIA

WEST INDIES
and the
CARIBBEAN
ATLANTIC OCEAN
DOMINICAN
REPUBLIC
Puerto Rico
LEEWARD ISLANDS
Antigua
Guadeloupe
Dominica
Martinique
St. Lucia
St. Vincent
Barbados
Grenada
TILLES
ARIBBEAN SEA
LESSER ANTILLES
WINWARD ISLANDS
Aruba
Curasao
Bonaire
Los Festigos
Margrito
Trinidad
VENEZUELA
Caracas

Surfen vor Barbados

Fort de France

Begegnung mit der »Sea Cloud«

Auf unserer Inselrundfahrt besuchten wir im an der Nordostküste gelegenen Ort Sainte Marie die *Rumdistillerie Saint James,* ein in einer alten Pflanzervilla untergebrachtes Rum-Museum. Die nördliche Inselregion wird vom Grün der Palmen, Mahagonibäumen und Riesenfarnen geprägt. In den exotischen Gärten und bizarren Schluchten gedeihen im tropischen Klima Orangen, Ananas, Bananen und Maracujafrüchte, blühen Hibiskus und Bougainvilleas. Nicht von ungefähr nannten die Kariben die Insel »Madinina» – die Blumeninsel.
Auf dem Rückweg nach Fort de France hielten wir in dem Dorf Le Carbet und erfuhren, daß Kolumbus hier an Land gegangen sei. Dort fanden wir in einem kleinen Museum reproduzierte Werke Gauguins, die er in diesem Ort geschaffen hatte. Der Wegbereiter des Expressionismus' hatte dort gelebt und die kreolischen Frauen vergöttert, bevor es ihn nach Tahiti zu den Südseeinsulanerinnen weiterzog.
Die Südregion ist von Zuckerrohrplantagen durchzogen, auf denen sich einst der Wohlstand der Insel gründete. Auf dieser gebirgigen Insel – so behaupten die Bewohner – wurde Napoleon Bonapartes Gemahlin Joséphine geboren, genauer gesagt, am Straßenrand vor der Pagerie von Les Trois Ilets. Und seitdem Napoleon dem Reiz Joséphines erlag, eilt den Frauen Martiniques der Ruf voraus, zu den begehrenswertesten auf dem Erdball zu zählen. Und auch uns zogen die aufregend schönen weiblichen Geschöpfe, die dieser exotische Schmelztiegel der Rassen hervorgebracht hat, in dem sich europäische Pflanzer, afrikanische Sklaven, indianische Abkömmlinge und indische Kulis mischten, in ihren unwiderstehlichen Bann.
Leichte Passatwolken zogen über die Masten der »Thor«, als wir Martinique, die nördlichste Insel der *Windward Islands* verließen und Kurs Süd auf St. Lucia nahmen. Am Nordwestzipfel der grünen, vulkanischen Insel umrundeten wir die zwei Hügel von Pigeon Islands mit den Ruinen von Fort Rodney und gingen in der Bucht Le Gros Islet vor Anker. Pigeon Island ist vor einiger Zeit mit St. Lucia durch einem Damm verbunden worden. Man schüttete das Baggergut auf das

Korallenriff, welches beim Ausbau der künstlichen Lagune angefallen war: der modernen Rodney Bay Marina, die im Bereich der *Windward Islands* über den besten Schiffsservice verfügt.
St. Lucia, die »Perle der Kleinen Antillen«, hat den politischen Status einer konstitutionellen Monarchie im britischen Commonwealth. Ihre Geschichte ist eine der bewegtesten der karibischen Region, denn 14 mal wechselte ihr Besitz zwischen den Briten und Franzosen. Ihren Namen hat die Insel jedoch von den Spaniern verliehen bekommen, die sie nach der heiligen Lucia benannten. Inselfreaks lassen den Namen genüßlich auf der Zunge vergehen: »Sänluscha«.
Bevor sich die beiden Kolonialmächte um diesen für die Vorherrschaft in Westindien strategisch bedeutendenden Zankapfel balgten, ankerten bereits im Jahre 1550 Piratenschiffe in der Bucht Le Gros Islet. Anführer im Piratennest war der normannische Freibeuterkapitän François le Clerc, um dessen Holzbein sich mehrere Legenden ranken. Die französische Marine faßte hier vorübergehend Fuß. Nachdem die Briten die Oberhand errungen hatten, befestigten sie die Bucht Le Gros Islet zum Marinestützpunkt und bauten auf Pigeon Island ein Fort. Anfang 1781 machte hier Admiral Rodney seine »Grand Fleet« seeklar, um vor dem »goldenen Felsen« von St. Eustatius aufzukreuzen. Zu seinen »Ruhmestaten« zählt, daß er die niederländische, damals reichste Handelsmetropole der *Leeward Ilands* überfiel und ausplünderte. Von Pigeon Island aus dirigierte Admiral Rodney 1782 seine Flotte in die entscheidende Schlacht *Battle of the Saints,* in der die Franzosen das Nachsehen hatten. Wir konnten die Fort-Ruinen, Kanonen und eine Piratenhöhle besichtigen. In unserem Jahrhundert tauchten in der Rodney Bay Filmpiraten auf; so wurde dort der Streifen »Der rote Korsar« gedreht.
Nach einer Nacht vor Anker zog die »Thor« weiter an der Choco Bay und der Inselhauptstadt Castries mit ihrem Tiefwasserhafen vorbei, in dem wir einige große Kreuzfahrtschiffe erblickten. Wie ein kleiner Garten Eden leuchteten die mit üppiger Flora behangenen Berg- und Talformationen St. Lucias zu uns herüber. Der saftiggrüne Dschungelteppich zieht sich hinab bis an den Küstensaum.
Am 13. Dezember liefen wir in eine der sehenswürdigsten und berühmtesten Buchten der Karibik ein, der Marigot Bay. Kolumbus war an ihr vorbeigesegelt – wir aber nicht. Wegen ihrer malerischen Schönheit, in der sich der ganze Zauber einer karibischen Idylle vereint, schwärmen die amerikanischen Touristen von ihr als »Helen of the Westindiens«. Seitdem Walt Disney's 1966 vor dieser Kulisse seinen Film »Dr. Doolittle« mit Rex Harrison in der Titelrolle inszenierte, ist sie magischer Anziehungspunkt für jeden Fahrtenskipper.
Wir konnten ein inneres Kribbeln nicht verheimlichen, als sich vor dem Bug der einlaufenden »Thor Heyerdahl« die kleine, anheimelnde Bucht mit ihren von Mangroven und Palmen umsäumten Ufern in herrlichem Sonnenlicht auftat. Ein paradisischer Hauch lag an diesem Tage auf der zwischen grünen Berghängen eingebetteten Marigot Bay. Im Überschwang ihrer Gefühle konnten die Mitsegler kaum mit ihrer Begeisterung zurückhalten. Eben hatte unser Schoner den Anker in die blaue Tiefe fallen lassen, da näherten sich farbenfroh bemalte Kanus, dunkelhäutige Händler priesen ihre tropischen Waren an. Und schon lagen Bananenstauden und Körbe mit frischen Meeresfrüchten an Deck unserer »Thor«. Mit einer soeben erworbenen Korallenkette über das T-Shirt gehängt, ging es mit dem Beiboot zum »Sightseeing« an den schmalen Strand.
Der von der Bay ausgehende märchenhafte Appeal nahm uns vollends gefangen. Von den in der Tropenpracht der Berghänge versteckt liegenden rustikalen Chalets hatten wir einen herrlichen Blick herab auf die verträumt daliegende Bay mit ihrem postkartenreifen Palmenstrand. Wir genossen das stilvolle Ambiente

und die geschmackvolle Küche der beiden Hafenrestaurants »Doolittle« und »Hurrican Hole«, Treffpunkte der internationalen Seglerwelt. Auf der »Doolittle«-Veranda ließen wir uns bei einem Rum-Punsch Anekdotisches aus frühen Tagen berichten, z.B., daß sich einst ein britischer Admiral mit seiner Flotte in die vorzüglich geschützte Morigot Bay geflüchtet hatte, die Masten seiner Schiffe mit Palmwedel tarnte und die Franzosen, die sich ihm auf die Fersen geheftet hatten, ahnungslos vorbeisegeln ließ.
In den Minuten des Sonnenuntergangs, als sich am Horizont der glutrote Sonnenball ins Meer senkte, die Bilderbuchbucht in einem einzigartigen, stimmungsvollen Licht lag, empfanden wir, daß einem ein derartig schöner Anblick nicht überall in der Welt beschieden sein kann. Als die Tropennacht die romantische Szenerie ins Tintendunkle tauchte, erstrahlten an Oberdeck der »Thor« die Laternen zu einem gemütlichen Beisammensein.
Am nächsten Tag verließen wir die schönste Bucht von St. Lucia, segelten längs des Inselpanoramas gen Süden und legten einen Ankerstopp in der berühmt-berüchtigten *Anse de Pitons* ein, jener nicht ungefährlichen Ankerbucht zwischen den beiden nahezu 800 Meter hohen Zwillingsfelskegeln Gros und *Petit Piton,* die die weithin sichtbaren Wahrzeichen von St. Lucia sind. An unruhigen Tagen, wenn Fallwinde zwischen den beiden bewaldeten Zuckerhutgipfeln hindurchpfeifen, dürften wir es nicht wagen, den Anker auf den 30 Meter tiefen Felsengrund fallen zu lassen.
Die indianische Urbevölkerung der Arawak sah in Petit Piton die Verkörperung der Göttin der Fruchtbarkeit, des Mondes und der Gezeiten und in Gros Piton die Gottheit der Vulkane, der Sonne, des Feuers und des Sturmes. Letzterer diente entflohenen Sklaven als Zufluchtsort. Es war für uns ein einzigartiges Gefühl, einen Tag lang im Schatten der erloschenen Vulkane zu liegen. Dramatisch dräuten die schlummernden Riesen über den Mastspitzen der »Thor«. Wir hörten von Angehörigen einer Tauchschule, tief unter unserem Kiel soll in einer Korallengrotte ein Riesenwurm leben, den man *The Thing* nennt. Einer aus unserer Besatzung glaubte sogar plötzlich, den Kopf der »Nessy von St. Lucia« für einen flüchtigen Moment erspäht zu haben. Sollte *The Thing* wirklich seinen Schlupfwinkel eigens dazu verlassen haben, um der »Thor« seine Aufwartung zu machen?
Am nächsten Tag verholten wir in die nahe Soufrière Bay. Wir gingen in dem am Scheitelpunkt der Bucht gelegenen malerischen Fischerort Soufrière an Land, um uns erstmal eine süße Pina Colada zu genehmigen. Der Ort, der 1780 von einem schweren Hurrikan heimgesucht worden war, lebt heute nicht mehr vorwiegend von den Zuckerrohr- und Bananenplantagen, sondern auch vom Fischfang und Tourismus. Einheimische erzählten uns, nahe der Kirche habe man zur Zeit der französischen Revolution eine Guillotine errichtet und den Plantagenbesitzern und Sklavenhaltern den Garaus bereitet. Nördlich von Soufrière soll das *Malmaison* gestanden haben, wo Joséphine Tascher de la Pagerie, die spätere französische Kaiserin und berühmteste Frau von St. Lucia ihre Kinderjahre verbracht hatte, bevor sie nach Martinique ging. Gemäß der Inselchronik soll auch ihre Wiege auf St. Lucia gestanden haben, nämlich auf einer Kaffeeplantage ihres Vaters in Paix Bouche. Wir konnten leider zur Klärung des langwähren-

Seglerparadies unter tropischer Sonne!

Sonne, Wind und verschwiegene Buchten.

In der Marigot Bay von St. Lucia, einer der berühmtesten Buchten der Karibik, ließ die »Thor« den Anker fallen.

Unten: Die menschenverlassene ehemalige Walfängerinsel Petit Nevis.

den Streits der Inseln um Joséphines Herkunft nichts beitragen und erfreuten uns statt dessen an den gegenwartsnahen Naturschönheiten der Insel: an der üppigen Tropenflora mit Kakao-, Eukalyptus- und Brotfruchtbäumen, an Bananen- und Muskatnußfeldern und Riesenfarnen. In den dichten Wäldern fanden wir wilde Orchideen und Hibiskusblüten. Wir besuchten im Vulkankrater von Sulphur Springs bei Mount Soufrière die einzigen Drive-in-Schwefelquellen der Welt, und einige Teilnehmer statteten der an der südlichsten Inselecke gelegenen alten Inselhauptstadt Vieux Fort einen kurzen Besuch ab.

Wir setzten unsere Segelreise entlang der langgestreckten Sichelstücke der Windward Islands fort, um der Reihe nach die versteckten, zum Teil unberührten Inselparadiese mit ihren berauschend schönen Buchten aufzuspüren. Von St. Vincent im Norden und Grenada im Süden liegen – wie hingestreut – die Grenadinen, acht größere und über 120 kleine Inseln, zum größten Teil über den Meeresspiegel herausragende Kuppen alter unterseeischer Vulkankegel. Nur ein gutes Dutzend dieser anmutigen, im türkis- und tiefblauen Wasser liegenden Eilande ist ganzjährig bewohnt. Die nördlichen Grenadinen, darunter die großen Inseln Bequia, Mustique, Canouan und Union Island, gehören zum Staat St. Vincent, während die südlichen mit Carriacou, Bonaparte und Isle de Ronde zu Grenada zählen.

Ein großes Kreuzfahrtschiff zog an uns vorbei, doch keiner hätte mit dessen Passagieren tauschen mögen. Auf der »Thor Heyerdahl« kann man den Urlaub aktiv mitgestalten. Mal mit Hand anlegen beim Segelbrassen, das brachte Spaß. Genügend Zeit zum Faulenzen blieb allemal, zum Sonnenbaden auf dem Deckshaus, während die Fahrt unter im Passatwind gebauschten Segeln und sanft schäumender Bugwelle bis zur Südküste der landschaftlich schönen Insel St. Vincent ging. Wir ankerten in der Kingston Bay und später vor der *Blue Lagoon.* Auf der Insel nutzten unsere Mitsegler Inga und Florian die Möglichkeit, Gleitschirm zu fliegen. Ehe sie für diesen Genuß fast ihr gesamtes Taschengeld verkleckern konnten, ging die Reise hinunter zu den verschlafenen Inseln der Grenadinen. Die »Thor« unternahm jetzt nur noch kurze Schläge. Nicht nur die Strandbuchten wurden einsamer, man spürte das starke wirtschaftliche Gefälle zu den großen Inseln im Norden. St. Vincent und die Grenadinen sind wie St. Lucia im britischen Commonwealth eingegliedert.

Am 17. Dezember erreichten wir unser Etappenziel Admiralty Bay auf Bequia, wo wir in Port Elizabeth im Restaurant Frangippani erstmal einen kühlen Lemon Daiquiri schlürfen konnten – ein wahrer Lebensquell. Hier auf den kleinen Inseln scheinen die Uhren langsamer zu gehen. Die Hektik ist geruhsamer Lebensart gewichen. Do it the Caribbean way, laßt uns noch einen Painkiller mixen!

Der nächste Inselsprung brachte uns in die großräumige, abgeschiedene Grand Bay von Mustique. Nachdem wir uns gut vom Montezuma-Riff freihielten, fanden wir dicht unter der Küste einen guten Ankergrund. Während Bequia eher als ein stilles Fleckchen für Insider und Aussteigertypen gilt, sorgt hier der Inselflughafen dafür, daß der komfortverwöhnte Jet-Set auf Mustique einzuschweben pflegt.

Wir erfreuten uns an den über bunte Blütensträucher schwirrenden Kolibris. In einem aus Bambus und Palmblättern gebauten Restaurant erfrischten wir uns mit einem Glas Passionsblumenfruchtsaft und ließen unsere Seele baumeln. Eine kühle Brise fächerte vom Meer her über die Terrasse, während schlanke, schwarze Vögel mit bunten Schnäbeln spatzenfrech auf den Tischen umherhüpften.

Tags darauf verholten wir an die Südwesthuk der alten, menschenverlassenen Walfängerinsel Petit Nevis, der die Ile Quatre gegenüberliegt, und fanden außer einer alten Trankocherei ein vorzügliches Bade- und Tauchrevier mit glasklarem Wasser vor. Wir ließen es uns nicht nehmen, auch der Küste von Canouan eine Kurzvisite abzustatten.

Karibischer Charme und Palmenromantik auf Palm Island.

»Caribbean way of sailing«. Jeder Tag brachte neue Eindrücke und neue Erlebnisse. Nächste Insel unserer Karibik-Odyssee war Union Island, wo unser Anker in Clifton Harbour hinter der Riffkante von Newland's Reef in vier Faden tiefem Wasser fiel. Sowohl vor dem Hafen als auch in der Hafenreede lauern Korallenriffe und machten das Einsteuern problematisch. Der in grandioser Naturkulisse liegende Ort Clifton ist ein Dorado für Segler und gilt als die »Mini-Metropole« der Grenadinen. Eine kleine Landepiste für Flugzeuge ermöglicht gute Verbindungen zu anderen Inseln. Im Clifton-Yachtclub gab es einen guten Cocktail mit einem Schuß Karibik-Aroma.

Die ankommenden Flugpassagiere müssen, wollen sie von Union Island nach dem liebreizenden Palm Island gelangen, per Boot übersetzen. Dort hat der Amerikaner J. Caldwell seine Vorstellung vom karibischen Paradies verwirklicht. Die Seglerwelt kennt ihn besser unter dem Namen »Coconut John«, der mit seiner Yacht 1965 vorbeikam und sich auf Anhieb in das im türkisfarbenem Wasser schimmernden Inselchen mit seinem natürlichen Charme verliebte, einen Pachtvertrag über 99 Jahre unterschrieb und seinen halben Kilometer langen Tropentraum mit in den feinen Korallensand gesteckten Kokosnüssen markierte. Mit zähem Fleiß baute er hier eine gepflegte, von tropischem Flair umgebene Bungalow-Hotelanlage auf, die keine Wünsche offen läßt.

Wir verlegten unseren Ankerplatz hinüber nach Palm Island und lernten den eigenwilligen John persönlich kennen. Da bei unserem Besuch das Stromerzeugungsaggregat nicht funktionieren wollte, nahm sich unser Chief Peter der Sache an und reparierte ihm den Dieselgenerator. Abends auf der Ballustrade mixte er uns zum Dank einen Sundowner.

Von Palm Island segelten wir zu den von Riffen umlagerten Tobago Cays. Die kleinen Eilande, die zu den südlichsten Grenadinen unter britischer Einflußsphäre zählen, sind für viele Romantiker der absolute Inbegriff des Karibiktraumes. Sie sind von unvergleichlicher Schönheit, als habe der Herrgott kostbare Perlen ins Meer geworfen. Der größeren Insel Mayreau sind im Westen vier unbewohnte kleine Inseln vorgelagert, die ihrerseits vom hufeisenförmigen Horse Shoe Reef gegen die Atlantikbrandung abgeschirmt werden. Auf den grünbewaldeten Inseln – alle mit einem blendend weißen Strand versehen – kann jeder einmal König sein. Die Augen berauschten sich an den einzigartigen Schattierungen des kristallklaren Wassers, an einer himmlische Farbpalette aus Bläue, Grün und Violett. Ein herrliches Vergnügen, im lupenreinen Wasser des Horse Shoe Reefs zu baden, zu schnorcheln und zu tauchen. Kulinarische Freude kam auf, als von Fischern erstandene Langusten unseren Speisezettel bereicherten.

Am Abend wurde Feuerholz gesammelt für das Barbecue am Strand. Trinkbecher wurden gefüllt und die Klampfe gezupft. Nina sang ergreifend-schöne Songs – *»The answer my friend, is blowing in the wind...«* Bei den Shanties konnten alle mitsingen. Und dann sang Günter das Thor-Heyerdahl-Lied in die helle karibische Nacht voller Sterne.

Wir verließen unseren traumhaften Ankerplatz und die bildhübschen Kleinode der Grenadinen, um über Bequia zurück nach Fort de France zu segeln. Zum Jahresende stach die »Thor« von dort aus mit anderen Mitseglern in die blaue See, um wieder die gleichen Inseln anzulaufen. Zurückgekehrt nach Fort de France, übernahm am 20.1.1984 Kap. A. Zänkert die Schiffsführung. Mit neuen Mitseglern klapperte er mit der »Thor« die Windward Islands bis Bequia ab und steuerte von dort aus Grenada, die südlichste Insel der Windward Islands, an.

Am Morgen des 10. Februar ging die »Thor« auf der Reede von St. George's, der Hauptstadt von Grenada, vor Anker und wartete auf die Zuweisung eines Hafenplatzes, den sie an der Frachtschiffspier erhielt. Der innere Hafen Carenage ist sehenswert. In der Stadt besichtigten wir die Anglican Church, schlenderten durch den Botanischen Garten und schauten uns das Fort George an. Geschichtsbeflissene aus unseren Reihen gingen in das National Museum und sahen sich die Funde aus präkolumbischer Zeit und Objekte aus der turbulenten kolonialen Inselvergangenheit an.

Abends besuchten wir am Ende der Caranage ein gemütliches Restaurant. Zu den lukullischen Inselspezialitäten gehört die »Callalou-Suppe«, das »Westindian Buffet«, Seafood, Hummer, Muschelfleisch, Scampi. Leider sind die Meerestierbestände aufgrund des starken Bedarfs für Inselküchen und Export stark dezimiert worden. Wachführer Burkhard aus Lübeck ließ sich nicht lumpen und spendierte eine Runde »Passion Fruit Punch«. Anschließend probierten einige ein Glas »Mauby«, ein aus einer Tropenwurzel gewonnenes typisches Getränk auf Grenada.

Um kaum eine andere Karibikinsel wurde so heftig gerungen wie um Grenada. Trotz tapferer Gegenwehr wurden die indianischen Bewohner von den französischen Invasoren aufgerieben. Die letzten verzweifelten Kariben stürzten sich, den Tod suchend, vom *Morne des Sauters* ins Meer. Fortan kämpften die Franzosen mit den Engländern erbittert um die Besiedlung der Insel. Im Versailler Vertrag von 1783 erhielt England die Insel zugesprochen. Seit 1974 ist Grenada ein un-

abhängiger Zwergstaat mit einer parlamentarischen Demokratie.
Das landschaftlich schöne Grenada, das keinen Massentourismus kennt, ist als »Gewürzinsel« bekannt. Wohl ein Drittel der Weltmuskaternte kommt von hier, ferner Zimt, Nelken, Kakao, Zitrusfrüchte, Bananen und Kokosnüsse. Einen Tag lang war die fröhliche, aus Mannschaft und Gästen der »Thor« bestehende Clique auf einer Inselrundfahrt unterwegs, um die Sehenswürdigkeiten kennenzulernen: die Südwestspitze Grenadas mit Point Salines, die Südküste mit der wunderschön gelegenen Prickly Bay, das Naturschutzgebiet *Grand Etang Forest Reserve*, den Vulkankratersee Grand Etang und den imposanten Concord-Wasserfall. Zudem waren wir auf der Poultry-Bananenfarm zu Gast. Im Restaurant »The Ponderosa« in St.Andrew servierte man uns Gürteltier- und Affenfleisch. An der Nordspitze der Insel warfen wir einen Blick auf die hohen, steilen Felsklippen der nahen Isle de Ronde. Uns fiel auf, daß im Gegensatz zur Bevölkerung von St. Lucia und St.Vincent die Einheimischen auf Grenada – davon 75 % Schwarze, 20 % Mulatten und 5 % Inder – von großem und schlankem Wuchs sind. Mit einer Muskatnuß als Souvenir in der Tasche verließen wir die *»Island of spice«*.
Am 5. März wurde das Segelschiff in Fort de France an Kapt. H. Temme übergeben. Unter seiner Führung nahm die »Thor Heyerdahl« Kurs Nord auf die Bermudas. Die mitten im Atlantik liegende britische Inselgruppe wurde am 19. März erreicht. Nach drei Tagen Aufenthalt in Hamilton wurde die Heimreise fortgesetzt. Nach 3 878 auf dem Atlantik zurückgelegten Seemeilen liefen wir am 17.4.1984 im Hafen von Horta ein. Nach zwei erholsamen Tagen verließen wir die Azoren und kamen mit unserem Schiff am 6. Mai gesund und wohlbehalten im Hafen von Brest an. Die zurückgelegte Distanz von Hamilton nach Brest betrug 5 537 Seemeilen. In Brest übernahm Detlef die Schiffsführung und brachte sein Schiff zurück zum Heimathafen Kiel.
21.12.89 traf die »Thor« unter ihrem Kapitän Günter Hoffmann via Las Palmas kommend zu ihrer zweiten Karibikrundreise in Fort de France ein und besuchte dasselbe Revier wie beim ersten Karibiktörn. In der Marigot Bay von St. Lucia wurde beim Tauchen eine alte Schiffskanone geborgen, die heute im einem Kieler Schiffahrtmuseum anzuschauen ist. Am 11.3.90 nahm Günter von Grenada, der südlichsten Windward Insel, Kurs auf die Venezuela gehörende Sonneninsel Isla Margarita, die zu den *Inseln unter dem Winde* zählt, und ankerte mit der »Thor« in der Bucht von Pampatar.
Isla Magarita, quasi nur einen Katzensprung vom südamerikanischen Kontinent entfernt, ist gewissermaßen das »Sylt der Venezolaner«, darüber hinaus jedoch die preiswerteste Karibik-Insel. Wo einst dasjenige Schiffsvolk mit dem Enterbeil seine Schlupfwinkel hatte, befinden sich heute noble Hotels, ganz in der Nähe des zollfreien Shopingparadieses Porlamar.
Abseits der Anfechtungen des »Süßen (Insel-)Lebens« boten uns die Lagunen Margaritas viele Möglichkeiten zum Tauchen, Schnorcheln und Surfen. Naturbelassene, palmenumsäumte Strände, Kakteenlandschaften, Kirchen und Festungen aus kolonialer Zeit und atemberaubende Sonnenuntergänge prägten unsere Eindrücke von dieser »Isla bonita«. Für Wegzehrung wurde ausreichend gesorgt. Unser Koch Gerd hatte zusammen mit seiner Frau Brigitte auf dem Markt frisches Gemüse eingekauft. Peter aus Mainz und Rolf aus Hamburg brachten an einem geschulterten Balken hängend – gleichsam wie die alten Indios das Wild herangeschleppt hatten – eine Kiste mit Rum an Bord.
Nach einigen wunderbaren Tagen auf Isla Magarita segelten wir zurück nach Union Island. Weitere Aufenthalte waren: Petit Nevis, Port Elizabeth, Young Island, die Traumgestade der Tobago Cays und andere unter tropischer Sonne liegende »Paradise Islands«.
Am 25. März 1990 erfolgte in Fort de France die Kapitänsübergabe an Detlef, der den Dreimast-Toppsegelschoner via St. Georges Harbour (Hamilton) und Horta nach Cherburg überführte.
Zu ihrer dritten Karibikreise hatte Günter erneut die »Thor« über den Altantik gebracht und mit ihr am 21.12.1991 Fort de France erreicht. Wieder segelte unser Schoner mehrmals mit neuen Gästen zu den idyllischen Grenadinen. In den Gewässern der Tobago Cays gab es diesmal eine Traumhochzeit ganz besonderer Art: Am Nachmittag des 22. Februar traten Günter B. und seine langjährige Freundin Dagmar zwecks Eheschließung vor Kapitän Günter. Beim Anblick der keinesfalls stilvollen kurzen Hosen des Bräutigams drückte der Kapitän der »Thor Heyerdahl« wegen der hohen Tagestemperatur zwinkernd ein Auge zu. Da entsprach die Braut mit einem Blumenkranz auf dem Haar schon eher der Weihe des Augenblicks. Der Kapitän ließ es sich nicht nehmen, ein paar launige Worte zu verlieren: »Ein Ehepaar sollte wie auf dem Schiff immer am gleichen Strang ziehen, da es im Laufe der Jahre viele Klippen umschiffen muß...« Nach der Trauungszeremonie – später wurde das Ja-Wort vor dem Standesbeamten in Paderborn wiederholt – ging es zur Honeymoon-Grillparty an den Palmenstrand. Die heiße Hochzeitsfeier mit Gitarrenmusik ging bis tief in die Tropennacht hinein.

Karibikreise '83-84
Thor Heyerdahl

2. Winterreise in die Karibik
KIEL Auslaufen 12.10.89
BREST · Frankreich 25.–27.10.89
LISSABON · Portugal 7.– 9.11.89
LAS PALMAS · Spanien 21.–23.11.89
FORT de FRANCE · Martinique 21.12.89 – 26.3.90
BREST · Frankreich 30.4. – 2.5.90
KIEL Einlaufen 13.5.90
„Thor Heyerdahl"

Winterreisen Karibik 1991/92
Ausl. 1.11.91
KIEL
Einl. 10.5.92
NEW YORK
BREST
LISSABON
Baltimore
MIAMI
LAS PALMAS
FORT DE FRANCE
21.12.91
– 2.3.92
Thor Heyerdahl

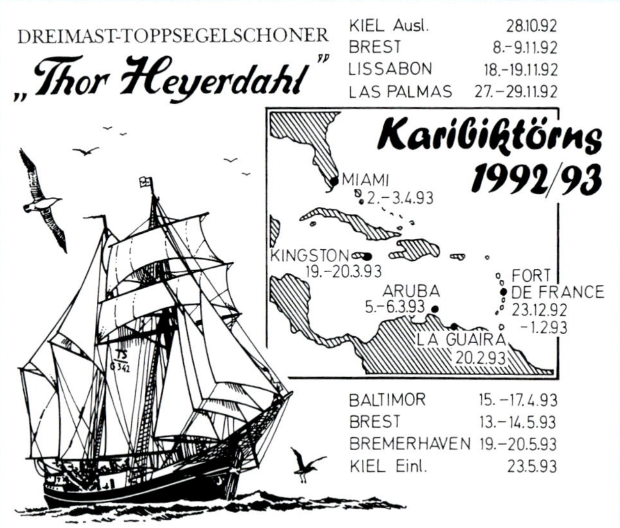
DREIMAST-TOPPSEGELSCHONER
„Thor Heyerdahl"
KIEL Ausl. 28.10.92
BREST 8.–9.11.92
LISSABON 18.–19.11.92
LAS PALMAS 27.–29.11.92
Karibiktörns 1992/93
MIAMI
2.–3.4.93
KINGSTON
19.–20.3.93
ARUBA
5.–6.3.93
FORT DE FRANCE
23.12.92
– 1.2.93
LA GUAIRA
20.2.93
BALTIMOR 15. –17.4.93
BREST 13.–14.5.93
BREMERHAVEN 19.–20.5.93
KIEL Einl. 23.5.93

Günter Hoffmann brach Anfang März 1992 *(siehe Kapitel XIII)* zur ersten Etappe der Rückreise auf, brachte, dem Antillenbogen folgend, die »Thor Heyerdahl« bis nach Miami, von wo aus Detlef das Schiff über die atlantische Nordroute nach Europa überführte. Aber bereits im kommenden Dezember zeigte sich Günter mit der »Thor« wieder in Fort de France. Der Dreimast-Toppsegelschoner besegelte im Winterhalbjahr 1992/93 mit neuen Teilnehmern zum vierten Mal das ihm bereits bekannte karibische Revier. Den ersten Törn von Fort de France nach Grenada und retour machte die »Thor« unter dem Kapitän Siegfried Hau. Dort übernahm Kapitän Detlef das Schiff. Auslaufend von St. George's steuerte wir am 10. Februar die im tintenblauen Meer liegende kleine, unbewohnte Insel Los Testigos Grande an, um dort mal nachzusehen, ob wir vielleicht eine versteckte Schatztruhe Henry Morgans finden könnten. Eine Inselidylle empfing uns – wie aus dem Malbuch. Aussteigerherz, was willst du mehr? Bei unserer Wanderung am wunderschönen Strand fanden wir riesige Muschelberge und Korallen. Mit Kurs 237° segelten wir etwa 50 Seemeilen bis zur Isla de Magarita.

Nach einem weiteren Zwischenstopp in der Isla Magarita-Bay vor Pampatar liefen wir die Reede des venezolanischen Festlandhafens Cumana bei der Halbinsel Peninsule de Araya/ Golfo de Cariaco an. Wir lagen vor dem dortigen Yachtclub und beschäftigten uns einen Tag lang damit, per Dingi Diesel-Kraftstoff in jeweils 50 Liter-Fässern an Bord zu schaffen. Als nach schweißtreibender Arbeit die Bunker aufgefüllt waren, fuhren wir tief ins Innere des etwa vier Seemeilen langen Fjords von Puerto Mochima hinein, um dort eine grandiose Fete zu feiern.

Let's have fun! Fern der Heimat und unbelastet von jeglichen Alltagssorgen kamen wir bei Steeldrum-Klängen à la Harry Belafontes Calypsos »Dayah-Day-Oh – – –« richtig in Schwung. Da sah man unsere Steuerleute Jutta, Peter und Klaus sowie die Deckshände Jürgen, Cleo und Hans zusammen mit Venezolanern in ausgelassener Runde. Da tanzte Brigitte, Schwester von Kapitän Detlef, mit Jürgen zur allgemeinen Gaudi einen flotten Lambada. Es wurde mächtig gealbert. Einträchtige Freude zwischen Ulrike, Jutta, Detlev, Tobias und Gunnar von der Stammbesatzung und dem Taucher Jörg und den Brüdern Lothar und Sepp aus Süddeutschland, Hermann und Bernhard aus Metelen, Heinz aus Cuxhaven und Loui und Kati aus Holland – Carnival-Stimmung unter Palmengefieder.

Am 15. Februar überquerte die »Thor« das *Criaco Basin* und machte Zwischenstation auf der Isla la Tortuga. Von dort segelte der Kieler Toppsegelschoner auf nordwestlichem Kurs zu den Islas Los Roques. Wir warfen Anker vor El Gran Roques. Wir erkundeten das Inseljuwel Cayo Pirata und blieben einen Tag lang in den reizvollen Gewässern dieser kleinen *Inseln unter dem Winde* zum Baden und Schnorcheln, ehe wir einen Schlag nach Süden machten. Steuermann Peter, der sonst auf dem Fahrgastschiff MS »Berlin« fährt, hatte Wachdienst und steckte den Kurs auf Pto. La Guaira ab. Auf dem Airport von Caracas waren inzwischen neue Crewmitglieder eingetroffen, die in Puerto Maritimo de la Guaira an Bord genommen wurden. Als wir am 19. Februar einen Ausflug in die in den Bergen liegende Landeshauptstadt Venzuelas unternahmen, feierte die Mutter unseres Kapitäns Detlef, unsere liebenswerte und trotz ihres Alters unternehmungslustige Mitseglerin Liesbeth, mit uns ihren 80. Geburtstag.

Ein guter Wind trieb uns mit der »Thor« hinüber zu den Niederländischen Antillen, den ABC-Inseln Aruba, Bonaire und Curaçao. Wegen ihrer Trockenheit nannten die Spanier sie »Islas inutiles«, die Nutzlosen Inseln. Während der kolonialen Kämpfe in der Karibik und der Inquisition boten die niederländischen Calvinisten vielen Verfolgten auf den ABC-Inseln Zuflucht. Die erste: Bonaire, die »Insel der Flamingos« und zugleich Taucherparadies, zieht mit einsamen Stränden und unter Naturschutz stehenden Unterwasserparks wie ein Magnet Sporttaucher aus aller Welt an. Viele aus unserer Besatzung stiegen mit Maske und Brille im lauwarmen Meer – die Sicht im glasklaren Wasser betrug 30 Meter – an den Korallenriffwänden hinab, um sich an der Vielfalt der Tropenfische zu erfreuen. Im spärlich besiedelten Hinterland sahen wir im Kakteenfeld einem riesigen Leguan beim Sonnen zu, und im Dörfchen Cabaje fanden wir zweihundert Jahre alte Hütten, in denen einmal Salinensklaven ihre Dasein gefristet hatten.

Auf Curaçao besuchte die »Thor« Willemstad, seit Jahrhunderten die Metropole der Niederländischen Antillen. Der spätere New York-Gründer Peter Stuyvesant war hier Erster Gouverneur. Während seiner Zeit war Curaçao das Zentrum des Slavenhandels in der karibischen Zone. Die Holländer machten Curaçao zu einem blühenden Handelsplatz. Erdölraffinerien und der bekannte Likör sind seine Warenzeichen. Heute ist es mit seinem Freihafen ein kosmopolitisches Shopping-Center, in dem sich die Passagiere der Keuzfahrtschiffe zu Duty-Free-Preisen günstig eindecken. Im alten Stadtteil *»de Punt«* glaubten wir, in Klein-Amsterdam zu sein. Eine Front alter Kaufmannshäuser mit barocken, altholländischen Giebeln, blau, gelb und pinkfarben angestrichen, nahm uns beim Stadtbummel genauso gefangen wie das historische Fort, die netten Cafés und

der schwimmende Markt, auf dem wir für unsere Bordküche u.a. einen Blue Marlin erstanden.
Als wir Aruba anliefen, stellten wir fest: Hier ist es mit der alten Inselidylle vorbei, nur im Süden der Insel fanden wir riesige menschenleere Strände. Die unter einem azurblauen Himmel liegende Eagle Beach ist fast einen Kilometer breit. Heute ist Aruba mit tausenden von Luxus-Hotelbetten die touristische Nummer eins der Niederländischen Antillen, ein lebenspralles Ferienzentrum mit nächtlichen Neonlichtern und Casinos, in denen die Kugeln rollen. Rien ne va plus dachten auch wir und segelten nach Jamaika, der Nonplusultra-Insel, die alle westindischen Inselträume in sich vereint, gewissermaßen der Nabel der karibischen Welt ist.
Am 19. März traf die »Thor Heyerdahl« in Kingston ein. Dem Zauber Jamaicas, der schillernden Insel im ewigen Tropensommer, von Piratennest zur Hochburg des Welttourismus avanciert, waren auch wir sofort verfallen. Wir verließen den städtischen Ballungsraum der Hauptstadt, um in die *Blauen Berge* zu fahren und uns das weltbekannte Montego Bay und die ehemalige Piraten- und Schmugglerbucht *Runaway Bay* anzuschauen. In unmittelbarer Nähe der *Runaway Bay,* in der *Discovery Bay,* hatte vor rund 500 Jahren Columbus das erste Mal Jamaica betreten. Bei Port Maria sahen wir das Haus *Goldeneye* von James-Bond-Autor Jan Fleming und beim verwinkelten Fischerdorf Port Antonio die »Blaue Lagune«. Wir badeten mitten im Dschungel in den berühmten *Dunn River Falls,* dem meist fotografierten Insel-Motiv. Von einem bonbonfarbenen Terrassen-Café, unter dessen Decke ein Cabaña-Ventilator quirlte, schauten wir den Klippenspringern zu, wie sie sich herab in die schäumenden Wirbel der Meeresbrandung stürzten.
Wir versorgten uns auf den lebhaften, karibisch-bunten Märkten für die Weiterreise nach den Bahamas und Miami mit Proviant. Dann mußten wir die Festmachertrossen am Kai von Kingston loswerfen. Jamaicas wildwüchsige Küste schrumpfte langsam hinter unserem Heck zusammen. Noch klangen uns erinnerungsvoll die Reggeaklänge, die Limbo- und Calypsoweisen im Gehör. In »Captain‘s Corner« wurde ein feindestillierter Rum ins Glas geschenkt – pures Karibik-Aroma, das nach Sonne, Karamel, Vanille, Rauch und nach mit Teer getränkten Schiffsplanken roch und schmeckte. Piraten berauschten sich an dem karibischen Lebenselixier, Zuckerbarone labten sich an dem Rum, Plantagensklaven tranken ihn, um ihr Schicksal zu ertragen, in uns rief er zum Abschied die herrlichen Bilder unseres karibischen Traumurlaubs wach. Als die Nacht über das Karibische Meer hereinbrach, versank die Sonne rotglühend am Horizont.

Tobago Cays – Traumgestade in den Grenadinen – ein Kaleidoskop der Farben

Unbewohnte Eilande mit weißen Palmenstränden, kristallklarem Wasser und Korallengärten verführen zum Träumen.

Auf jeder größeren Insel erwartet uns ein breitgefächertes Sightseeing-Programm.

Die »Thor Heyerdahl« in d

Von Insel z

Die »Thor« auf der Reede von St. George's, der Hauptstadt von Grenada.

Zwischenstation auf der Isla la Tortuga.

La Guaira, der Seehafen von Caracas.

agarita-Bay vor Pampatar.

Isla La Pirata,
eine kleine »Insel unter dem Winde«.
Sie gehört zur Inselgruppe der Islas Los Roques.

Inselchen

Ein Platz zum Verweilen, so wunderbar…

Eine Ankerbucht auf Los Testigos Grande.

Abendstimmung im Karibischen Meer.

Winterreise

Oben:
Zwei Toppsgasten schlagen die Breitfock an. Bei stetem Wind hilft unsere »Gardine« schieben.

Bild rechts:
Begegnung vor Gran Canaria.

n die Sonne

**In manchen Wintermonaten packen wir unseren Seesack und tauschen das naßkalte nordische Klima gegen den ewigen Frühling der Kanarischen Inseln ein.
Im warmen Nordostpassat segeln wir mit der »Thor« – wie der Uhrzeiger kreist – mit raumem bis halbem Wind von Insel zu Insel.**

Segelfreuden an der wildromantischen Küste der Kanarischen Inseln.

Kanarische Inseln - Törns 1984/85
LA PALMA
LANZAROTE
TENERIFFA
FUERTE VENTURA
GOMERA
GRAN CANARIA
HIERRO
KIEL Ausl. 15.10.84
BREST 31.10.-2.11.84
LISSABON 12.-14.11.84
LAS PALMAS 22.11.84-8.2.85
FUNCHAL 10.2.-17.3.85
LISSABON 2.-4.4.85
BREST 15.-17.4.85
KIEL Einl. 27.4.85
Dreimasttoppsegelschoner
THOR HEYERDAHL

Dreimast-Toppsegelschoner
„Thor Heyerdahl“
Winterreise 86/87
KIEL Ausl. 6.11.86
BREST Frankreich 19.11.86 – 21.11.86
LISSABON Portugal 4.12.86 – 7.12.86
LAS PALMAS Spanien 20.12.86 – 15.3.87
LISSABON Portugal 29.3.87 – 31.3.87
BREST Frankreich 13.4.87 – 15.4.87
KIEL Einl. 26.4.87

Dreimast-Toppsegel-Schoner
„THOR HEYERDAHL"
Winterreise 87/88
KIEL Ausl. 5.11.87
BREST [illegible]
LISSABON 3.-6.12.87
LAS PALMAS 12 19.12.87-14.3.88
LISSABON 27.-29.3.88
BREST 11.-13.4.88
KIEL Einl. 24.4.88

Segelschiff
Thor Heyerdahl
Winterreise 88/89
KIEL Ausl. 10.11.88
BREST 24.–26.11.88
LISSABON 8.–10.12.88
LAS PALMAS 23.12.88 – 20.3.89
LISSABON 2.–4.4.89
BREST 17.–19.4.89
KIEL Einl. 30.4.89

Kanarische Inseln
Winter 1990/91
KIEL-HAMBURG-BREST 10.-25.11.90
BREST-LISSABON 27.11.-7.12.90
LISSABON-MADEIRA-LAS PALMAS 9.-21.12.90
LAS PALMAS-LISSABON 18.-31.3.90
LISSABON-BREST 3.-16.4.90
BREST-KIEL 18.-30.4.90
Thor Heyerdahl

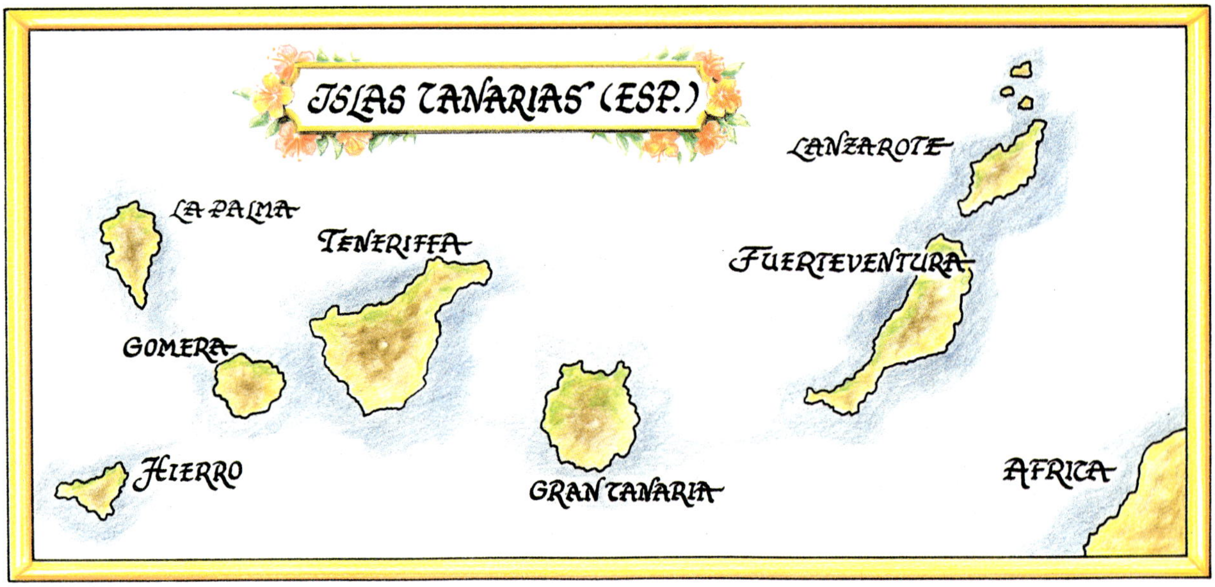

X

Alljährlich, wenn in unseren nördlichen Breiten die Segelsaison beendet ist, der rauhe Herbst die Tage kürzer werden läßt, die letzten Zugvögel in die warmen, südlichen Gefilde gezogen sind und der Thermometerstand nach unten rutscht, geht die »Thor Heyerdahl« auf große Fahrt. Gleich einem großen Zugvogel entfaltet der Kieler Dreimast-Schoner seine Schwingen aus Segeltuch, um der Sonne entgegenzusegeln.

Am 15. Oktober 1984 verließ die »Thor« den Kieler Bahnhofskai, um erstmals in der kanarischen Inselwelt zu »überwintern«. Nach der Passage des Nord-Ostsee-Kanals machte sie Zwischenstation in der Elbmetropole und stellte sich an der Überseebrücke zum ersten Mal den Hamburgern vor. Eigentlich war hier der Abschied von Deutschland geplant, doch es kam anders: Schon auf der Außenelbe erreichten uns Sturmwarnungen des deutschen Wetterdienstes, und es war geboten, erstmal im alten Fischereihafen von Cuxhaven auf bessere Wetterbedingungen zu warten. Wie das (Bord-)Leben so spielt – während ein Sturmtief das nächste jagte, in der Deutschen Bucht orkanartige Stürme wüteten und draußen die tristen Tage verstrichen, ging unter Deck bei unseren jungen Mitseglern Angelika und Thorsten der *Honeymoon* auf. Da soll noch einmal jemand sagen, die Kojen auf der »Thor Heyerdahl« seien zu eng... Nach altem Schiffsbrauch vollzog der Kapitän die Trauung und stiftete somit die Grundlage zur Ehe. Herzlichen Glückwunsch den Neuvermählten! Im Laufe der Jahre sollten an Bord der »Thor«, wie die Bordbücher ausweisen, noch weitere Ehen geschlossen – und sogar Kindtaufen vollzogen werden.

Am 24. Oktober sagten wir dem kühlen Norden ade. Unter Kapitän Detlefs Führung gelangte der Schoner via Brest nach Lissabon. Dort übernahm Kapitän Anselm Zänkert das Schiff. In der Biskaya und vor der Küste Portugals drehte der Wind ironischerweise auf Süd, so daß unser Deutz-Motor Schwerstarbeit leisten mußte. Erst auf dem Reiseabschnitt von Lissabon bis zu den Kanaren konnte wieder gesegelt werden, und die Subvention der »notleidenden« Ölindustrie fand somit ein Ende.

Am 22. November erreichten wir das Sonnenparadies Gran Canaria. In der »Muelle Deportivo«, dem Yachthafen Las Palmas, begrüßte uns als erster Pedro Perez, der Pächter der *Texaco*-Bunkerstation. Schon Ende November 1983, als die »Thor» auf dem Wege in die Karibik hier Zwischenstation machte, hatte sich Don Pedro auf Anhieb als ein hilfreicher Mann erwiesen.

Über alle Toppen geflaggt, nahm die »Thor» am 25. November an den dortigen Feierlichkeiten des Hafengeburtstages von Las Palmas teil. Aufgrund der geographischen Lage im Atlantik, unweit des afrikanischen Kontinents, liegen die *Islas Canarias* in der warmen Zone der Passatwinde. Ein Seitenarm des Golfstromes umspült die »Glücklichen Inseln« – wie sie auch genannt werden. Durch das Zusammenwirken günstiger Klimafaktoren herrscht auf diesen Inseln ein mildes Klima. Die Lufttemperaturen liegen das ganze Jahr hindurch zwischen 24 und 28 Grad Celsius; die Meerwassertemperaturen, die wir im Winter dort vorfanden, betrugen 19 bis 21 Grad Celsius .

Mit einem Mietauto gingen wir auf Erkundungstour, ließen die fruchtbare Umgebung Las Palmas und die

Pedro Perez, unser spanischer Freund und seine Bunkerstation »Muelle Deportivo« im Hafen von Las Palmas.

nördliche Inselregion mit ihrer üppig wuchernden subtropischen Vegetation hinter uns und entdeckten im Inselinneren einsame Dörfer, tiefe Gebirgsschluchten und tropische Gärten von wildromantischer Schönheit. Im Westen der drittgrößten kanarischen Insel fällt die Küste steil ins Meer hinab, an ihrer Südspitze dagegen, wo sich die Sonnenanbeter und Strandläufer aus aller Welt in den Ferienzentren Playa de Ingles, San Augustin, Puerto Rico und Maspalomas scharen, liegt ein goldfarbenes Dünenmeer – der berühmte »heiße Sand Gran Canarias«. Während unserer Liegezeit in Las Palmas besuchten wir oft den bekannten *Las Canteras*-Strand.

Bei angenehmen Nordost-Passatbrisen erkundete die »Thor« die ersten Gebiete ihres Winterreviers. Der Schoner wiegte sich auf dem breiten Rücken der langen atlantischen Dünung, und wir glaubten, schwerelos von Küstenstrich zu Küstenstrich zu schweben. In dem pittoresk an der Südwestküste Gran Canarias gelegenen kleinen Hafen Puerto de Mogan wurden neue Gäste für einen 14tägigen Törn an Bord genommen.

Die »Thor« brachte uns nach Fuerteventura. Die kilometerlangen Flugsand-Strände im Osten der niederschlagsarmen Insel reichen bis zur Halbinsel Jandia im Süden. Dort erwartete uns der rund 25 Kilometer lange Bilderbuchstrand *Sotavento*. Wir staunten über freilebende, buntschillernde Pfauen und Papageien, die wir an Land zu Gesicht bekamen. Nach einer Ankernacht unter einem grandiosen, stimmungsvollen Kanarenhimmel vor der Hafenmole von Morro Jable zog die »Thor« am nächsten Tag an die vor der beeindruckenden Dünenlandschaft Gran Canarias liegenden Ferienstädte Masopolamas Golf und Playa del Ingles vorbei in Richtung Gomera, dorthin, wo vor knapp fünf Jahrhunderten Christoforo Colombo mit seiner Dreierflotte Zwischenstation eingelegt hatte, um sie für die große Weiterreise gen Westen auszurüsten.

Unser Schoner belegte einen Liegeplatz in San Sebastian. Dort nutzten die Mitreisenden die Gelegenheit, über serpentinenreiche Wege und Terrassenstufen die vegetationsreiche Inselwelt Gomeras zu entdecken. Evtl. von Kolumbus' Leuten zurückgelassene Buchenrundhözer vom alten Lateiner-Rigg der »Nina« konnten allerdings trotz gelegentlichen Ausschauhaltens nicht entdeckt werden.

Als die »Thor Heyerdahl« am 3. Januar 1985 wieder im Yachthafen von Las Palmas vor Anker ging, übernahm Günter Hoffmann das Kommando über die »Thor Heyerdahl«. Günter hatte inzwischen die harte Schulbank der Seefahrtsschule gedrückt und das Kapitänspatent erworben. Damit stand Günter jetzt in der langen Reihe der Windjammerkapitäne, die Großsegler über die Ozeane führten. Er war durch die Lehre von zwei Kap Hoorniers gegangen, die etappenweise auch die Schiffsführung der »Thor« übernommen hatten. Kapitän Harry Kleinhammer aus Heikendorf hatte 1983 die erste Atlantiküberquerung gesegelt und seinen Erfahrungsschatz mit an Bord der »Thor« gebracht. Zu unserer Freude spann er zudem bei jeder passenden Gelegenheit ein treffliches Seemannsgarn. Der zweite der im hohen Alter noch rüstigen Kap Hoorniers war Kapitän Heinz Janßen aus Bremerhaven, dem sich Günter wie einem väterlichen Freund gegenüber verbunden fühlte, und der gerne sein reichhaltiges Wissen an die nächste Generation weitergab. Beide Kap Hoorniers waren Lotsen, Harry in Kiel und Heinz in Bremerhaven.

Leider sollte sich alsbald zeigen, daß die Behörden in Spaniens überseeischer Provinz zunächst nicht so ko-

Teneriffe – in Wolkenschleier gehüllt.

Ansteuerung von La Palma.

operativ waren wie unser Freund Pedro. Mit einer vor Antritt der Reise eingeholten Genehmigung des Madrider Ministeriums für Transport und Verkehr im Bordschapp glaubten wir – wie auch unser Agent –, die spanischen überseeischen Gewässer problemlos befahren zu können. Keiner auf der »Thor« rechnete damit, daß es vor Ort irgendwelche Schwierigkeit hinsichtlich der Permission geben könnte. An der *Texaco*-Pier übernahmen wir Brennstoff und Wasser, verproviantierten uns und begannen unsere Rundreise.

Wir erlebten ein herrliches Segeln im beständigen Passatwindgürtel, der nur gelegentlich – bedingt durch das Azoren-Hoch – Schwankungen unterlag. Normalerweise weht der Wind nicht stärker als 15 bis 20 Knoten, jedoch kann im Einflußbereich der hohen Landmassen benachbarter Inseln ein Düseneffekt auftreten und die Windgeschwindigkeit sich dadurch verdoppeln. Mit den höchsten Windbeschleunigungen ist deshalb am häufigsten zwischen Gran Canaria und Teneriffa zu rechnen. Wir erlebten, daß sich der Beschleunigungseffekt gleichfalls zwischen Gran Canaria und Fuerteventura bemerkbar machte, während wir im Kanal zwischen Teneriffa und Gomera in Windlee der Gebirge Teneriffas ruhiges Gewässer vorfanden. Ausbildung und Größe der Windzonen hängen jedoch davon ab, ob der Passat mehr nördlicher oder östlicher einfällt. Nachts schwächten sich die nördostlichen Winde meistens ab, und wir konnten in der Regel an der leeseitigen Küste ruhig ankern, mußten uns jedoch an einigen Küstengegenden vor plötzlichen Fallwinden in acht nehmen, die uns aus den Taleinschnitten der Berge entgegenwehten. Wir waren in den Wintermonaten hier, und so erlebten wir bei vorübergehenden Tiefdrucklagen eine Änderung der Windrichtung. Es wehte manchmal aus Südwest, und die Verhältnisse kehrten sich mitunter um.

Die Segelsaison dauert hier das ganze Jahr über an. Das Archipel liegt außerhalb der Gebiete tropischer Wirbelstürme. Das beliebte Segelrevier erfordert eine gute Seemannschaft und exaktes Navigieren. Zu berück-

Die »Thor« vor Funchal

sichtigen sind der in südwestliche Richtung setzende Kanarenstrom und der Tiedenhub in den Häfen, der bei Springzeit etwa zwei Meter beträgt. Ein Aufkreuzen in einer der Inseldüsen ist nicht möglich. Ein schwieriges, aber in allen Belangen ein äußerst interessantes Segelrevier, denn jede der angesteuerten Inseln ist von unverwechselbarem Reiz.
Mit 2083 Quadratkilometern Fläche ist Teneriffa, die »Insel des ewigen Frühlings«, die größte unter den kanarischen Ferieninseln. Der schneebedeckte Vulkankegel »Pico de Teide«, mit 3718 Metern die höchste Erhebung Spaniens, erhebt sich weit sichtbar über das grüne Land. Auch Gran Canaria und die im Nordwesten gelegene Insel La Palma haben hohe Gebirge. An den Nordosthängen dieser Inseln bilden sich in Höhen unterhalb 1700 Metern Passatwolken, die sich abregnen und die Vegetation gedeihen lassen. La Palma wird deshalb »die grüne Insel genannt«, in den Tälern zwischen den zerklüfteten Bergmassiven befinden sich Lorbeerhaine und Bananenplantagen und sogar Kiefer- und Pinien-Baumbestände. Auf den meisten Kanarischen Inseln fehlen die Wälder, aus den abgeholzten Stämmen hat man die *Armada* gebaut. Gänzlich anders als auf den westlichen Inseln ist das Erscheinungsbild der nahe dem afrikanischen Kontinent liegenden, flachen Inseln Lanzarote und Fuerteventura. Trockenes Klima und die wüstenähnliche Landschaft erinnerten uns trotz lieblicher Ferien-Oasen stark an die Sahara. Lavafelder, beeindruckende Vulkankegel und Feuerberge verleihen Lanzarote einen außergewöhnlichen Reiz.
Bis auf die Insel Gomera, die mit ihren malerischen, serpentinenreichen Küstenstraßen und Terrassenkulturen für Südfrüchte unter den Urlaubern als Geheimtip gilt, weisen die »Bettenburgen« in den Ferienzentren

der Inseln auf Massentourismus hin. Wer mit der »Thor Heyerdahl« fährt, liebt das individuelle Erleben. Unser Segelschiff ist kein Musikdampfer, es gibt darauf keinen Kabinensteward, der den Koffer des Gentleman-Seglers trägt und die Betten »baut«. Natürlich steht das unbeschwerte Genießen im Vordergrund, aber der Segler läuft nur, wenn alle beim Segelsetzen mit anfassen. Beim gemeinsamen Reinschiffmachen sah man auch die Chefsekretärin aus München und die Ärztin aus Düsseldorf mit voller Hingabe die beiden (Süßwasser!-) Duschen und obendrein die vier Mittelschiffs-WCs tipptopp schrubben, und der Herr Versicherungsgeneralvertreter und der Geschäftsführer eines Supermarktes verrichteten gutgelaunt gemeinsam den Backschaftsdienst. Kochbegeisterte Gäste gingen in jedem

Impressionen vor der Küste Madeiras, der »Perle« im Atlantik.

Linke Seite gegenüber: Die »Thor Heyerdahl« im Jahre 1984 an der Außenmole des Hafens von Funchal.

Hafen vergnüglich mit dem Koch auf die Inselmärkte, um den Kühlraum der »Thor« mit frischer Ware aufzufüllen. Von den kleinen Fischerdörfern kamen frische Makrelen und Seehechte auf den Speisetisch.

Happy Sailing für jedermann. – Wenn leichter Seegang herrschte, die von der späten Nachmittagssonne überstrahlten Segel sich im mäßigen Wind bauschten, war gegen 17 Uhr »Cocktailtime« angesagt. Der Eiskübel wurde an Deck festgebunden, und dann labten wir uns an den Mixkünsten unseres Kochs, der alle Rezepte kennt – von *»Campari Orange«* bis *»El Medano Surprise«*. Und in einigen Mondnächten holte Kapitän Günter seine Gitarre an Oberdeck und ließ seine Weisen über die ruhige See erklingen.

Im Bordbuch der »Thor« hatten die Steuerleute bereits klangvolle Namen von Ankerbuchten und Häfen der Inselgruppe eingetragen: Pasito Blanco, Port de San Sebastian auf Gomera – wo wir längsseits des SS »Seute Deern« lagen, Los Christianos, Port Mogan, Port de los Mollinillos, Jandia Bucht im Süden Fuerteventura, Playa Blanca/Lanzarote, Puerte del Rosario, St. Andres de Teneriffe, die Reede von Taganana..., als Kapitän Günter vom Agenten plötzlich mitgeteilt wurde, daß wir die Gewässer zu verlassen hätten. Die damalige Agentur sah sich außerstande, die notwendige zusätzliche Genehmigung von der Marinekommandantur zum Befahren der kanarischen Gewässer für die »Thor Heyerdahl« zu erlangen.

An dieser Situation ließ sich kurzfristig nichts ändern, deshalb verließen wir am 8. Februar 1985 die spanischen Hoheitsgewässer und nahmen Kurs auf Madeira, um dort die letzten beiden Rundreisen der Wintersaison durchzuführen.

Die »Perle des Atlantiks«, die sich aus dem 1000 Meter tiefen Ozean erhebt, hielt sich hinter einem Dunst- und Nebelkreis verborgen. Nur die Spitze ihrer höchsten Erhebung, der 1861 Meter hohe *Pico Muiro* grüßte den Ankömmling. Erst als wir uns ihr auf wenige Meilen genähert hatten, lüftete sie ihren Schleier und ließ uns einen Blick auf ihre traumhaft bewaldeten Hänge und Hochgebirgsregionen werfen.

In Funchal, der Hauptstadt Madeiras, eroberten wir mit Hilfe der charmanten Frau Gesche, Konsulin der Bundesrepublik Deutschland, sogleich die Herzen der zuständigen portugisischen Amtspersonen und fanden sofort freundliche Aufnahme. Die »Thor Heyerdahl« erhielt die Erlaubnis, nach jeder Rundreise an der Außenmole der neugebauten Marina von Funchal festzumachen. Ein Liegeplatz der Superklasse, geschützter und zentraler konnte er nicht sein. Jahre später hätte man uns dieses Vorrecht nicht mehr einräumen können, denn mittlerweile ist dieser Sportboothafen mit vielen Booten überfüllt, daß für die »Thor« beim besten Willen kein Platz mehr vorhanden wäre.

Von Funchal mit seiner beige gestrichenen Festungsanlage, der Kathedrale, einer langen Uferpromenade und einigen schattigen Alleen und Parks waren die meisten sehr angetan. In etwas höher gelegenen Vorgärten stehen Orange- und Bananenbäume, wachsen Melonen, Ananas und Weinreben. Einige von uns unternahmen eine Bergwanderung bis zur höchsten Erhebung, überwanden den *Pico Grande* mit 1607 Metern, dem *Pico de Jorge* mit 1692 Metern und sogar den *Pico Muiro,* das »achte Weltwunder« – glaubt man den Inselprospekten. Auf unserem Streifzug folgten wir den *Levadas,* Bewässerungskanälen für Gärten und Plantagen, die die gesamte Insel durchziehen. Ehe wir die kahle Hochgebirgsregion erreichten, durchquerten wir Kühle spendende Eukalyptuswälder und wild wuchernde Blumenfelder, die daheim in dieser Vielfalt in keiner Botanikschau zu sehen sind. Die einzigen Säugetiere, auf die man stieß, waren Fledermäuse und halbwilde Bergziegen.

Unsere Konsulin ermöglichte es, daß die »Thor« eine »Goodwill-Reise« für dreißig portugiesische Jugendliche durchführen konnte, die in den lokalen Medien ein außerordentlich positives Echo fand. Uns freute es, einen Beitrag für die internationale Jugendarbeit geleistet zu haben.

Vor Porto Santo, der Nachbarinsel Madeiras, kam es zu einer interessanten Begegnung mit einem anderen traditionellen Segler. Es war die »Outlaw«, deren Silhouette wir im Gegenlicht am Horizont erspähten. Für den folgenden Tag wurde eine Regatta der beiden Segelschiffe von Porto Santo nach Madeira vereinbart. Anfangs sah es danach aus, als ob uns die »Outlaw« davonsegeln würde. Als Günter aber alle Segel setzen ließ, konnte die »Thor« bei kräftiger Backstagsbrise mehr und mehr Distanz wettmachen. Die Aufholjagd fesselte die gesamte Mannschaft. Hei, wie brachte das Spaß, unter einem sonnigen Himmel mit Vollzeug über das blaue Meer zu dahinzupreschen.

Auf der Ziellinie betrug unser Vorsprung sogar 1,3 Seemeilen. Ein Kamerateam des ZDF befand sich an Bord der »Outlaw«; sein Film über die die Arbeit mit straffällig gewordenen Jugendlichen wurde zwei Jahre später gesendet. Das gemeinsame Lagerfeuer unserer Crews erbrachte die Gelegenheit, in Einzelgesprächen mehr über das »Outlaw«-Jugendwerk zu erfahren. Es war sehr erfreulich festzustellen, daß der Umweltgedanke auf beiden Schiffen gepflegt wird, was wir dann zusammen beim Aufklaren des Lagerplatzes praktizierten.

Noch vom Regatta-Eifer des vergangenen Tages gepackt, wurden Überlegungen angestellt, die Segeleigenschaften der »Thor« zu optimieren. Alle befreundeten Mitsegler wurden sich darüber einig, es müßte die Abdrift unseres Schoners reduzieren, wenn der Lateralplan, d.h. die seitliche Unterwasserfläche durch eine Verlängerung des Kiels vergrößert werden würde. Allerdings sahen alle ein, dies bedurfte eines kostspieligen Umbaus in der Werft. Spontan erklärten sich viele Mitsegler zu einer diesbezüglichen Spendenaktion bereit, die am Ende der Winterreise – wie von Irma Klein, der Frau unseres Chiefs, buchhalterisch erfaßt wurde – fast 3.600 DM erbrachte. Damit waren die ersten Kielplatten für die im Jahre 1990 realisierte Tiefgangverlängerung gelegt worden. Unser Senior Rudolf Walter, der tüchtig mitgespendet hatte, schrieb während des Madeira-Törns ein lustiges Gedicht ins Gästebuch, worin es heißt: *...Es wäre doch sehr vonnöten, 'nen neuen Kiel mal dran zu löten... Und ist der Kiel in Kiel mal dran...*

Gleitschirmfliegen auf den Kanarischen Inseln. **Im Passatwind.**

Abb. linke Seite: »Tigris«-Crew-Treffen auf Teneriffa. German Carrasco, Thor Heyerdahl und Detlef.

Glückliche Heimkehr. Einlaufen in die Kieler Innenförde

Am 17. März verließen wir das gastfreundliche Madeira. Für den Rücküberführungstörn benötigten Kapitän Günter, begünstigt durch ausgezeichnete Winde, auf einer Strecke von nahezu 2 000 Seemeilen keine einzige Motorstunde – wenn man mal von der Revierfahrt vor Lissabon und Le Havre absieht. Wie Günter sich ausdrückte, meinte es Rasmus allerdings zu gut. Doch unser Vertrauen in die schon mehrfach erprobte Seetüchtigkeit unseres Schoners wurde erneut bestätigt. Die »Thor« hatte nicht den geringsten Schaden erlitten. Günter dankte seiner Crew von Herzen, daß sie das Schiff während der gesamten Winterreise in einem tadellosen Zustand gehalten hatte.

In Le Havre kam eine neue Crew, die künftige Stammbesatzung der Sommerreisen 1985, für einen Ausbildungstörn an Bord und brachte das Schiff nach Kiel. Dort wurde die heimkehrende »Thor Heyerdahl« Ende April im Schneetreiben vom Shantychor der Marinekameradschaft in Empfang genommen.

Die Kanarischen Inseln wurden in den folgenden Jahren trotz der abgebrochenen Rundreise 1985 wiederholt unser Fahrtrevier im Winterhalbjahr. Dank des Einsatzes des früheren deutschen Konsuls Harald Flick und seiner rührigen Mitarbeiterin Evelyn Jüptner konnten alle Genehmigungsprobleme gelöst werden, so daß wir unbelastet die Schönheit dieses einzigartigen Segelreviers genießen konnten. Selbst unser Senior in der Stammbesatzung Hein Heide hatte mit seiner lieben Frau Frieda an der Winterreise 1986/87 teilgenommen. Die beiden waren so begeistert, daß sie anschließend zwei neue Vorsegel spendeten, die wir *Hein* und *Frieda* tauften. Mit vollen Segeln ging es – wenn wir in den kanarischen Gewässern weilten – durch die sommerliche Inselwelt – geradeso, wie der Wind am günstigsten wehte. Wir kreuzten entlang der Ostküste Teneriffas bis Playa del Confital und um die Südspitze herum bis nach dem alten Fischerhafen Los Christianos, weiter nach San Sebastian de la Gomera. Der Wind wehte uns eine Nacht hindurch nach Nordwesten, bis im Morgengrauen die

Werftliegezeit in der Hauswerft

Wie jedes Jahr vor der Winterreise wird die «Thor» in Kiel-Gaarden auch 1991 generalüberhholt, instandgesetzt und neu gepönt.

dunklen Lavahalden La Palmas aus dem Meer auftauchten. In den Bodegas von Puerto de Tazacorte stärkten wir uns mit frischen Thunfischsteaks, flambierten Bananen und einem Vino tinto, holten uns einen Mini-Lavabrocken als Souvenir von der *Caldera de Taburiente,* einem der größten Senkkrater der Welt, und segelten über Santa Cruz de Tenerife weiter zur Halbinsel Jandia im Süden von Fuerteventura... Wir ankerten in Leeschutz an kilometerlangen, weißsandigen Traumstränden, badeten in türkisfarbenem Wasser und surften mit den mitgeführten Brettern entlang der Küste. Mit unseren Tauchgeräten verschafften wir uns einen Blick hinab in eine exotische Unterwasserwelt. Wir mieteten uns einen Landrover und fuhren über die weiten Ebenen entlang von hochgeschwungenen Wanderdünen zu entlegenen Palmen-Oasen. Wir segelten zu verschwiegenen Buchten der »Feuerinsel« Lanzarote, dem mit seinen bizarren Vulkanbergen wohl eigenwilligsten Flecken der Kanaren. 1991 hatten wir eine Gleitschirmfliegergruppe an Bord, die die Faszination des Segels mit der des Gleitschirmspringens verband. Viele Landschaftsgebiete auf den Kanarischen Inseln eigneten sich hervorragend zum Gleitschirmfliegen, einige Geländestellen wiederum erwiesen sich mit ihren tückischen Winden als sehr schwieriges Terrain. Die Schiffsführung konnte am Ende der Reise aufatmen, als die Ikarusjünger gesund und ohne Blessuren davongetragen zu haben nach Hause zurückkehren konnten. Im März 1991 konntenn wir in Los Christianos Dr. Thor Heyerdahl an Bord begrüßen. Wir nahmen den Anker auf und setzten die Segel zu neuen Ufern. Nur den Druck des Windes und das Wiegen der Wellen spürend, überkam uns zuweilen ein absolutes Gefühl von Freiheit, etwa wie es Lord Byron in seinem Korsaren-Epos *»The corsair«* mit Worten ausdrückt:

»Frei wie der Ozean und ohne Schranken durchfliegen wir das Meer mit den Gedanken; so weit der Wind uns trägt, die Wogen schäumen, so weit auch herrschen wir in seinen Räumen; sein grenzenloses Reich ist unser eigen...«

Die Reise in die alt

XI

»Anker auf!« »Heiß auf die Segel!« hallte es am Sonntagvormittag des 7. August 1988 über die Strander Bucht. Der Dreimast-Toppsegelschoner »Thor Heyerdahl« richtete seinen Bugsteven gen Osten. Mit voll entfalteten Segeln nahm er, den Kiel-Fehmarnsund-Weg benutzend, direkten Kurs auf Danzig. Der Beginn eines neues Kapitels im Fahrtenbuch der »Thor« konnte geschrieben werden: die erste deutsch-polnische Jugendreise. Unter den deutschen Mitseglern befanden sich acht junge Frauen und sechs junge Männer aus der Volksrepublik Polen, allesamt Mitglieder des »Yacht Klub Polski«. Die an diese Reise gestellten Erwartungen waren hoch gesteckt, zumal wir noch in einer Zeit der Berührungsängste zwischen »Ost und West« lebten. Politische Barrieren mußten überwunden werden; noch hing, wenn auch bereits bröckelnd, der »Eiserne Vorhang« inmitten Europas und trennte die Menschen der Ostblockländer und die der westlichen Welt voneinander. Es war in dieser Zeit für Segeltouristen nicht ohne weiteres möglich, eine Einreisegenehmigung nach Danzig zu erhalten. Nur in Ausnahmefällen erteilten die polnischen Behörden eine Sondergenehmigung zum Anlaufen des Danziger Stadthafens, dies

Hansestadt Danzig

Kennst du die Stadt am Bernsteinstrand?

Die erste deutsch-polnische Jugendreise führte 1988 in die Altstadt Danzigs. Ein Segeltörn für die Freundschaft, als es noch den »Eisernen Vorhang« zwischen Ost und West gab.

Großes Bild:
Die »Thor Heyerdahl« auf der Mottlau im Herzen Danzigs. Links im Bild: die Türme der St. Marien- und St. Johanniskirche.

Kleine Bilder:
Die »Thor« liegt vor der Langen Brücke in unmittelbarer Nähe des Krantors, dem markanten Wahrzeichen Danzigs. Hier war einst der berühmte »Peter von Danzig« zu Hause.

auch nur Mitte Juli anläßlich des *Festes des Meeres.* Ein wenig Aufgeregtheit an Bord der »Thor« ließ sich anfangs nicht verbergen, denn schließlich waren dieser Reise eine zeitige, sorgfältige Planung sowie komplizierte Abstimmungen von offizieller Seite vorausgegangen. Doch schon Jahre zuvor praktizierten vereinzelt deutsche und polnische Segler über die damaligen starren politischen Grenzen hinweg längst ihren Beitrag zur gegenseitigen Völkerverständigung, indem sie sich gegenseitig halfen und Einladungen aussprachen. Die ersten Beziehungen zu polnischen Seglern hatten die Vereinsmitglieder des ehemals in Danzig ansässigen Segelclubs »Meteor« aufgenommen, die Seglern aus Polen Ersatzteile für ihre Boote lieferten, die dort nicht zu beschaffen waren. Sie beglichen auch die Hafengebühren, wenn polnische Segler westdeutsche Häfen anliefen. Begonnen hatte es 1961, als eine via England kommende polnische Yacht völlig »abgebrannt« bei der Schleuse Kiel-Holtenau festmachte. Der frühere Kommodore des »Meteor«, Ulrich Haydasch, half der verzweifelten polnischen Crew aus ihren Nöten und erhielt postwendend eine Aufforderung, nach Danzig zu kommen. Doch von offizieller Seite wurde damals das Visa-Begehren der deutschen Segler

unter Nennung bürokratischer Formalien abgelehnt. Spontan rieten die polnischen Seglerfreunde den Westdeutschen, sie sollten einfach ohne Visa kommen und vor Ort einen Landgangsschein beantragen.
Gesagt, getan! Im Sommer 1962 steuerte Skipper Haydasch mit seiner »Thalata« die Danziger Bucht an, lief wagemutig in Gdingen ein und erklärte – wie übrigens vorher vereinbart -, die Yacht habe wegen einer Havarie einen Nothafen anlaufen müssen. Der Schiffsführer erhielt sofort die Erlaubnis, an Land gehen zu dürfen, die übrigen Crew-Angehörigen mußten sich allerdings fünf Tage lang in Geduld fassen, ehe auch sie frei in Richtung Danzig ausschwärmen konnten. Rasch wurden, insbesondere in geselliger Runde, die freundschaftlichen Bande fester geknüpft. Letztlich trug man an die »Meteor«-Yacht sogar der Wunsch heran, sich an einer dortigen Regatta zu beteiligen. Seit jenen Tagen erwiderten viele polnische Yachten den Besuch der Westdeutschen.
So war es möglich, daß der Verfasser im Jahre 1985 auf Einladung des Yachtclubs »Gryf« mit seiner Segelyacht »Kladau« seine Geburtsstadt Danzig anlaufen konnte. Damals wurden er und seine mitsegelnden Töchter noch beim Eintreffen von uniformierten Posten mit angeschlagenen Kalaschnikows empfangen. Über seine »Pionier«-Reise erschien ein vielbeachteter, großer Törnbericht in der *Yacht*-Zeitschrift. Die Segler hüben und drüben, die über das *mare balticum* zueinanderfanden, zählten zu den ersten, die während der Zeit des »Kalten Krieges« eine Brücke der Freundschaft schlugen.
Die Idee zur Danzig-Reise der »Thor Heyerdahl« wurde 1987 geboren, als der Kieler Dreimastschoner im Rahmen des *Sail Baltic Races '87* u.a. auch Gdynia anlief. 1987 war die »Thor Heyerdahl« der erste Großsegler, der unter der zivilen deutschen Bundesflagge segelte und für den eine offizielle Einladung der Stadt Gdynia vorlag. Die Visa für die Besatzung und Mitreisenden – mit von der Partie: zwei Dutzend Wetzlarer – waren ohne die damals übliche Devisen-Zwangsumtauschpficht im Verhältnis eins zu eins erteilt worden. Von Rønne kommend, umfuhr die »Thor« in gebotenem Abstand die Sperrgebiete bei Oxhöft und Hela und machte vom 31. Juli bis zum 4. August 1987 in Gdynia an der Museumspier neben den Segelschulschiffen der polnischen Handelsmarine fest. Ein militärischer Doppelposten zog an unserer Gangway auf. Das Einklarieren wurde zur wahren Prozedur. Nahezu den ganzen Tag über stiefelten Uniformierte der Militärkommandantur, Zöllner, Bevollmächtigte der Hafenbehörde und der Stadtverwaltung an Bord, kassierten die Reisepässe ein, überprüften die Visa und Mannschaftslisten. Wir waren das bestbewachte Schiff im Hafen.
Dann endlich erhielten wir die Pässe zurück, Landgang war möglich. Einige ältere Mitsegler kannten die Stadt noch als Gotenhafen. Schreckliche Erinnerungen kamen bei ihnen auf an die letzten Kriegstage im Frühjahr 1945, als sich hier unter dem Bombardement der vordringenden Rotarmisten die leidgeprüfte deutsche Zivilbevölkerung – meist Frauen und Kinder – zusammendrängte und verzweifelt versuchte, an Bord der letzten nach dem Westen fahrenden Flüchtlingsschiffe zu gelangen, um dem Inferno zu entkommen. Unsägliches menschliches Leid hatte sich auf diesen Hafenpiers abgespielt.

Am zweiten Tag unseres Aufenthaltes wurde eine neunköpfige »Thor-Heyerdahl»-Delegation vom Stadtpräsidenten im Rathaus empfangen. Gesten gegenseitiger Freude über den erstmaligen Besuch wurden sichtbar. Der Schiffahrtshistoriker Otto Malfeld überreichte ein Präsent in Form eines Kunstgußreliefs der Stadt Wetzlar sowie eine Briefnote seines Oberbürgermeisters.

Eine Stadtführung durch Gdingen schloß sich an. Unser deutschsprachiger Führer verstand es, mit kritischem Humor ein bemerkenswertes Bild seiner Stadt zu vermitteln. Er befaßte sich mit der Niederschrift eines Buches mit dem Titel »Geschichte und Schicksal der Einwohner Gdynias von 1939-1945«. Durch den nach dem Ersten Weltkrieg zustandegekommenen Friedensvertrag von Versailles erhielt Polen durch Landzuteilung den lang ersehnten Zugang zum Meer und baute in Konkurrenz zu Danzig den Hafen Gdingen aus. Deutschland war damit durch den *Polnischen Korridor* von seinen Ostgebieten getrennt, was zu ständigen Konflikten und schließlich zum 2. Weltkrieg führte. Unserem Stadtführer war sehr daran gelegen, einmal von deutscher Seite etwas zu erfahren und war deshalb sehr an den Erinnerungen einiger unserer älteren Mitsegler interessiert, die hier vormals gelebt hatten.

Am Montag, den 3. August 1987, erwartete uns ein dichtgedrängtes Programm. Die vorzüglich ausgestattete polnische Handelsmarine-Akademie wurde besichtigt. Es folgte ein Abstecher zum nahen Zoppot, dem einstigen deutschen Seebad von Weltruf. Dort im großen Kurgarten mit seinen herrlichen Kolonaden herrschte früher ein glanzvolles, weltmännisches Flair. Im »Grand Hotel« begegneten sich vor dem Kriege internationale Größen aus Kunst, Theater, Wirtschaft, Politik und Adel. In der berühmten Zoppoter Waldoper, einer auf bewaldeter Höhe liegenden Freilichtbühne mit beeindruckender Naturkulisse, wurden einst vor illustrem Publikum internationalen Ranges die Werke Wagners aufgeführt. Vom gesellschaftlichen Leben und den Glanztagen der »belle Epoque«, vom Treffpunkt der vornehmen Welt war im Zeitalter des Kommunismus' hier nichts mehr zu spüren. Wir gingen auf den berühmten Seesteg, einst rd. 600 Meter lang, an dessen Seeseite vormals Seebäderschiffe aus allen Ostseehäfen festgemacht hatten. Enttäuscht waren wir über die am Strand aufgestellten Badeverbotsschilder. Die Danziger Bucht war einmal das fischreichste Gewässer in der Ostsee, jetzt ist es – von zahlreichen eingeleiteten chemischen Abwässern verseucht – zur Kloake verkommen.

Gegen Abend regte sich einiges an Bord der »Thor«. Das Schiff wurde über die Toppen geflaggt. Unter dem aufgespannten Sonnenzelt wurde ein kaltes Büfett für einen festlichen Abend hergerichtet, dessen kulinarische Bestandteile in Kiel von dem STAG-Beauftragten Erwin Ehlers und dem bekannten Kieler Windjammer-Publizisten und Buchautor Lothar Lorenz mit an Bord gebracht worden waren. Auf dem festlich geschmückten Deck konnten dann Kapitän und Besatzung der »Thor Heyerdahl« ihre neu gewonnenen polnischen Freunde und einige Prominente begrüßen und ihnen ihrerseits für die erwiesene Gastfreundschaft ihre Referenz erweisen. Unter den Gästen, die sich allesamt auf der Pier der strengen Kontrolle durch die wachhabenden Soldaten unterziehen mußten, befanden sich die seinerzeitigen Stadtvizepräsidenten von Gdingen und

Hier hatte einst der erste hansische Dreimaster »Peter von Danzig« seinen Liegeplatz.

An der Stelle, wo die »Thor Heyerdahl« festmacht, war einst der alte Danziger Fischmarkt.

Mastsetzen auf dem »Peter von Danzig«

Danzig, einige Professoren der polnischen Handelsmarine-Akademie sowie die Präsidiumsmitglieder des »Yacht Klub Polski« nebst ihren Damen. Rundfunk und Fernsehen waren vertreten. Viele neue Kontakte konnten hergestellt werden, Möglichkeiten zur weiteren gegenseitigen Annäherung wurden ausgelotet. Bei dieser Gelegenheit erging die Einladung an die »Thor Heyerdahl« für den Besuch Danzigs.

Nach Kiel zurückgekehrt, bedurfte es zur Verwirklichung des deutsch-polnischen Jugendtörns nach Danzig der Unterstützung mehrerer Behörden und staatlicher Institutionen. Doch die Kummunikation riß immer wieder an der Grenze ab. Das bundesdeutsche Außenministerium wurde eingeschaltet und Kiels Oberbürgermeister mußte auf seinen Reisen zu Kiels Partnerstadt Gydnia Kurierdienste leisten, ehe alle Steine für die »Thor Heyerdahl«-Reise in den östlichen Machtbereich aus dem Wege geräumt waren. Schließlich wurden die Reisekosten für die mitsegelnden polnischen Jugendlichen vom Auswärtigen Amt in Bonn bezuschußt.

An Bord der »Thor« gestalteten sich die Verständigungsschwierigkeiten zwischen den Jugendlichen beider Nationen weniger schwierig, als dies zuvor bei den offiziellen Stellen der Fall war. Als Bordsprache diente Englisch. Der gemeinsame Borddienst schweißte die jungen Menschen rasch zu einer Mannschaft zusammen.

Kaum daß die »Thor« Fehmarn achteraus gelassen hatte mußte in der Mecklenburger Bucht penibel genau navigiert werden. Die damals noch existierende DDR (Deutsche Demokratische Republik) beanspruchte,

Das wiederaufgebaute Alt-Danzig 1988 mit den beiden Wahrzeichen, der Marienkirche und dem Krantor.

entgegen den internationalen Gepflogenheiten, vor ihrer Küste eine Zwölfmeilenzone als Hoheitsgewässer. Wir sahen ihre schwerbewaffneten Patrouillenkreuzer draußen, wie sie argwöhnisch jedem Schiff auflauerten. Wir hielten gebührenden Abstand zu ihnen. Die Erfahrung hatte gelehrt, daß mit den grauen Gesellen nicht gut Kirschenessen war und sie jedes Schiff in ihre Häfen abschleppten, welches innerhalb der vom ostdeutschen Staat kontrollierten Zone geriet. Ähnliche Scherereien konnte sich ein Schiff einhandeln, insbesondere ein aus dem Westen kommendes, wenn es in die polnischen Sperrgebiete gelangte. – Nach viertägiger vorsichtiger Fahrt mit erheblicher Verzögerung durch Flaute und Nebel lief die »Thor Heyerdahl« am Morgen des 11. August 1988 in die Fahrrinne nach Danzig ein. Von weitem schon grüßte der 76 Meter hohe, wuchtige Glockenturm der Pfarrkirche St. Marien, die größte Kirche im Ostseegebiet und eindringlichstes Wahrzeichen Danzigs, den von See kommenden Besucher.

Der Lotse wurde um 9 Uhr an Bord genommen, zwischen den beiden Molenköpfen fuhren wir in den Hafenkanal ein. Eine halbe Stunde später machte die »Thor« an der Zollstation zum Einklarieren fest, das diesmal zügig vonstatten ging.

Auf der linken Kanalseite passierten wir die Westerplatte, worauf 1939 die ersten Schüsse des Zweiten Weltkrieges abgegeben worden waren und wo sich heute ein monumentales Mahnmal erhebt, das leidvolle deutsch-polnische Geschichte symbolisiert. Bei der

Kanalbiegung von Neufahrwasser, das jetzt Nowo Port genannt wird, ging es ein Stück südsüdwestlich bis zum Holm, dann steuerte die »Thor« südlich durch den ehemaligen Kaiserhafen, überquerte die Tote Weichsel und fuhr langsam in die Mottlau hinein. Nach einer Flußbiegung nach Steuerbord erreichte wir die Altstadt von Danzig. Unser Blick fiel sofort auf das markante Krantor, das Wahrzeichen Danzigs. An der Mottlau-Ecke, die vormals *Am brausenden Wasser* hieß und am alten, über Danzigs Grenzen hinaus bekannten Fischmarkt liegt, machte die »Thor Heyerdahl« um 11.50 Uhr unter reger Anteilnahme der Bevölkerung fest. Auch einige deutsche Stimmen waren auf der Pier zu vernehmen, an der sonst weiße Ausflugschiffe liegen.

Beim anschließenden Landgang gerieten alle sofort in den einzigartigen Zauber, die diese prachtvolle, altehrwürdige Hansestadt bis in unsere Zeit ausstrahlt. Der Zweite Weltkrieg endete mit dem Untergang Danzigs und der Flucht und anschließenden Vertreibung der angestammten deutschen Bevölkerung, die 98 Prozent der Gesamtbevölkerung ausmachte. Der historische Stadtkern war nahezu vollständig zerstört worden. Aus den Trümmerfeldern, die der Krieg hinterlassen hatte, entstanden Gebäude mit den weithin berühmten Fassaden der alten Hanse- und Handelsstadt und geben wieder Kunde von der Kultur und Schaffenskraft sowie dem Schönheitssinn der alten Danziger. Ehrlicher Dank gebührt den polnischen Architekten, Bauhandwerkern und Restaurateuren, die das Herz Danzigs – wie es etwa zwischen Spätmittelalter und Renaissance ausgesehen hatte – der Nachwelt erhalten haben und sich mit dieser Wiederaufbauleistung Anerkennung und Lob verschafften.

Die stolze Hanse- und freie deutsche Stadt Danzig galt bis ins 20. Jahrhundert hinein als eine der bedeutesten Hafenstädte der Welt. In ihrer tiefbewegten Geschichte hatte sie ihr staatliches Geschick – mit Ausnahme als Freistaat unter Napoleon – immer frei bestimmen können. Die Mottlau war die Lebensader der Stadt. Unser erster Weg führte auf der Langen Brücke an ihrem Ufer entlang zum Krantor. Es wurde 1443 erbaut und diente dem Aufrichten von Schiffsmasten. Wie vieles andere auch, blieb davon im März 1945 nur eine Ruine übrig. Der Verfasser selbst kletterte als kleiner Junge über den Trümmerhaufen, der zwischen den beiden Turmstümpfen lag und hörte damals seine Mutter seufzen: »Ach, unser schönes Krantor.« – Am Krantor vorbei glitten einst die Danziger Kauffahrteischiffe die Mottlau entlang, löschten ihre Ladungen auf der Speicherinsel, die dem Krantor gegenüber liegt, und mehrten den Reichtum der Stadt. Hier ist auch die berühmte »Peter von Danzig« gefahren – die man wegen ihrer Kraweel (auch als Karweel bezeichnete)-Bauweise *»dat groote Kraweel«* nannte – und hatte am Krantor seine Masten aufgeriggt.

Als Danzigs Blütezeit begann, hatte der im 13. Jahrhundert entstandene Städtebund der Hanse – die mittelalterliche Handelsgemeinschaft der meisten norddeutschen Städte zur Wahrung ihrer Vorrechte im Ausland – seinen Höhepunkt bereits überschritten. Danzig, seit 1361 Mitglied der Hanse, löste sich vom Deutschen Ritterorden, erkämpfte sich im dreizehnjährigen Städtekrieg (1454-66) die Selbständigkeit und ging 1466 als souveräner Staat eine lose Personalunion mit dem polnischen König ein, die die Selbständigkeit der beiden Staaten nicht berührte, aber den Danziger Ratsherren Privilegien und Handelsvorteile einräumte, die sie zur Entfaltung ihres wirtschaftlichen Aufschwungs nutzen.

Danziger Ratsherren waren Kaufleute; unter ihnen gewann Danzig im 15. und 16.Jahrhundert an Geltung und Reichtum. Danzig zeigte England die Zähne, als dies hanseatische Vorrechte anzutasten wagte. Der Seekrieg der Hanse (1469-74) war eigentlich ein Seekrieg Danzigs gegen das Inselreich; bis auf die Begegnung 1916 im Skagerrak der einzige Seekrieg, den deutsche Schiffe gegen England ausgefochten hatten.

Die berühmte »Peter von Danzig«, das »große Kraweel«, kreuzte unter seinem waghalsigen Schiffshauptmann Paul Benecke gegen die Angelsachsen. Neujahr 1470 eroberte der Danziger Kaperkapitän das große englische Schiff »John of Newcastle«. Im März 1471 gelang dem Seehelden ein kühner Streich, als er den Lordmayor von London gefangen nahm. Die größte Heldentat, die seinen Namen in östlichen Landen Ruhm verschaffte, vollbrachte er, als er am 6. Juni 1473 die große Galleyde (Galeere) »S. Thomas« besiegte und kostbare Beute an die Ufer der Mottlau heimbrachte. Unter den Schätzen befand sich Hans Memlings Gemälde *Das jüngste Gericht.* Obwohl Papst Sixtus IV. Paul Benecke mit Kirchenstrafen belegte, gab der Rat der Stadt das Bild nicht heraus. Es schmückt heute wieder das Innere der wuchtigen St. Marienkirche und ist das kostbarste Kunstwerk der Stadt. Nach dem großen Beutezug Paul Beneckes bequemte sich England, den Frieden von Utrecht zu schließen und der Hanse alle Privilegien zu bestätigen. Für weitere hundert Jahre hatte Danzig seine Vormachtstellung erkämpft.

Die Danziger Kaufmannstadt gewann frühe Bedeutung als Holz- und Getreidehafen. Als die Türken 1453 Konstantinopel eroberten und die Dardanellen sperrten, konnte das ukrainische und südrussische Getreide nicht mehr über den Bosporus ins Mittelmeer gelangen. Dadurch war Westeuropa auf die preussischen Kornkam-

Die »Thor Heyerdahl« mit deutsch-polnischer Crew 1988 in Danzig.

mern und die Kornzufuhr über die Weichsel angewiesen. Tiefbeladene Schuten brachten aus dem Hinterland der Flüsse Bug und Narew das Getreide heran, das in Danzig auf Koggen umgeladen und weiterverfrachtet wurde. Die Hansestadt an der Weichselmündung wurde die Pforte des Getreide- und Naturprodukteexportes für das Abendland. Von Danzig kam auch das meiste und beste Schiffsbaumaterial für westeuropäische Länder. Die Hölzer wurden über die Weichsel geflößt und über Danzig nach Westen verschifft. Holz benötigte England für den Schiffsbau und ebensosehr Spanien für den Aufbau seiner Armada. Mehr als aus allen Tannenbeständen des Oberrheins, der böhmischen Wälder die Elbe abwärts oder aus Südnorwegen zusammen geliefert werden konnte, kam von Danzig. In der »Ballade vom Weichselland« von H.G. Siegler heißt es:

Es zogen einst Schuten und Flöße / durchs goldene Weichselland - / mit Weizen und Holz beladen, / von Flissaken fleißiger Hand. / Für Englands Flotte die Masten, / das Brot für Portugals Tisch, Flachs für die Segel Venedigs, / für hansische Küchen den Fisch. / Und zurück aus der Koggen Bäuche, / von Spanien, vom Rhein und der Pfalz / floß in die Speicher und Kähne / Wein, Öl, Gewürz und Salz. / Britanniens Herrscher begehrten, / wie Kastilien, Brügge und Gent, / das Harz der Vorzeit – den Bernstein – / den man Gold der Ostsee nennt.

Vom Krantor aus gingen wir ein paar Schritte weiter und schauten in die malerische Frauengasse, wo heutzutage Souvenir Läden in den Souterrains Bernsteinware feilbieten. Vor den Patrizierhäusern werden die einzigartigen Beischläge bewundert, jene terrassenartigen Vorbauten mit sandsteinernen und marmornen Brüstungen und kunstvollen schmiedeeisernen Verzierungen, die einen einmaligen atmosphärischen Reiz auf jeden Besucher ausüben.

Bei der »Grünen Brücke«, die über die Mottlau zur Speicherinsel führt, durchschritten wir das »Grüne Tor« und gelangten auf den »Langen Markt« und das alte Haupt- und Geschäftszentrum, die »Langgasse«, die jahrhundertelang das Forum Alt-Danzigs war. In der alten Rechtstadt gab es nur Gassen, die Bezeichnung Straße ist deshalb nicht angebracht. Wir verweilten vor dem Rechtstädtischen Rathaus mit seinem schlanken

Danzig, Langgasse mit Blick auf das Langgasser Tor und Stockturm – einst Herzader im alten Danzig, heute Touristenattraktion.

Turm, der sich wieder in einstiger Schönheit erhebt. Wir konnten einen Blick in seine festlichen, prunkvollen Säle hineinwerfen, wo einst die Gesandten der europäischen Mächte empfangen worden waren.

Neben dem zwischen 1380 und 1492 errichteten Rathaus befindet sich der Artushof, 1477 gotisch vollendet und 1617 barock überbaut, vormals prachtvolle Trinkhalle der Bürger höherer Stände und seit 1742 als Börse genutzt, ein Zeugnis des wirtschaftlichen Wohlstandes der Stadt. Vor dem Artushof befindet sich der 1633 aufgestellte Neptunsbrunnen, auf dem »Oll' Neptun« – Sinnbild der Stadt am Meer – über unseren Häuptern den Dreizack schwingt.

Wir schritten die wiedererstandenen Fassaden der Alt-Danziger Bürgerhäuser ab und bestaunten das »Uphagenhaus«, das in seiner Fassadenfront und Einrichtung vollständig erhalten geblieben ist und das lebensvollste Bild Danziger Wohnkultur wiederspiegelt. Die Langgasse ist immer noch die gute Stube Danzigs.

Es gab für die »Thor«-Leute noch so vieles zu schauen: das Zeughaus von 1605, der bedeutendste Spätrenaissancebau im Ostseeraum, die beeindruckende, 1502 vollendete Marienkirche, die vielen trutzigen Tore, die schmalen, giebelgeschmückten Häuser in den Gassen, die schweren, reichverzierten Haustüren, die alte Schänke *Der Lachs,* wo es den weltbekannten Likör mit echten Goldflittern wieder gibt – das *Danziger Goldwasser.* Der Tourist kommt voll auf seine Kosten. Ein Wermutstropfen ist jedoch vorhanden: Das pulsierende geschäftliche und gesellschaftliche Leben von früher ist aus der Altstadt verschwunden. Die Kopie des alten Danzigs ist ein attraktives Freilichtmuseum für Schulklassen und Besuchergruppen geworden.

Namhafte Leute wandelten einst in den Gassen, darunter Kopernikus, Schopenhauer, E.T.A. Hoffmann, Max Halbe, Hevelius... In Danzigs Stadtmauern entstanden einige wesentliche Werke Joseph von Eichendorffs. Mit dem Blick zu den Türmen der Stadt, zum Meer und der geschwungenen Linie der Danziger Bucht gab er seine Empfindungen in der Ode auf Danzig wieder

Dunkle Giebel, hohe Fenster...
Nur des Meeres fernes Rauschen...
Und der Türmer wie vor Jahren
Singet ein uraltes Lied.
»Wolle Gott den Schiffer wahren,
Der bei Nacht vorüberzieht!«

Am nächsten Tag fuhr die »Thor Heyerdahl«-Besatzung nach Oliva zur Besichtigung der dortigen Kathedrale, in der ein Orgelkonzert gegeben wurde. Anschließend ging es nach Zoppot, das im Vorjahr schon besucht wurde. Das Ostseegewässer ist dort immer noch biologisch tot – und wird es wohl lange, lange Zeit bleiben.

Auf dem Rückweg wurde die *Leninwerft* besucht. Danzig war nicht nur Handelsmetropole, sondern seit jeher auch Schiffsbauzentrum des baltischen Meeres. Die Schiffsbautradition reicht bis ins 14. Jahrhundert zurück. Als erste neuzeitliche Großwerft an der Weichsel hatte sich 1827 die *Klavitter-Werft* angesiedelt. Die *Danziger Werft* entstand aus der vormals *Königlichen Werft,* dann *Kaiserlichen Werft.* 1890 verlegte die *Schichauwerft* von Elbing nach Danzig. Auf dem ehemaligen Werftgelände bauten die Polen nach dem Kriege die Werft *Stocznia Gdanska,* die gegen den Willen der Beschäftigten den Namen *Leninwerft* erhielt. Drei Anker auf den Querbalken von drei über 40 Meter hoch errichteten Metallkreuzen symbolisieren die politisch unruhigen Jahre 1956, 1970 und 1976, als die Werftarbeiter ihren im Westen vielbeachteten Freiheitskampf

ausgefochten hatten. Seit dem erreichten Umschwung in Polen, der von hier ausgegangen war, heißt die Werft ab Januar 1990 wieder *Stocznia Gdanska.*
Abends wurde ein Empfang an Bord der »Thor« für 60 geladene Gäste gegeben. Bei Obstkuchen und »kalten Platten« fanden Polen und einheimische Deutschstämmige zusammen und ergingen sich in interessanten Gesprächen. In der lockeren Runde konnten auch Alt-Danziger und Neu-Danziger ohne jegliche Polemik offen miteinander reden. Die Landkarte hat sich nach dem Kriege verändert. Die erste Generation der neuen Einwohner Danzigs war 1945 aus Ostpolen, den wieder an die Sowjetunion angegliederten Gebieten, hierher umgesiedelt worden, als es aufgrund des *Potsdamer Abkommers* zur territorialen Westverschiebung des Polnischen Staates kam. Davor war Danzig jahrhundertelang deutsch geprägt. Beides gehört zur nüchternen Einschätzung des Gewordenen und Gewesenen und muß gegenseitig anerkannt werden – von den Deutschen und von Polen. Mit der Denkmalpflege haben die Polen ein Erbe übernommen, mit dem sie umzugehen wissen, das auch von allen gewürdigt wird. Danzig und der Danziger Raum sind eingebettet in die glanzvolle und leidvolle Geschichte des Nordostens. Heute, da Europa zusammenfindet, kommt die Hoffnung auf, daß aus den geschichtlichen Erfahrungen Gemeinsamkeiten für eine bessere Zukunft erwachsen. Die Hoffnung bleibt, daß Danzig seine in bewegten Jahrhunderten erprobte Vermittlerrolle zwischen 0st und West wieder erfüllen kann. Das friedliche, abendliche Bild unseres Dreimast-Toppsegelschoners auf der stillen Mottlau gab dazu berechtigten Anlaß.

Von links: Heinz-Herrmann, Detlef, Henning, Hein

Am letzten Tag unternahm die »Thor«-Mannschaft eine Busfahrt zur Marienburg. Die imposante Wehranlage an der Nogat, vom Deutschen Ritterorden 1274-1318 im Stil der Backsteingotik erbaut und ehemals Sitz des Hochmeisters des Deutschen Ordens, wurde gegen Ende des Zweiten Weltkrieges insbesondere im Südflügel der Hochschloßseite stark in Mitleidenschaft gezogen. Nach der Restaurierung – man sah deutlich die Ausbesserungen im Dachstuhl – drängen sich täglich staunende Besucherschlangen durch das Labyrinth zahlloser Kreuzgänge und Remter. Die Burgmauern atmen Geschichte und beherbergen heutzutage neben Ausstellungen zeitgenössischer polnischer Kunst auch eine interessante Bernsteinsammlung.
Auf Wunsch unserer Gruppe machte der Busfahrer auf der Rückreise noch einen Abstecher an die Bernsteinküste bei Heubude. Nur wenig Touristen wurden angetroffen. Etwas vom »Gold der Ostsee« fanden wir nicht am Strand. Dafür ließen wir uns die an den Holzbuden feilgebotenen Räucherflundern gut schmecken.
An Bord zurückgekehrt, hieß es Abschied nehmen von der Stadt am Bernsteinstrand. Gegen 19 Uhr kam der Lotse an Bord. Bei untergehender Sonne drehten wir mit Schlepperhilfe vor dem Krantor und liefen mit langsamer Fahrt die Mottlau hinaus. Das Ufer war überfüllt mit Menschen, die uns zuwinkten und Tücher schwenkten. Das Typhon der »Thor Heyerdahl« grüßte mit »drei mal lang« und »einmal kurz«.
Als wir um 22 Uhr die Gaffel- und Vorsegel setzten, merkten wir schon, was auf uns zu kam. Am nächsten Tag wehte es aus West mit Windstärke 8. Gegenanknüppelnd erreichten wir in der Nacht zum Dienstag, dem 16. August 1988, Bornholm und legten uns vor Neksö vor Anker. Nachdem eine gemeinsame Radtour über die Hügel Bornholms unternommen worden war, ging es mit dichtgeholten Schoten weiter in Richtung Kiel. Am Freitag, dem 19. August, machte die »Thor« am Bahnhofskai in Kiel fest. Um 11.50 Uhr wurde die Reise gen Osten mit einem Glockenschlag beendet. Die Mission der Reise war erfüllt. Die geschlossenen Freundschaften zwischen jungen Deutschen und Polen sollten durch Briefwechsel gefestigt werden. Die tolle Stimmung hatte die gesamte Reise über gehalten, wenn auch der Abschied voneinander traurig stimmte. Für alle Beteiligten war es das Ost-West-Erlebnis schlechthin.

XII

Kapitän Günter und der »Troubadour der Seefahrt« Freddy Quinn, als die »Thor« vom 3. bis 7. Mai 1989 zur 800-Jahr-Feier im alten Segelschiffhafen in Hamburg lag.

Aus dem Gästebuch

Viele illustre Gäste fuhren auf der »Thor« mit, so SHMF-Star Justus Franz und der spanische Gouverneur der Kanarischen Inseln im Juli 1986.

»Nimm mich mit Kapitän auf die Reise…« Die bekannte Fernsehansagerin Heidrun von Gössel einmal anders – als singende Seemannsbraut.

Das beliebte »Dreigestirn von der Waterkant« kam zum Hamburger Hafengeburtstag im Mai 1989: der waschechte Kieler Jung' Heinz Reincke, die Volksschauspielerin Heidi Kabel und Freddy.

der »Thor Heyerdahl«

Der Ministerpräsident des Landes Schleswig-Holstein Björn Engholm kam mit Fräulein Tochter während der Kieler Woche 1989 an Bord.

Rita Süssmuth, damals Bundesgesundheitsministerin, segelte Juni 1986 mit uns unter dem Motto »Gesundheit auf dem Wasser«.

10 Jahre
an
Kieler

eilnahme er Woche

Vorschiff

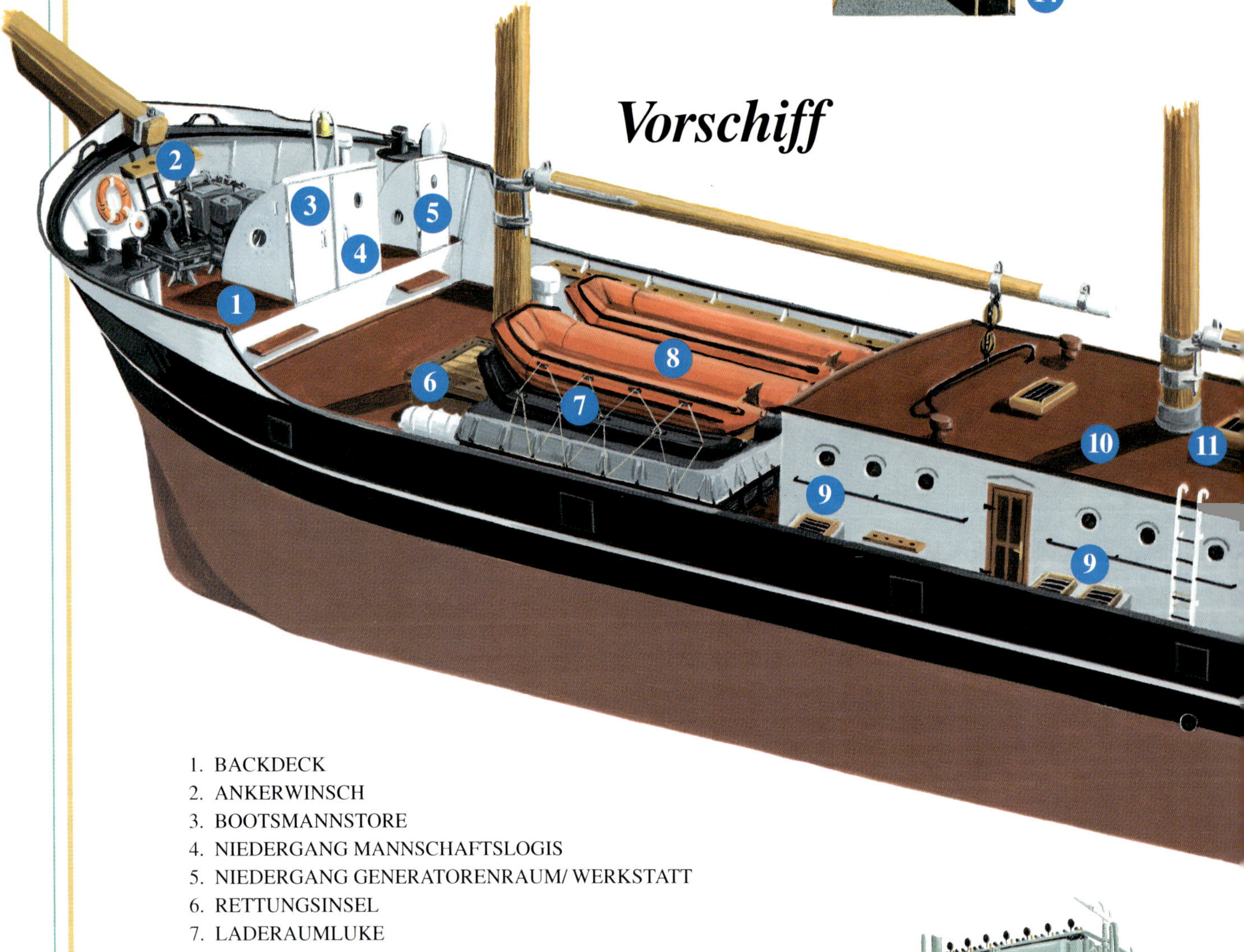

1. BACKDECK
2. ANKERWINSCH
3. BOOTSMANNSTORE
4. NIEDERGANG MANNSCHAFTSLOGIS
5. NIEDERGANG GENERATORENRAUM/ WERKSTATT
6. RETTUNGSINSEL
7. LADERAUMLUKE
8. BEREITSCHAFTSBOOTE
9. KABINENSKYLIGHT (OBERLICHT)
10. DECKHAUS
11. KOMBÜSENSKYLIGHT
12. SKYLIGHT KAMMERN BB., STB. UND MITTELGANG

13. HAUPTDECK
14. KABINE
15. KOMBÜSE
16. NIEDERGANG MESSE
17. POOPDECK
18. MASCHINENRAUMSCHACHT
19. HAUPTMASCHINE
20. NIEDERGANG NAVIGATIONSRAUM, SALON
21. KOMPASS-SÄULE
22. STEUERSTAND
23. RUDERKASTEN
24. BACKSKISTE
25. SKYLIGHT SALON
26. SKYLIGHT KAPITÄNSKAMMER
27. DAVIT
28. RUDER

Mittelschiff

Achterschiff

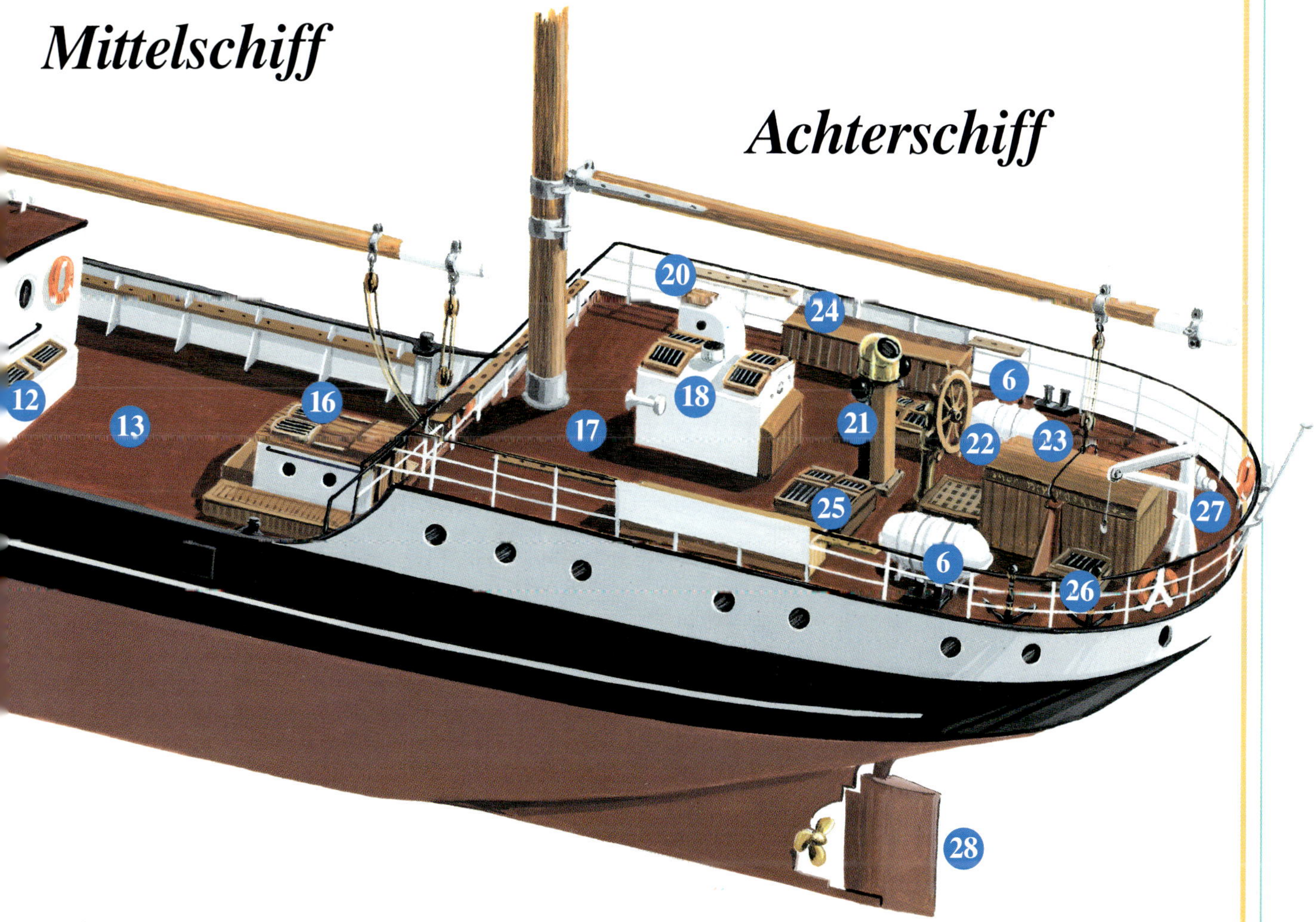

Kolumbus zu Ehren brach 1992 eine gewaltige Windjammer-Flotte nach Amerika auf. Die »Thor Heyerdahl« war vor ihr da.

XIII

1992 wurde in Genua die erste Etappe der »Kolumbus-Regatta« gestartet. Über 100 Segler, darunter 30 der berühmtesten Windjammer unserer Tage, stellten sich im südspanischen Hafen Cadiz ein, um an einer Transatlantik-Wettfahrt teilzunehmen, wie sie die Welt in diesen gewaltigen Ausmaßen bisher noch nicht gesehen hatte. Die »Gran Regata Colon« führte zuerst zu den Kanarischen Inseln und von dort in die Karibik nach Puerto Rico. Am 4. Juli, dem amerikanischen Nationalfeiertag, erreichte die Nostalgiearmada die Bay von New York, um den Hudson River hinaufzusegeln. Höhepunkt der langen Reise auf der Schiffsroute der Vergangenheit war schließlich das Defilee der Großsegler vor der berühmten Skyline von Manhattan. Mit der Parade of Sails erinnerten sie eindrucksvoll an die Entdeckung Amerikas durch Kolumbus vor 500 Jahren. Aber bevor dort das große Inszenario der Flottenparade zu Ehren des Entdeckers mit all seinem begleitenden Jubel und Trubel stattfinden sollte, hatte im Jahre 1992 bereits die aus Kiel stammende »Thor Heyerdahl« an gleicher Stelle Flagge gezeigt.

Es stand der »Thor Heyerdahl« nicht an, im Jahr der fünfhundertsten Wiederkehr der Entdeckung Amerikas unbedingt an den Jubiläumsfeierlichkeiten teilnehmen zu müssen. Für diesen Entscheid des Vereinsvorstandes war neben organisatorischen Gesichtspunkten ein moralischer Aspekt von ausschlaggebender Bedeutung. Hinsichtlich der häufig gestellten Frage, warum unser Windjammer nicht bei der Kolumbus-Regatta gesehen wurde, äußerte sich Kapitän Günter im nachhinein: »Hierfür gab es drei Gründe: Wir hatten für das Frühjahr 1992 schon etliche Schülergruppen, die aus Kostengründen nicht an einer Fernreise teilnehmen konnten, auf Ostseereisen mitgenommen. Einen Sponsor, der für alle notwendigen Flug- und Reisekosten aufgekommen wäre, gab es bei uns nicht. Drittens bin ich der Meinung, daß wir an der großen Feier zu Ehren Kolumbus' nicht mit gutem Gewissen hätten teilnehmen können, da wir in dem Gedanken der Freundschaft und Völkerverständigung auf der »Thor Heyerdahl« miteinander segeln. Die Eroberung Hispaniolas vor fünfhundert Jahren geschah in unmenschlichster Art durch Raub, Mord und Unterdrückung. Eine Teilnahme an den Feierlichkeiten hieße für uns, den unheimlichen Preis, den Tausende von Eingeborenen mit ihrem Leben bezahlen mußten, zu ignorieren.« – Stellen wir der Amerikareise der »Thor« im Jahre 1992 einen kleinen geschichtlichen Diskurs voran:

Am 3. August des Jahres 1492 war unter dem Kommando des geadelten Großadmirals Don Cristoforo Colombo eine Dreierflotte, bestehend aus der Karacke »Santa Maria« sowie den Karavellen »Pinta« und »Nina«, von Palos zu einer waghalsigen Reise von weltgeschichtlicher Bedeutung ausgelaufen. Die von Isabella I. von Kastilien hinausgeschickten Schiffe waren, bezogen auf heutige Größenverhältnisse, geradezu Nußschalen und nur mit einfachem nautischen Gerät ausgestattet. Sie erreichten nach sechs Tagen Gomera, eine der Kanarischen Inseln. Um die stetigen ozeanischen Winde besser ausnützen zu können, ließ dort Kolumbus auch bei der »Nina« die Latiner- durch Rahsegel ersetzen. Die »Pinta« indes war schon vor der Ausreise als Rahkaravelle umgetakelt worden. Am 6. September nahmen die drei Schiffe Westkurs nach Indien.

Schon die Pythagoräer hatten von der Kugelgestalt der Erde gewußt. 300 Jahre vor Christi hatte Eratosthenes von Alexandria den Umfang der Erdkugel auf 39 690 km berechnet. Doch Kolumbus kannte nur das im Mittelmeerraum gebräuchliche astronomische Lehrbuch des Ptolemäus, in dem 28 350 km angegeben waren. Zu jener Zeit gab die vom florentinischen Gelehrten Toscanelli an den König von Portugal gesandte Weltkarte Anstöße zu Seefahrten nach Indien. Seit der Venetianer Marco Polo über den unsagbaren Prunk Indiens, von sagenhaften Schätzen des Fernen Ostens und von der Goldinsel Zipangu, dem heutigen Japan, berichtet hatte, wollte man die fernen, Reichtum verheißenden Quellen auf leichtere Weise als über den beschwerlichen, zeitraubenden Landweg erschließen, und das hieß: über den Seeweg. Während die Portugiesen den Weg in östlicher Richtung um Afrika herum suchten, beabsichtigte Kolumbus für Spanien – wie heute jedermann weiß – auf westlichem Wege Indien zu erreichen. Der »Irrtum des Kolumbus« bezieht sich auf die Berechnung der Entfernung zwischen Gomera und der Ostküste Asiens (Indien). Kolumbus vertraute auf den Wissensstand seiner Zeitgenossen und ahnte nicht, daß man den Erdumfang um rund 25 Prozent zu klein einschätzte. Folglich setzte er für einen Längengrad auf dem Äquator nur 45,3 Seemeilen ein. Da er jedoch auf einem kleineren Breitenkreis segelte, rechnete er mit einem Wert von 40 Seemeilen. Nach seiner Definition hätte er 60 Längengrade à 40 Seemeilen, also insgesamt 2400 Seemeilen segeln müssen, um auf die Küste Asiens zu stoßen. Er landete jedoch nach 36 entbehrungsreichen Tagen und rund 3500 Seemeilen Fahrt über das offene Meer an den Gestaden jenes Eilandes Guanahai, das wir heute zu dem Antillenstaat San Salvador zählen, und wurde späterhin als der Entdecker der Neuen Welt bezeichnet. Dem Irrglauben Kolumbus', mit seinen Schiffen vor »Indien« zu liegen, verdanken die Indios und Indianer ihre Namen. Die Ehre, Namensgeber eines neu entdeckten Kontinents zu werden, ward Kolumbus nicht zuteil, diese widerfuhr vielmehr dem Genuesen Amerigo Vespucci, der 1499 bis 1501 zweimal Seereisen gen Westen unternahm.

Damit setzte die große Invasion aus der Alten Welt über den Atlantik ein, die letztlich die fast ausschließliche Ausrottung der einheimischen Indianer zur Folge hatte. Spätestens in den drei Jahrzehnten zwischen 1860 und 1890, als in manchen Jahren über eine halbe Million Einwanderer über New York in die USA hineinschwemmten, schnelle Dollars und Reichtum im Sinn, der Druck der weißen Population gen Westen kulminierte, wurden Zivilisation, Kultur und Identität der nordamerikanischen Indianer nahezu ausgelöscht.

Im Jahr der großen Kolumbusfeiern schien manches vergessen und in die Versenkung geraten zu sein; auch, daß der Wikinger Leif Erikson, Sohn Erik des Roten, längst bevor der berühmte Seefahrer im Dienste der spanischen Krone seiner spätmittelalterlichen Zufallsentdeckung zusteuerte, den amerikanischen Kontinent betreten hatte. Vor ihm, so ist verzeichnet, kam Bjarne Herjolfson hinüber, als sein Schiff sich im Nebel verirrte. Ohne die unbekannte Küste betreten zu haben, kehrte er heim und verkaufte sein Schiff an Erikson. Für die Nordmänner, die an der Südwestküste Grönlands Kolonien gegründet und um 874 Island besiedelt hatten, war es mit ihren offenen Langschiffen quasi nur ein Katzensprung hinüber nach Neufundland gewesen. Ihre handgeschriebenen Sagas bezeugen, dies geschah um das Jahr 1000. Einige Nachkommen Eriks, so auch seine Tochter Freydis, siedelten vorübergehend an den bewaldeten Küsten und nannten das Gebiet »Vinland«.

An der Nordspitze Neufundlands fand man die Grundmauern der typischen Wikingerwohnstätten. Und unter abgelagerten Torfsoden ließen sich Überbleibsel eiserner Türnägel und Spinngerätschaften aus norwegischem Speckstein nachweisen; den Indianern war weder Eisen bekannt noch eine Spinnhaspel. Da die Wikinger gekommen und wieder fortgezogen waren, blieb ihre Kurzvisite unbeachtet und für den Lauf des Weltgeschehens ohne jegliche Auswirkung.
Hatte nicht König Christian von Dänemark auf Anforderung des Königs von Portugal bereits zwei Jahrzehnte vor Kolumbus drei Karavellen hinausgesandt, um, den alten Seewegen der Nordmannen folgend, neue Inseln und Lande aufzusuchen und – ebenso wie Kolumbus die Seeverbindung von Westen her nach Indien zu finden? Sie landeten an der Labradorküste, kamen bis südlich Neufundlands und – man beachte (!) – sowohl Expeditionsleiter und sein Pilotus (Steuermann) waren zwei Norddeutsche gewesen, nämlich Didrik Piening aus Kiel und sein Kompagnon Hans Pothorst aus Hamburg. Noch bevor Kolumbus zurückkehrte, waren auf Martin Behaims Erdapfel die Pieningschen Neuentdeckungen südlich von Grönland aufgezeichnet worden. Hatte demzufolge etwa Kolumbus, der sich auch mal Colombo, Colom, Colomo oder Colon schimpfen ließ, davon Kenntnis? Hatte er vielleicht den Weg nach Amerika von der Seekarte eines Kieler Schippers abgekupfert? Wie ist es zu erklären, daß Kolumbus sich rühmte, über eine genaue Karte zu verfügen? Und schrieben ihm nicht nach seiner Rückkehr Isabella und Ferdinand von Spanien: »Uns scheint, daß sich alles, was zu erreichen Ihr uns anfangs versichert habt, zum größten Teil als wahr erwiesen hat, so als hättet Ihr es gesehen, bevor Ihr uns davon berichtet habt.« Im Jahre 1477 hatte Kolumbus, von Thule, den Faröern und Island kommend, den Hafen von Lissabon angesteuert. Sollte gar der große Kolumbus ein Mann aus dem Norden, ein Schleswig-Holsteiner gewesen sein, und die schnöde Welt kennt seinen wahren Namen nicht?
Doch Moment mal! Wer entdeckte eigentlich wen?
Wenden wir uns doch an dieser Stelle der These des uns vertrauten Ethnologen Thor Heyerdahl zu, der sich anschickte, der Welt und allen Historieninterpreten vor Augen zu halten, daß es bereits vor der Conquista transatlantische Beziehungen gegeben haben könnte. Es konnte den Phöniziern gelungen sein, zwischen 1200 und 400 v. Chr. den Atlantik auf der kleinstmöglichen Distanz zwischen Marokko und Barbados zu überwinden. Damit war Heyerdahl einem der größten Rätsel der Völkerkunde auf der Spur. Die spanischen Konquistadoren wie Cortez und Pizarro nämlich, die nach Kolumbus kamen und über die mesoamerikanischen Indianer herfielen und ihnen Gold und Leben raubten, waren auf kenntnisreiche Menschen gestoßen, die ein eigenes Schreibsystem besaßen und in Büchern aus Papier lasen, deren Kalender präziser angelegt war als derjenige, der aus der Welt des Kolumbus' stammte. Sie unterhielten Schulen und Observatorien, in denen sie Heilkunde, Architektur und Geschichte lehrten, und ihre Web-, Keramik- und Goldschmiedekünste kamen der damaligen Qualität der Alten Welt gleich. Viele der hochentwickelten Kulturerzeugnisse glichen auf frappierende Weise denen aus der ägyptisch-phönizischen Altertumswelt. Gerade den Phöniziern – sie lebten seit dem dritten vorchristlichen Jahrtausend an der Küste des heutigen Libanons und Israels und breiteten sich im Mittelmeerraum bis an die Atlantikküste aus – ist es zuzutrauen, daß sie aufgrund ihres Vermögens im Schiffbau und Handwerk sowie ihrer astronomischen Kenntnisse weite Seereisen zurücklegten.
Von den Azteken weiß man, daß sie erst um 1000 n. Chr. nach Mexiko kamen. Die Mayas wanderten 700 Jahre vor ihnen ins spätere Südmexiko- und Guatemalagebiet. Da die Kultur der Phönizier 400 Jahre vor unserer Zeitrechnung ihr Ende fand, können die Azteken und auch die Mayas nicht mit den Phöniziern direkten Kontakt gehabt haben, aber es gab ihre Vorgänger: die Olmeken, die die erste Hochkultur Mittelamerikas schufen. Könnten diese mit den Phöniziern in Verbindung gekommen sein? 1517 erfuhren die Spanier von den Azteken, lange Zeit vor ihnen seien bereits hellhäutige und Bärte tragende Männer über eine weite Entfernung übers Meer zu ihnen gestoßen. Sie waren ihren Ahnen freundlich gesonnen und hatten ihnen viel Gutes zuteil werden lassen. Bei ihrer Abreise hätten sie gegenüber ihren Vorfahren das Versprechen abgegeben zurückzukehren. Und so ist erklärbar, warum die Azteken die Spanier, ehe sie deren räuberische Absichten erkannten, für die zurückgekommenen Gottgestalten hielten und ihnen anfanglich in freundlich-demutsvollen und sogar unterwürfigen Gesten gegenübertraten. Den Spaniern berichteten die Azteken, die hellhäutigen und bärtigen Männer seien in langen Gewändern über den Atlantik gekommen und hätten sie im Bau von Pyramiden unterrichtet. Zudem stellten die aus der Vorzeit der Inkas gefundenen Steinstatuen und goldenen Figuren den Sonnenpriester Kon-Tiki-Viracocha ebenfalls mit gegürteten und bis zu den Sandalen hinabreichenden Roben dar. Das verwirrte die Spanier anfänglich so sehr, daß sie annahmen, ein Apostel aus dem Heiligen Land, gar der Heilige Thomas, wäre vor ihnen nach Amerika gekommen.
Wiederum schickte sich kein Geringerer als der Norweger Heyerdahl an, Beweise für die Theorie zu lie-

fern, die Ureinwohner Amerikas könnten von mediterranen Kulturen direkt beeinflußt worden sein. Abermals entschloß er sich zu einer abenteuerlichen Reise über das Meer, in diesem Falle über den weiten Atlantik.
Nach phönizischen Gemäldevorlagen ließ er von am Tschad-See lebenden Budumas-Bootsbauern zweihunderttausend Papyrusstauden aus äthiopischen Regionen mit Naturseilen zu einem Floß zusammenschnüren und mit einem Segel ausstatten: der 15 Tonnen schweren »Ra«. Mit sechs Gefährten begab er sich am 25. Mai 1969 vom marokkanischen Safi aus auf die gefahrvolle, nahezu 6500 Kilometer lange Reise. Während der drei Monate dauernden Überquerung des atlantischen Ozeans ernährten sie sich – wie vor einigen tausend Jahren üblich – von in 160 Amphoren mitgeführtem Dörrfleisch sowie von Fisch, Öl, Honig, Käse, Feigen und Datteln. Doch schwerste Sturmschäden ließen den ersten Versuch 600 Meilen vor dem Erreichen der Karibik scheitern. Als Achterwellen die »Ra« überrollten, rissen die Laschings, so daß der gewölbte Bugbogen allmählich untertauchte und sich im Sturm aufzulösen drohte.
Der Wikinger der Forschung gab nicht auf, sondern ließ die »Ra II« von bolivianischen, am Ufer des Titicaca-Sees ansässigen Aymara-Indianern bauen, die dort diese Art der Bootsbaukunst in tausendjähriger Tradition betreiben und immer noch mit Schilfrohrbooten, den sogenannten Totoras, ihren See befahren. Sie fertigten die neue »Ra« nicht aus vielen kleinen Papyrusbündeln, sondern aus einer geringen Anzahl großer Rollen. Außerdem wurden Bug- und Heckbogen durch Seilzurrungen gesichert.
Am 17. Mai 1970, ein Jahr nach dem ersten Versuch, stach Heyerdahl mit sieben Kameraden und der neun Meter langen »Ra II« wiederum von Safi aus in See. Als sie die Kanarischen Inseln passierten, hatten die langen, dreieckigen Papyrushalme große Wassermengen absorbiert. Wegen der nachlassenden Tragfähigkeit des Papyrus' mußten sie vom nunmehr hoffnungslos überladenen Schiff sämtliche Ersatzbalken, Proviant- und Wasserreserven über Bord werfen. Auf tief im Wasser liegenden Papyrusbündeln, über die zuweilen die See bis über ihre Köpfe hinwegschwappte, erreichten sie dennoch, ohne daß ein einziger Halm verlorenging, nach 57 Seetagen Barbados. Hat Thor Heyerdahl mit seiner geglückten »Ra«-Expedition unter Beweis gestellt, daß die Menschheit in Kolumbus den falschen Entdecker Amerikas feiert?
Blenden wir wieder in das Jahr 1992 hinüber: Jetzt war es das Schiff von der Kieler Förde, das, den Namen Thor Heyerdahls tragend, noch vor dem Gros der internationalen Rahsegler seine Reise im Jubiläumsjahr der Entdeckung des Neuen Kontinents angetreten hatte. Anfang November 1991 hatte die »Thor« die Ostseegewässer verlassen und Kurs durch den Nord-Ostsee-Kanal in die Nordsee genommen. Ein über die Deutsche Bucht hinwegziehendes Orkantief zwang unseren Toppsegelschoner, Cuxhaven anzulaufen und vorübergehend hinter der Schleuse im neuen Fischereihafen Schutz zu suchen. Nach Wetterberuhigung sollte es, wie auch in den Jahren zuvor, in einem Etappensprung durch den Ärmelkanal nach Brest gehen. Doch Kiels Patenstadt mußte noch ein wenig auf die »Thor« warten. Für Verzögerung sorgte der »olle Rasmus«. Zweimal mußten wir Calais als Nothafen anlaufen.
Die Reise in den Süden sollte die Seefestigkeit von Schiff und Besatzung auf eine neue Probe stellen. Das nächste Tiefdruckgebiet ließ nicht lange auf sich warten. Der Barometerstand fiel »bis in den tiefen Kartoffelkeller unseres Kochs«. Die Segelfläche wurde verringert. Hinter dem Horizont braute sich etwas zusammen, man erkannte es an den Regenstreifen unter den tiefhängenden, glasigen Wolken. Schon wurde die »Thor« von einem heftigen Regen überschüttet. *Erst Regen, dann Wind, reff' die Segel geschwind!* Kapitän Günter hatte sich, wie wir wissen, vieles aus dem Erfahrungsschatz zweier Kap Horniers angeeignet, hatte in nahezu zehn Jahren eigene Erfahrungen mit seinem Schiff sammeln können, kannte die Unbilden des Wetters, hatte das Unwetter kommen geahnt und seinen Segler darauf vorbereitet.
Regenböen peitschten über das Deck des Schoners. Jetzt hieß es, mit gerefften Sturmsegeln, zu Blocks geholten Schoten und dichtgesetzten Brassen tagelang gegen Wind, Strom und aufstiebende Gischt aufzukreuzen. Immer toller gebärdete sich die See. Große Wassermassen klatschten vorne über das Schanzkleid, der Sturm erreichte eine enorme Stärke, sprühte dem Rudergänger den nassen Segen waagerecht ins Gesicht. Mitunter drückte die steile See den Schoner hart auf die Seite. In solchen Momenten kam die Wasserflut brodelnd über die Leeverschanzung und rauschte durch die Speigatöffnungen wieder außenbords.
»Großer Waschtag heute!« gab Steuermann Moses beiläufig von sich. Wie der skeptisch dreinschauende Newcomer an Bord, der eine erste Seereise gebucht hatte und neben ihm auf der Poop ausharrte, diesen Ausspruch bewertete, blieb dem Chronisten verborgen. Die Mitsegler sahen, die Wind und Wetter erprobte Stammcrew – ein hartes Volk, wenn es die See erforderte – verrichtete ruhig und geordnet ihre Seemannschaft. – Unwillkürlich ertappt man sich beim Anblick dieser kernigen, seefesten Jungs und Mädels, die das

Deck der »Thor« bevölkern, bei dem Gedanken: Sie sind es, die heute gewissermaßen die lange Traditionslinie der Windjammerseeleute fortsetzen. Die Elemente der See sind dieselben geblieben wie früher, fordern ihnen gleichen Einsatz und gleiches Können ab, doch das Bordleben hat auf den heutigen Seglern moderate Umgangsformen – auf der »Thor« allemal. Wie es früher auf Schonern und Vollriggern zuging, das ließ sich den Shanties entnehmen, die abends in der Messe gesungen wurden.

Wi fohrt be de Flying P Lein,
un Geld krieget wi gor kein,
und ›Pamir‹ heet de Schleeden,
un vom Dübel ward he reeden.
De Kaptein is de Dübel,
un de Erste is dat Übel.
Nach dem Süden fährt das Schiff
verproviantiert nach altem Kniff
Salzspeck ist zehn Jahre alt,
das Hartbrot, das vermodert bald.

Derartige Verhältnisse, als die Pamir von dem Finnen G. Erikson bereedert worden war, gehören gottlob der Vergangenheit an, aber die Rückbesinnung an jene harten Zeiten der Seefahrt wird andauern. Erinnerungen an die Sturmfahrt mit der »Thor« werden sich auch die Mitsegler bewahren, deren Törnabschnitt in Brest beendet war.
Ab Brest sollte es in einem Rutsch – oder treffender gesagt: in einem Wellenritt – weiter bis nach Lissabon gehen. Doch kaum hatte unser Schoner seinen Bug in die Biskaya gesteckt, wartete bereits der nächste Kuhsturm auf ihn, der uns jedoch bei weitem noch nicht so »beutelte« wie jenes Unwetter, das uns noch bevorstehen sollte.
Als es vorübergehend etwas ruhiger wurde, schralte der Wind um Südwest, und wir mußten uns einige Male auf den anderen Bug legen. Tag und Nacht mühten wir uns in einem zähen Ringen gegen Wind und Strom ab, auf dem Weg gen Süden der stürmischen Biskaya Meile um Meile abzutrotzen. Die Crew wähnte sich bereits in dem Glauben, die Biskaya würde sie relativ »ungerupft« aus ihrem gefürchteten Reich entlassen wollen, doch darin sah sie sich alsbald getäuscht. Die werte Biskaya hatte noch etwas für uns »in petto«.
Es begann im Rigg zu heulen. Graue Wassergebirge mit weißgekrönten Gipfelgraten rollten aus Südwest heran, türmten sich vor dem Bug auf. Der Schoner stampfte schwer, steckte den Bugspriet hoch hinaus. Kaum daß das aufgenommene Wasser aus den Ankerklüsen abgeflossen war, donnerte die nächste Welle gegen die Bugplanken. Die Deckswache hatte sich mit ihrem Bauchgurt an Handläufen eingepickt und vollführte akrobatische Übungen, um sich aufrecht zu halten. Fortbewegungen waren unter halsbrecherischen Umständen und nur in der Weise »Hand-über-Hand« möglich. Jetzt hieß es aufpassen, wollte man an Oberdeck nicht über Stag gehen oder sich unter Deck blaue Flecken einhandeln. Trotz Ölzeug hatte keiner mehr einen trockenen Faden am Leibe.
Die See begann Ehrfurcht einflößend zu rollen. Grauweiße Gischtflocken wurden von den Kämmen gerissen. Schaumstreifen und Schlieren durchzogen die windgeriffelten Wellentäler. Der Sturm riß und zerrte am Ölzeug der Wachgänger. Mit einem wütenden Klatschen überfiel der nächste Brecher das Schiff. Im Wassernebel war das Vorschiff in diesem Moment von der achterlichen Brücke nicht mehr auszumachen. Der Schoner wurde auf den haushohen Wellenrücken emporgehoben. Mit einem Knall, daß die Kielplatten dröhnten, fiel der Schiffsrumpf in das nächste Tal. Blöcke schlugen, in der Kombüse schepperten Pütt und Pann. Solange wir uns in der Talsohle befanden, schien der Sturm auszusetzen. Augenblickslang war es gespenstig ruhig, ehe wir wieder hochgeworfen wurden, es um uns herum erneut zu orgeln begann, bis wir wiederum ins nächste Tal hineinkrachten.
Angesichts der gnadenlosen Gewalt, mit der uns die Biskayasee überfiel, kommen einem Zeilen aus dem fünfteiligen Roman von Pierre Loti, den man neben Gorch Fock nennen sollte – er lebte von 1850 bis 1923 und beschrieb die Geschichte zweier Fischer, die von dem bretonischen Hafen Paimpol rausfuhren –, in den Sinn:
»... und alles zusammen peitschte und pfiff wie Geißelhiebe. Sie hielten am Steuer aus, festgebunden und aufrecht, und ihr Wetterzeug aus Wachstuch stand steif und glänzend wie Haifischhaut... Das Gesicht brannte, manchmal blieb der Atem weg. Wenn der Wassersturz vorüber war, sahen sie einander an und lächelten über das Salz, das ihre Bärte verkrustete. Auf die Dauer machte das Toben müde, es ließ nicht nach, es steigerte sich noch. Bei Mensch und Tier ist die Wut bald verraucht und geht vorbei, doch die Wut lebloser Dinge muß man oft lange ertragen, sie kennt weder Grund noch Zweck und ist geheimnisvoll...«

Die orkanartigen Böen und die sich extrem hoch aufbauende See ließen die Frage aufkommen, ob die »Thor« der zornigen See weiterhin die Stirn bieten sollte? Die »Thor« mußte beiliegen. Der Steuermann legte sie hart an den Wind, daß wir kaum Fahrt voraus machten. Der enorme Winddruck auf die Segel könnte dazu

führen, daß das Tuch aus den Lieken reißt. Safety first – Günter hielt es deshalb für ratsam, abzulaufen und statt Lissabon den unter den herrschenden Wetterbedingungen günstig gelegenen Hafen Porto anzusteuern.
Es liegt in der Natur beider Stammkapitäne der »Thor Heyerdahl« insbesondere hinsichtlich abgewetterter Sturmfronten Understatement an den Tag zu legen. So verlor Günter über diesen sturmbewegten Reiseabschnitt in seinem Kapitänsbericht ganze zwei Sätze: »Orkan, 10 Windstärken, steile See und Wind/Strom von vorne prüfte die Crew bei der Ausreise.«
Günter fuhr per Leihwagen von Porto aus mit der auszuwechselnden Crew zum Flugplatz Lissabon, nahm dort die angekommenen neuen Mitsegler auf und brachte sie an Bord. Dann ging es – die Etappe wurde in acht Tagen geschafft – der Sonne entgegen zu den Kanarischen Inseln. Dorthin, wo vor fast genau fünf Jahrhunderten Christoph Kolumbus Zwischenstation mit seiner Dreierflotte eingelegt hatte, um sie für die große Reise gen Westen auszurüsten.
Als die »Thor« am 28. November in Las Palmas einlief, hatte unser alter Freund Señor Don Pedro, wie in den Jahren zuvor, auch diesmal einen vorzüglichen Liegeplatz an seiner Texaco Bunkerstation für uns bereitgehalten. Beim Anblick unseres ankommenden Schoners kam helle Freude in ihm auf. Kaum waren die Leinen belegt, bestand der uns sehr verbundene Spanier darauf, wie immer mit unserer Crew ein großes, von südländischer Freude geprägtes Begrüßungsfest zu feiern. »Pedro Texaco« wie er oftmals scherzhaft, jedoch in liebevoller Absicht genannt wird, wußte stets Rat, half nicht nur uns bei der Lösung so mancher Probleme, sondern kümmerte sich ebenso um die Nöte und Wehwehchen aller Segler in der Marina von Las Palmas – und das, ohne es in klingende Münze umzusetzen. Irgendwie ist er für uns eine »feste Institution« geworden, ein nicht mehr wegzudenkendes »Wahrzeichen« an der Estacione Texaco, Muelle Deportivo.
Noch vor der rauschenden Fiesta wurden die Passagiere und Teile der Besatzung ausgetauscht. Als die Gitarrenweisen und das rhythmische Klappern der Kastagnetten unter dem Sternenzelt verklungen waren, wurden am Morgen die Segel gesetzt. *Farewell and adieu to you ladies of Spain. Oh Palmas! And we 're all of us coming to see you again.* Fröhlich winkte Don Pedro unserem ablegenden Schiff hinterdrein: »Adios Amigos!«
Im Kartenhaus setzte der Schiffsführer – wie weiland etwa an dieser Stelle Kolumbus – Westkurs ab; jedoch mit einem gewissen Unterschied: Kapitän Günter wußte genau, wohin er wollte – nach Martinique.
2800 Seemeilen einer herrlichen Atlantikreise lagen vor uns. Die Sturmsegel waren in der Segellast verschwunden, statt dessen die Passatsegel angeschlagen worden, d.h., wir konnten nun die schwächeren, älteren Segel fahren. Hoch am Schonermast blähte sich das Bramsegel, unser stolzestes Segel, im achterlichen Wind. Die Mannschaft sah man jetzt bei steten Windverhältnissen und warmem Klima oben in der luftigen Takelage arbeiten. Nach dem Biskayasturm mußte alles überprüft und gewartet werden. Neue Taue wurden eingeschoren. Ein Teil der Fußpferde wurde zum Schutz gegen Witterungseinflüsse neu geölt, gelabsalt, mit Sackleinen umwickelt, nochmals gelabsalt, dann bekeedelt mit dünnem Schiemannsgarn, einem Bändselwerk aus geteertem Hanf, schließlich geteert. Abgenutzte Stellen, die mit Metall in Berührung kommen und sich daran schamfilen, mußten neu beledert werden.
Arbeitsame, aber glückliche Tage waren angebrochen. Kaum mehr vorstellbar, wie es in der ungestümen Biskaya zu Kehr gegangen war, als die unerbittlichen Wogen den Schoner umhertorkeln ließen, es im Rumpf dröhnte und in der Takelage heulte. Wer in diesen südlichen Breiten am Ruder stehen durfte, den Blick vorbei an den von der hochstehenden Sonne beschienenen Segeln auf den blauen Ozean gerichtet, den angenehmen Atemzug des Passats im Rücken emfindend, der wußte sich für alle vorhergegangene Mühsal entschädigt. Nur leichter Ruderdruck ließ sich in der Handfläche spüren und das sanfte Wiegen des Rahseglers in der Dünung, gleichsam als hielte man die losen Zügel eines braven, ruhig trabenden Pferdes in den Händen. In diesen Stunden kam ein intensives, liebes Gefühl zu unserem guten Schiff auf, gleichfalls auch Dankbarkeit, daß es einem beschieden war, derartig schönes Segeln auf einem solchen Windjammer erleben zu dürfen. Noch beeindruckender waren die wunderbaren Nächte unter dem klaren, unermeßlichen Firmament. Fern von aller Unrast und Zivilisation war es nicht zuweilen, als flögen wir mit gespreizten Windflügeln von Stern zu Stern?
Es wehte ein schwacher Passat. Alle Gutwettersegel wurden gesetzt: die große Breitfock, Toppsegel, Flieger, Großstengestagsegel und die zwei dreieckigen, vom Schonermasttopp auf die Bramrah reichenden Moon-Segel. Doch damit nicht genug: Unter dem weit ausgebaumten Schonersegel und dem Großsegel brachten wir die »Bettlaken unserer beiden Stammkapitäne« aus und nannten diese Unterleesegel »Detl und Günti«. Und würde unser Schoner über herausschiebbare Leesegelspieren an den Rahen – wie sie Ende des 18. Jahrhunderts aufgekommen waren –, über Backspieren

oder Schwingbäume verfügt haben, jetzt hätte uns nichts mehr gehalten, auch noch das Hemd des Kapitäns und das Kleid von Barbara aufzuspannen.
Mitten auf dem Atlantik flaute es ab, und dann streikte der Passatwind vollends. Waren wir in die Roßbreiten-Kalmen geraten? Nichts ist schlimmer als gar kein Wind. Jetzt erfuhren wir aus eigenem Erleben, was ein »Windjammer« ist. 22 Tage waren für die Überfahrt vorgesehen, wir mußten also zu unserem großen Leidwesen »motoren«. Im Flautengürtel trafen wir zwei hilflos umherdümpelnde Segelyachten, denen wir mit Dieselkraftstoff und Frischwasser aushelfen konnten. Erst in der Nähe der karibischen Inseln begann der Passat richtig zu wehen.
Zum Jahreswechsel 1991/92 finden wir die »Thor« unter einem strahlenden Himmel in den warmen Gewässern der Grenadinen wieder. Der Neujahrsmorgen sah unser Schiff vor sechs Schäkel Ankerkette in der Grand Bay Mustique liegen. Während einige unter dem über das Oberdeck gespannte Sonnensegel bei einem kühlen Tropical-Drink »relaxten«, nutzten andere das ideale Tauchrevier, um mit Maske und Schnorchel die Tropenfische auf den Korallenbänken zu beobachten. Eine Gruppe hatte einen Picknick-Grill am Strand entfacht und sah gelegentlich hinüber zu denWindsurfern, die über die sanften, türkisblauen Wellen glitten.
Bis Ende Februar durchkreuzte die »Thor« mit wechselnden Segelgästen und Mannschaften die grandiosen Gefilde der Kleinen Antillen, ankerte zumeist im Schutze der ihr seit Jahren vertrauten Buchten und ließ die Mitreisenden in vollen Zügen den unbeschreiblichen Reiz der unter einem azurblauen Himmel liegenden Trauminseln auskosten. Der »Käpten« der »Thor« kennt die Antillen mittlerweile so gut wie seine heimischen Ostsee-Reviere. Es ist nicht zu leugnen, es gibt viele Karibikzentren, wo Überbevölkerung, Elend und Kriminalität allzu offenbar werden. Doch dahin zieht es nicht die »Thor«. Günter steuert Laguneneinfahrten und feinsandige Badebuchten an, die naturbelassen und ihre Bewohner von ursprünglicher Lebensart sind. Faszinierend immer von neuem die Besonderheit jedes der angelaufenen, sich friedvoll und farbenprächtig vor dem Bug des ankommenden Rahseglers präsentierenden Eilande. Jede Insel hat ihre unverwechselbaren Eigentümlichkeiten. Keine ist wie ihre Schwesterinsel. Und dennoch ist ihnen eines eigen: paradiesische Palmenhaine hinter schneeweißen, unberührten, sonnendurchglühten Badestränden, prächtige, fremdartige und betörende Düfte verströmende Blumengewächse, der zudem in der Luft liegende Geschmack nach Zuckerrohr, Vanille, Kokos und Zitrusfrüchten, die beschwingte Lebensart der Einheimischen, all dies übt auf die aus deutschen Breiten Angereisten den unverwechselbaren Zauber der karibischen Welt aus – so auch auf die neuen Bordgäste der »Thor«. Und wenn in sternklaren Nächten »Calypso-Time« angesagt war, kam ein unvergleichliches Feeling auf, dann wurden Caribean Dreams wahr...
Am 25. Februar lag die »Thor« auf der Reede von St. Vincent. Ende des Monats sah man sie von Martinique zur Rodney Bay segeln, Anfang März 1992 verholte sie auf die Reede von Fort de France.
Am 3. März 1992 begann ihre Reise quer durch die karibische Inselwelt bis hin zur Südostküste des nordamerikanischen Kontinents.
Westlich der mit immergrünem Regenwald bedeckten Insel Dominica und ihrer benachbarten Insel Guadeloupe vorbei, ließ sie sich vom Wind gen Norden zu den unteren Leewards Islands treiben. Wir näherten uns den grünen Hängen der Südküste Antiguas. Die im Passatstrom liegende Insel ist von einem milden Klima umgeben, hat wenig Niederschläge im Jahr und übt eine unwiderstehliche Anziehungskraft aus. Im Gegensatz zu anderen Inseln, die hohe Verbrechensraten aufweisen, braucht hier der Besucher kaum etwas zu befürchten. Obwohl ihr Name spanisch ist – Kolumbus nannte sie 1493 zu Ehren eines in Sevilla stehenden Standbildes der Heiligen Jungfrau Santa Maria de la Antigua –, ist alles auf ihr very british. Es soll britische Zeitgenossen geben, die um die halbe Welt hierher in das Inselversteck English Harbour segeln, nur um das Admiral's House ihres höchsten Seehelden zu bewundern und sich in der Copper and Lumber Taverne, einem ausgedienten Lagerhaus, vom Restaurantkeeper zur »happy hour« einen Planter's Punsch kredenzen zu lassen. Warum sollte also unsere Mannschaft nicht dort einmal vorbeischauen?
Günter steuerte nicht direkt den kleinen Naturhafen von English Harbour an, sondern brachte die »Thor« um den vorgelagerten felsigen Inselzipfel herum. Um hinter der Huk in die sturmgeschützte, aber von vielen Untiefen durchzogene Bucht von Falmouth Harbour einzulaufen, mußte der Ausguck unser Schiff vorsichtig am gefährlichen Korallenriff Bishop Shoal vorbeilotsen.
Zwei Tage lang ruhten beide Anker der »Thor« auf dem Grund von Falmouth Harbour. 1493 war die Insel von Kolumbus entdeckt worden, jetzt »entdeckten« sie die Leute von der »Thor«. Die Inselchronik besagt, Antigua ward 1667 von Spanien an England abgetreten und wird zusammen mit den Nachbarinseln Barbuda und Redonda seit 1981 unabhängig und parlamentarisch regiert, ist aber weiterhin mit dem britischen Commonwealth verknüpft, obwohl neuerdings auch stellenweise die

amerikanische Präsenz sichtbar wird. Im 17. und 18. Jahrhundert wurde English Harbour von den Briten zum uneinnehmbaren Stützpunkt befestigt, von dem aus die englische Flotte operierte. Anno 1784 bis 1787 verrichtete im damaligen Flottenhauptquartier der West Indies der später zu Ruhmesehren gelangte Lord Horatio Nelson ziemlich gelangweilt seinen Dienst. Trafalgar wartete auf ihn, und Old Nelson nannte den mit Kalyptus- und Genipbäumen geschmückten Stützpunkt ziemlich despektierlich »this infernal hole«. Ein kleines Museum zeigt, daß hier auch minder bekannte Admirale wie Rodney und Hood Dienst leisteten und ihre Wachposten auf Shirly Hight's anwiesen, angestrengt nach der französischen Flotte Ausschau zu halten. Doch die wollte partout nicht erscheinen. Dafür zieht es heute Pulks von Fahrtenskippern und maritimhistorisch interessierten Touristen in die restaurierte Flottenbasis »Nelson's Dockyard«, um im »Lookout«, einem auf den Fortruinen erbauten Restaurant, das Ambiente altenglischer Größe nachzuempfinden.
Günter und Klaus beabsichtigten, auf einer der nächsten Reisen die Hauptstadt St. John's anzulaufen. Da es weder in Falmouth Harbour noch in English Harbour für die Tiefwasserbucht Seekarten zu erwerben gab, wurde Scotty als Vorhut mit dem Bus über Antiguas rumplige »Highways«, auf denen mitunter aufgeschreckte Mungus davonflitzen, nach St. John losgeschickt, um von der britischen, 280 qkm großen Insel und ihrem vielgepriesenen St. John's Harbour eine genaue Karte zu beschaffen.
Bevor die »Thor« die Anker lichtete, nahm sie den »weitgereisten« Scotty per Schlauchboot wieder an Bord. Seine Hoffnung, Prinzessin Margaret von der Royal Family zu treffen, die oft durch die Straßen St. John´s bummeln soll, hatte sich nicht erfüllt. Der arg Beeindruckte berichtete, über dem gesamten Hafenbecken von St. John's liege eine dermaßen abscheuliche Geruchswolke, daß man es tunlichst den großen Cruises-Linern mit hochliegenden Decks und bestens ausgestatteten Air-Conditioning-Plants überlassen sollte, diese duftende »Perle« der Karibik aufzusuchen. Es ist auch schon weniger geruchsempfindlichen Schnuppernasen aufgefallen, daß Merry Old Englands ehemalige Kolonialstädte, zumindest einige Distrikte der »British Westindies«, nicht mehr der Blütenduft einstigen Wohlstands umgibt. Die innere Haltung der Bewohner einiger Viertel belegte der westindische Dichter Derek Walcott mit der Metapher »Jähzorn der Armut«. – Doch sei gewiß, Antigua, du Insel mit den zahllosen Buchten und den einladenden, feinsandigen Stränden, die so zahlreich sind, daß man sich an jedem Tag des Jahres eine andere Beach zum Verweilen aus-

Der Passatwind brachte die »Thor Heyerdahl« auch 1992 zu den beliebten karibischen Ankerbuchten. Jede Insel in der türkisschimmernden See – ein tropischer Garten mit üppigen Farben, exotischen Düften, traumhaften Sonnenuntergängen.

Karibischer Bilderbogen

San Juan, bedeutende Tourismusdrehscheibe der Karibik.

Karin im Castillo de San Felipe del Morro. Das Fort – ein Zeugnis aus spanischer Kolonialzeit – ist eine der Inselsehenswürdigkeiten von Puerto Rico.

suchen kann, unser Schiff wird auch deinen größten Hafen gerne beehren – sofern er wieder von lieblicher Duftigkeit sein wird. Die Möglichkeit, künftig auf Antigua einen Crewwechsel vollziehen zu können, scheidet nach Günters Meinung wegen schlechter Betonnung und unzumutbarer Frischwasserübernahme vorerst aus.

Die »Thor« mußte gut Abstand halten von der Südwestküste Antiguas. Dort lauert Gefahr in Gestalt des über zwei Seemeilen langen, der Insel vorgelagerten Cade Reefs. Jeder Schiffsführer ist gut beraten – zumal der Strom hier zeitweise mit zwei Seemeilen setzt –, bei auf der See gleißendem Sonnenlicht einen Ausguck in den Mast zu schicken. Unter allen Segeln und bei guter Sicht segelten wir – dem Antillenbogen folgend – weiter in Richtung Westnordwest.

Einige Tage verbrachte unser Schoner auf gutem Ankergrund vor San Juan. In diesem geschützten Naturhafen an der Nordküste von Puerto Rico, der kleinsten der Großen Antillen, von Kolumbus ebenfalls 1493 entdeckt, geben sich die internationalen »Maxi Dampfer« und ihre amüsierwillige Kreuzfahrergemeinde ein permanentes Stelldichein. Im Spalier der großen Musikdampfer wie die MS »Astor« und MS »Berlin« stellte die »Thor«, obwohl sich unser Windjammer darin recht klein ausnahm, eine seltene Bereicherung dar. Die US-Coast Guard ist allerorts präsent, und wer es bislang nicht wußte, erfährt, daß im spanisch-amerikanischen Krieg die Rum- und Zuckerinsel zu den USA kam. Obgleich Puerto Rico eine weitgehende Autonomie besitzt, ist es mit den USA assoziiert; dafür spricht allein schon die US-$-Währung.

Für die Leute von der »Thor«, die den Landfall machten, ist der Bummel durch das alte Viertel der Hauptstadt allein schon wegen des besonderen Fluidums, das von den im spanischen Kolonialstil erbauten Häusern, Festungsanlagen und Museen ausgeht, ein außerordentliches Erlebnis.

Unsere Leute schwärmten aus zur Besichtigung der historischen, gut restaurierten Gebäude: der Casa

Pittoreske
Ansichten
von
Old San Juan,
Puerto Rico.

Die »Thor
Heyerdahl«
auf der
Reede der
Inselhauptstadt
San Juan.

Blanca (16. Jh.), des archäologischen Museums, des Fort San Cristobal, des Castillo de San Felipe del Morro und der anderen Gemäuer. Und in der denkmalgeschützten Altstadt stießen wir auf eine Kolumbusstatue. Wer größere Kreise ziehen wollte, nahm an einer Inselrundfahrt teil, erspürte den eigentümlichen Hauch, der den Zuckerrohrplantagen, Kaffee- und Kakaofeldern eigen ist, ließ sich beeindrucken von dem bis über 1300 m hohen Höhenrücken Cordillera Central, der die Insel vom Westen bis zum Osten durchzieht. Inselsehenswürdigkeiten gibt es zur Genüge: die Teakwälder im Reservat Forestal Rio Abajo; den karibischen Nationalforst, ein tropischer Regenwald mit 240 Baumarten; dann das Observatorio de Arecibo, größtes Radioteleskop der Welt; zudem einen 700 Jahre alten Ballspielplatz der Arawak Indianer...

San Juan ist Dreh- und Angelpunkt des Karibik-Tourismus' mit einem emsigen merkantilen Treiben. Die lebhaften, farbenprächtigen Märkte, die Bodegas, alle Winkel sind erfüllt von strudelnder Geschäftigkeit, und wir begegnen schillernsten Figuren unterschiedlichster Herkunft. Steelband-Music, Reggae, Beat und Limbo-Rhythmen sind allenthalben zu vernehmen. Zur Inselspezialität gehört eine Schale schwarzer Bohnensuppe. Jenes mit Hummer garnierte Risotto »Asopao« zu kosten, bleibt wohl nur betuchten Touristen der Upper Class vorbehalten. Allerdings konnten wir dort eine der besten Pina Coladas der Karibik trinken – in San Juan erfunden. Und nicht zu vergessen: Wir hatten uns in der historischen Bacardi-Brennerei eingefunden, und – eingedenk, daß die Deutschen sowieso den meisten Rum auf der Welt trinken – durften wir uns an jedem Stand der Destille ein Glas des aromatischen, weißen, 65prozentigen Getränks genehmigen. Im Rum ist der Geist des Zuckerrohrs, und (frei nach Goethe):

»Es ist alte Pflicht der Windjammer-Söhne, daß man sie alsbald an den Rum gewöhne!«

Aber der unerbittliche Zoll- und Quarantäneoffizier stand bereits Ungeduld zeigend an Bord der »Thor« zum Ausklarieren bereit. Schier endloses Warten auf die Nachzügler schloß sich an. Günter saß wie auf glühenden Kohlen, schwitzte mittlerweile Blut und Wasser. Immer noch ist der Einwanderungsdrang in die USA recht lebhaft. Jeder in die Schiffsrolle Eingeschriebene mußte – egal, wie stark sich der »Wein Westindiens« in seinem Blute bemerkbar machte – tunlichst mit seinem Paßport vor die strengen Augen des Immigration-Officers treten, um für die Ausreise »freigesprochen« zu werden.
Unser Dreimast-Toppsegelschoner setzte die Segel und machte seinen Reedeplatz frei, wo Ende Mai 1992 jene 30 Großsegler ankern sollten, die am 3. Mai in Cadiz an den Start zur Gran Regata Colon gingen und dann nach der »Thor« – via Gomera über den »Teich« nach San Juan kamen. Puerto Rico erwartete die Segler bereits, um ihnen seine Gastfreundschaft zu erweisen. Anschließend sollten sie dann von hier aus zur letzten Etappe nach New York aufbrechen.
Mit frischem Wind setzte unser Schiff schließlich seinen Weg nördlich von Hispaniola fort. Backbordseits grüßten aus der Ferne die tropischen Hügel und die über 3000 Meter hohen Bergmassive der zweitgrößten Antilleninsel, die sich die Dominikanische Republik und Haiti miteinander teilen. An der westlichen Nordküste hatte Kolumbus – der wußte, daß er mit den nördlichen Westwinden sicher nach der Alten Welt zurücksegeln konnte – auf seiner ersten Reise einen Teil seiner Mannschaft zurückgelassen. Als er ein Jahr später zurückkehrte, fand er das Fort Navidad zerstört vor. Alle Männer waren von den einheimischen Tainos getötet worden. Daraufhin errichtete er weiter westlich die erste spanische Siedlung der Neuen Welt und taufte den Platz zu Ehren der spanischen Königin Kap Isabella. Später stieg Santo Domingo, die heutige Hauptstadt der Dominikanischen Republik, zur spanischen Metropole der Neuen Welt auf. Von dort aus trieben sie ihre Eroberungszüge voran. In der spätgotischen Kathedrale von Santo Domingo liegen angeblich die Gebeine des weit hergekommenen Kolumbus, dem ein Vertrag mit den Regenten Ferdinand II. und Isabella außer einem Zehntel der zu erwartenden Gewinne auch die Würde des Vizekönigs der Neuen Welt eingebracht hatte. In Santo Domingo befindet sich die letzte Ruhestätte von Enriquillo, dem berühmtesten Taino. In jedem Buchshop Hispaniolas gibt es die Erzählung von Manuel de Jesus Galvan über Enriquillos Kampf gegen die Eroberer.
Am 14. Februar peilte die Schiffswache unseres Toppsegelschoners über Steuerbord in rechtweisend 331 Grad das zwölf Seemeilen entfernte Feuer von Great Inagua. An der Backbordseite lag zu diesem Zeitpunkt bereits die westliche Landmarke von Kuba. Hoch am

stoff und könnten deshalb nicht mehr auslaufen. Westlich Anguilla Grande ging die »Thor« auf sechs Meter Wassertiefe vor Steuerbordanker. Alle genossen hier für diese Saison zum letzten Mal das herrliche Baden und Tauchen in den seichten Gewässern dieser unbewohnten Insel. Beim abendlichen Grillen an der Beach verfielen alle noch einmal der sinnesberauschenden karibischen Atmosphäre.

Während des imposanten Sonnenunterganges wurde dann der Anker gehievt und die Südhuk der Anguilla Cays gerundet. Ein wenig Wehmut schwang mit beim Verlassen dieser liebreizenden, unberührten Oase der Karibik. Bei südwestlichem Wind, das Mars- und alle Gaffelsegel dicht über Steuerbord geholt, ging es auf der Ostseite der Cay Sal Bank nach Norden, die Karibik-Region achteraus lassend.

Wind liegend zog unser Dreimaster an Kubas Nordküste entlang.

Unser Schiff stand nun ziemlich dicht an einem seefahrtshistorisch bedeutenden Flecken Erde, der sich Steuerbord querab, kaum 200 Seemeilen vom gegenwärtigen Standort der »Thor« entfernt, als San Salvador Island aus dem Meer erhebt, wo Kolumbus am 12. Oktober 1492 vor Anker gegangen war. Da er sich in dem Glauben wähnte, auf eine von Indiens vorgelagerten Inseln gestoßen zu sein, hießen hier alle fortan die Westindischen Inseln. Am 17. März lief die »Thor« in den Old Bahama Channel hinein, und wir sahen einige Wachboote aus Kuba. Die beim Anblick der grauen Flotte aufkommende Erregung an Bord dämpfte die Schiffsführung mit dem Hinweis, die »Thor« befände sich auf internationaler Wasserstraße. »Take it easy!« Unser 1. Steuermann Moses sollte recht behalten. Später erfuhren wir von der US-Coast Guard, Fidel Castros' Marineschiffe verfügten über wenig Brenn-

THOR HEYERDAHL

Bound for Baltimore

Von Miami aus die Ostküste Nordamerikas hinauf

XIV Bei stetem Ostwind lief die »Thor« in die Floridastraße hinein mit auf Fowey Rocks anliegendem Kurs. Am 18. März gegen 18 Uhr stand sie zwei Seemeilen östlich der Ansteuerungstonne von Miami. Sämtliche Segel wurden eingeholt. Am Meeting Point kam der Lotse an Bord und übernahm das Kommando bis in die Hafeneinfahrt Government Cut. Um 20.15 Uhr lag unser Schiff fest am Passenger-Terminal No. 7. Unser amerikanischer Freund Matt hatte es arrangiert, daß für unseren Rahsegler der bestmögliche Liegeplatz zur Verfügung gestellt wurde. Näher Down-Town hätte die »Thor« wegen der Brücken ohnehin nicht liegen können. Von unserem Liegeplatz bis zum Museumhafen, wo eine nachgebaute »Bounty« vertäut und eine Vielzahl von Geschäften und Restaurants zu finden ist, war es aber nur eine knappe Viertelstunde Fußmarsch.

In den nächsten Tagen war Landgang angesetzt durch die von einer tropischen und subtropischen Pflanzenwelt eingesäumten Metropolian Area Miamis. Keiner ließ es sich nehmen, hinüberzufahren zum luxuriösen Badeort Miami Beach, der Miami seeseitig vorgelagert ist. Einmal exklusives »Miami Vice«-Flair schnuppern, einen Blick auf die langen, sonnigen Strände werfen und sich im Sea Land umsehen, wo die Flipperfilme gedreht worden sind.

Etliche Male führte uns unser Weg an dem Nachbau der britischen Handelsfregatte »Bounty« entlang. Ein unwiderstehlicher Reiz geht von ihr aus, wissen wir doch, Meuterer haben mit der »Bounty« ein bewegendes Kapitel Seegeschichte geschrieben. Die Original-»Bounty« war, bevor die britische Admiralität sie für Reisen in die Südsee ausrüstete und mit vier Sechspfündern und zehn kleineren Kanonen bestücken ließ, ein Handelsschiff und führte den Namen »Bethia«. 1787 hatte der umbenannte Dreimaster in England die Segel zu seiner in den Annalen der Seegeschichte unauslöschlichen Reise nach Tahiti gesetzt. Seine verhängnisvolle Fahrt unter dem Kommando des harschen Captain Bligh wurde von Charles Nordhoff und James Norman Hall in der großen See-Novelle »Mutiny on the Bounty« festgehalten. Wie wir die »Bounty« entlang der Uferpromenade der Länge nach – vom gebogenen, schnabelförmigen Bug bis zum Spiegelheck – abschritten, schienen die verwegenen Gestalten, die ihr Deck einst bevölkerten, lebendig zu werden: Master John Fryer, Master's Mate Fletcher Christian und all die anderen – Botanist, Boatswain, Midshipmen, Quartermasters, Able Seamen. Leuchtende Bilder von Tahitis Gestaden tauchen in Gedanken auf, ehe das dramatische Geschehen an Deck dieses Schiffes seinen Lauf nahm.

Die Stammbesatzung der »Thor« hatte während der Liegezeit wieder alle Hände voll zu tun: Verproviantieren im *»super market«*, Reinigen der Schiffswäsche in einer Laundry. Die notwendigen Instandsetzungs- und Wartungsarbeiten mußten wiederholt wegen heftiger Regenschauer unterbrochen werden. Am Sonntag voll-

In Miami liegt die »Thor Heyerdahl« am Passenger-Terminal No. 7, nicht unweit Down-Town.
Ein »Pick-up«-Fahrzeug des Schiffsausrüsters versorgte uns für die Weiterreise;
die Proviantlast und Frischwassertanks werden aufgefüllt.
Der Kapitänswechsel erfolgt, Teile der Besatzung werden ausgetauscht.

Die Doppelstadt Miami/Miami Beach ist das touristische Zentrum Floridas. Miami, das Eldorado für Urlauber, wuchs in den letzten Jahrzehnten zu einer beliebten Großstadt empor, ist heute ein bedeutendes Tor zur karibischen Inselwelt und zu Lateinamerika.

Zwei Dreimaster – linke Seite die »Thor«, rechte Seite die »Bounty« – zwei große Namen. Zwei Jahrhunderte trennen sie voneinander – in Miami nur zwei Brücken.

zog sich der Kapitäns- und Crewwechsel. Im Bordbuch ist vermerkt: Günter von Bord, Detlef an Bord. Doch damit allein war es nicht getan. Neben dem Erledigen der notwendigen Formalien ist es jedesmal Sitte, einen intensiven Gedanken- und Erfahrungsaustausch über wichtige Begebenheiten, den Zustand des Schiffes und über den aktuellen Stand nautischer Veränderungen zu pflegen. Gute Gelegenheit für alle zum Plausch bot das obligatorische Captains Diner. Jeder an Bord kramte zu diesem festlichen Anlaß sein letztes sauberes Hemd oder T-Shirt hervor, denn ein wenig »formal dress« gehört dazu. Und bei dieser Gelegenheit erhebt sich die alles entscheidende Frage: Wer ist der wichtigste Mann an Bord? Ist es der Kapitän? Der Steuermann? Der Seemann auf der obersten Rah? – Nein, es ist unser Koch Gerd! Three Cheers for him und auf das Personal der Kombüse! Den ganzen Tag lang zauberten sie ein Galadiner mit fünf einzigartigen Gängen zusammen, das jeden Vergleich mit dem standhält, was die verwöhnten Leckermäuler auf den Holiday-Riesenkreuzern und Fun-Ships bei vergleichbarem Anlaß à la carte geboten bekommen. Und obendrein wurde zum Trunk ein erlesener Wein dargereicht.

Einige Gäste sind in Miami ausgestiegen, andere blieben weiterhin an Bord. Zu denjenigen, die die einmalige Gelegenheit wahrnahmen, mit einem Mietauto Amerika zu erobern und späterhin in New York wieder zur »Thor« stoßen werden, gehören Karin und Klaus, Jutta und Horst aus München und viele andere. Interessant und vielfältig sind die Stationen ihres Landtrips: Disney Epcot in Orlando – Atlanta, Olympiastadt von 1996 – Johnny Cash's Country-Hochburg Nashville – Indianer Reservat Smoky Mountains – Washington DC – das Naturschauspiel der Niagarafälle bei Buffalo – Ontariosee – Syracruse. Da Miami als »Sprungbrett« nach Lateinamerika und vor allem der Karibik gilt, entschlossen sich Max und Marianne aus Berlin kurzerhand, es auch für einen kleinen Hüpfer zu nützen. Sie flogen von Miami aus zum Ferienparadies Jamaika, um auf der tropisch wuchernden Insel, von der nicht nur James-Bond-Autor Jan Fleming über alle Maßen schwärmte, noch für eine Woche den ewigen Karibiksommer zu genießen.

Am Dienstag, dem 24. März, hieß es um 11.20 Uhr für alle an Bord Gebliebenen: »Alles los! Bound for Baltimore!«

Eine leichte nördliche Brise zog an diesem sonnigen Tag über das Hafengelände, das Bordthermometer zeigte eine Lufttemperatur von 25 Grad Celsius an. Alle an Oberdeck genossen die wohlige Mittagswärme. Langsam glitt die »Thor« dem offenen Meer zu, vorbei an den vielen abzweigenden Wasserstraßen und den sich darauf tummelnden piekfeinen Booten der Luxusklasse, wie sie jedermann hinreichend aus der Aktionsserie kennt, die bei uns daheim seit Jahr und Tag über den Bildschirm flimmerte. Jedoch TV-Actor Don Johnson ließ sich absolut nicht in der Nähe unseres Schiffes blicken.

Der Lotse ging kurz nach Mittag von Bord, alle Segel wurden gesetzt. Während die beeindruckende Silhouette Miamis achteraus verschwand, ging es nordwärts. Der Segler lief mit allen Klüvern und allen Gaffelsegeln über Backbord hoch am Wind. Um besser anliegen und eine notwendige Höhe laufen zu können, wurde der Motor zu Hilfe genommen. Der Golfstrom, der dort mit fünf Seemeilen pro Stunde setzt, schob, obwohl der Wind aus ungünstiger Richtung wehte, ordentlich mit. Strecknetze wurden gesetzt. Als der Wachführer der »Hundewache« am Ende seines Wachstropps die während null und vier Uhr versegelten 32 Seemeilen addiert hatte, war klar, die »Thor« preschte mit einer Durchschnittsgeschwindigkeit von 8 Knoten durch die aufgewühlte See.

Doch die Nacht ist beileibe noch nicht um. Für viele Seelen an Bord sollte sie alsbald zur wahren Tortour ausarten, denn aus Nordosten frischte es bis auf über 7 Windstärken auf. Strömung und Wind waren gegenläufig, stießen frontal zusammen. Vom Wind und Strom gemischt, entstand ein übles Wassergebräu. Es begann eine wahre Höllenfahrt durch die wolkenverhangene Nacht. Hoch aufgetürmte Wellen wälzten sich durcheinander; das Schiff bewegte sich auf gespenstig abnorme Weise wie in einem riesigen Hexenkessel. Der wuchtige Anprall der Wogen erschütterte das Schiff bis in alle Fugen. Es schien, als teilte die See donnernde Hufschläge aus, und man hätte glauben mögen, sämtliche Rumpfnähte würden aufplatzen.

Während es in der Dunkelheit über das Schanzkleid des Bugs gischte und feucht über das gesamte Deck bis über die Poop hinweg stäubte, konnte sich die Oberdeckswache in den Wülsten ihrer Schwerwetterbekleidung nur mit Mühe auf den glitschnassen Decksplanken aufrecht halten, mußte sich, wollte sie nicht über Bord gespült werden, anseilen.

Vorne, im Logis unter der Back, konnte die Freiwache das anhaltende dumpfe Getöse und Klanggebrause der aus Rand und Band geratenen Elemente aus erster Hand erleben. Derweil lag in den Kabinen mittschiffs das erbarmungswürdige Häuflein der von Seekrankheit Befallenen. Einige hatten sich mit allergrößten Anstrengungen Pützen neben die Kojen gestellt oder eilig Tüten bereitgelegt, um Kotzebues gesammelte Werke herauszugeben. Unsagbar elendig war ihnen zumute, und wer hätte den Armseligen übelnehmen können, daß sie

H.M.S. »Bounty« fand ihr Ende im Januar 1790 vor Pitcairn. Hier auf dem Nachbau leben die Meuterer fort. Lugte nicht der Kapitän Bligh aus dem offenen Heckfenster?

während ihres noch andauernden Martyriums die einst so gepriesene christliche Seefahrt für ewige Zeiten verwünschten.
Den etwas verzagten Gemütern unter den Bordgästen wurde von der Stammbesatzung ein wenig Mut zugesprochen. »Macht bloß keinen Buhei wegen so'n bißchen schlechten Wetters! Bei so einem Seegang ist schon meine alte Tante mitgesegelt.« Es war der unverwüstliche Moses, der sich nicht in seinen Grundfesten erschüttern ließ. Befriedigt begab sich auch der letzte Gast in die Federn seiner mittschiffs liegenden Kabinen, mit der Zuversicht, die »Altgefahrenen« an Oberdeck würden es dem Klabautermann schon zeigen.
Unser vorn unter der Back logierendes »edles Schiffsvolk« ertrug die unruhige Nacht mit gelassener Routine. Inspiriert von den dröhnenden Schlägen gegen die Bordwand, kam bei der Freiwache Laune auf, den »Puma-Käfig-Sea-Shanty« zu kreieren (in Abwandlung der Verse Joseph von Eichendorffs hatten früher schon die alten Segelschiffer bei Schlechtwetter ihren Galgenhumor kundgetan):

»Wem Gott will rechte Gunst erweisen,
den schickt er in die Back nach vorn.
Dort lernt man Neptuns Wunder preisen,
da geht es rund wie bei Kap Hoorn.
Dort kann man Seeromantik loben,
in Enge, Mief und Schiffsgedröhn
und spürt die Bugsee richtig toben
bei Regen, Sturm und Hagelbö´n...«

Erst am Morgen war daran zu denken, die Leute bei dem wild bockenden Schiff im Rigg einzusetzen. Um 8.30 Uhr wurde ein Reff in das Besantuch gebunden. Anschließend mußte das Großsegel geborgen werden. Tagsüber blies es unvermindert mit 6 bis 7 Beaufort aus Ostnordost. Das Schiff arbeitete weiterhin stark in Seegang und Dünung. Heftige Böen zwangen dazu, das Besansegel um 23.30 Uhr einzunehmen. Am kommenden Tag drehte der Wind auf Westnordwest, und die »Thor« lief nun mit zwei Klüvern, Fock, Schoner- und wieder gesetztem Besansegel über Steuerbordbug. Alle waren froh, dem Mahltrichter in diesem Seegebiet entkommen zu sein. Die Dünung kam immer noch von Steuerbord achteraus, aber die Windsee trieb die Wellen Gott sei Dank nicht mehr von voraus, sondern backbords querab auf das Schiff zu. Trotz der brechenden Kreuzsee brauchte es jetzt bei weitem nicht mehr so stark in der See zu arbeiten und nahm deshalb nur wenig Wasser an Deck. Neptun sei's getrommelt und gepfiffen: Die Seekranken erholten sich von ihrer langwährenden Qual und zeigten erste Anzeichen wiedererwachender Lebensfreude. Längst waren die kurzen Hosen von Deck verschwunden. Obwohl wir vor Tagen noch tropische Verhältnisse hatten, herrschten nun tiefe Temperaturgrade von weniger als 10° C vor. Alle wollenen Troyer und sonstige verfügbaren warmen Sachen wurden aus den untersten Lagen der Seesäcke gezerrt. Die Nacht hindurch hatte die »Thor« alle Gaffelsegel und die Mars über Steuerbord gesetzt, segelte aber ohne Außen-, Mittel- und Innenklüver. Detlef erschien es ratsam, des nachts bei sich brechender See keine Klüver zu fahren. Wer wußte, was noch kommen würde? Die Geschichte der Seefahrt belegt, es kamen beim Wegnehmen der Klüver mehr Seeleute zu Schaden, als beim Einholen aller anderen Segel.

Am Freitagmorgen schaltete Detlef den Wetterkartenempfänger auf Empfang. Es schien so, als wolle sich der Wettergott vorübergehend von der guten Seite zeigen. Die Schiffsführung ließ deshalb das Bramsegel setzen. Es wurde jedoch mittags wegen zunehmenden Windes aus West wieder geborgen. Der Westwind legte ständig zu.

Gegen Abend kletterten die eisernen Jungs der 2. Wache wieder die luvseitigen Wanten des Schonermastes empor, um hinüber zur schwankenden, feuchtrutschigen Rah zu klimmen und das Marssegel einzubinden. Wenig später pfiffen bereits wütende Böen bis Stärke 9 über das Schiff hinweg, daß der Decksmannschaft der Gischtregen nur so um die Ohren kachelte. Um das Schiff gut in der schweren See halten zu können, wurden nur zwei Stützsegel gefahren, der Innenklüver und das zweifach gereffte Besansegel. Überdies ließen wir die Schiffsschraube mit Motorkraft mittörnen. Der Wind legte weiterhin zu und trieb dunkelgraue Wolkenschollen tief über die Mastspitzen der »Thor« hinweg. Der Atlantik ist kein verträumter Binnensee – das wußten alle vorher, die hier mitfuhren. Das wilde Gebaren der See ringsum stillte augenblicklich wirklich jeglichen Hunger nach wildromantischem Abenteuer. Sich hier mitten zwischen den entfesselten Elementen wiederzufinden, ist etwas gänzlich anderes als daheim als Zeitversäumer, der nur Tümpel und Teiche aus eigenem Erleben kennt, behaglich vor dem Fernsehgerät zu sitzen. Gewiß, das große Meer verführt und ist eine Herausforderung; nicht wenige Menschen suchen um ihrer selbst willen die Auseinandersetzung mit der See. Auch in unseren Tagen entrinnen viele der trockenen Zimmerluft, um fern von sicheren Küsten dem Urelement allen Lebens Wahrhaftigkeit abzufor-

dern. Doch wie kleinmütig wird des Menschen Seele dann angesichts der sich um ihn entwickelnden ungeheuren Meereskraft. Und wiederum schlich sich – währenddessen wir unter den vom Sturm prall gefüllten Segeln dahinpreschten – im Innersten aller, die für diesen Trip auf unserem Rahsegler angemustert hatten, Respekt und Demut ein vor der Gewalt der See.

Um 18.30 Uhr hatten wir unter großen Anstrengungen alle Segel geborgen, führten Lichter als Maschinenfahrzeug und setzten direkten Kurs auf Morehead City ab. Sobald wir das flache Küstengewässer erreichten, lief das Schiff wesentlich ruhiger durch die See. Detlef kannte Morehead City aus seiner Fahrenszeit als Leichtmatrose und wußte, daß sie Hauptumschlagshafen für guten *Virginia*-Tabak ist. Das ihm vertraute Leuchtfeuer von *Cape Lookout* wies wie früher dem einsteuernden Schiff den Weg, aber er war gespannt, wie sich dieser Hafen wohl verändert haben würde.

Eine halbe Stunde nach Mitternacht passierte die »Thor« die Tonne *Pilot Morehead City* an Backbord und lief den Ankerplatz *Alfa* an. Um 1.10 Uhr hieß es: »Laß fallen Anker Steuerbord!« Lichter und Signale wurden nach Vorschrift gesetzt. Während Somnus, der Gott des Schlafes, die von der Seereise Erschöpften frühzeitig in die Kojen schickte, mußte von einigen bis zum Morgen Ankerwache gehalten werden.

Der sehnlichste Wunsch einiger Mitsegler, endlich eine »Bauernnacht«, also 12 Stunden seelenruhig durchschlafen zu können, erfüllte sich nicht. Mit einem Fauchen sprang der Hauptdiesel an. Der Anker wurde gehievt. Das Rummeln der Maschine und das Rasseln im Kettenkasten weckte den letzten Schläfer. Einigermaßen erholt von den Seestrapazen der vergangenen Tage, rüstete man sich für den alsbaldigen Landgang. Das Schiff manövrierte sich zwischen den Markierungstonnen in das Fahrwasser des *Beaufort Inlet Channels* hinein. Für das Einlaufen in amerikanische Häfen müssen ausländische Schiffe – lediglich bei Yachten gelten Ausnahmeregeln – grundsätzlich Lotsen an Bord nehmen, so auch hier. Das Pilot-Boat kam bei Tonne 8 längsseits, wir nahmen den Lotsen über und machten um 10.15 Uhr mit Steuerbordseite am *Port Terminal South Quay* fest.

Eine kleine Menschenschar hatte sich an der Pier zu unserer Begrüßung eingefunden, darunter der örtliche Seemannspastor und der Hafenmeister. Diese Menschen begegneten uns mit ausgesprochenem Interesse und unverkennbarer Freude. Ein großes Segelschiff wie die »Thor« ist hier anscheinend lange nicht zu Gast gewesen. Später sollte Detlef erfahren, daß der vormals rege Frachtverkehr nachgelassen hatte; entsprechend ruhig und ungestört konnten wir den Sonnabend über

Eines der schnellen Marinefahrzeuge, die die »Thor« in der Chesapeake Bay zur Begrüßung umkreisen.

Durch die Francis-Scott-Key-Brücke hindurch läuft die »Thor« in den Fort-Mc-Henry-Channel ein.

Vor unserem Bug erscheint das Panorama von Baltimore City.

Wir laufen in den inneren Hafen von Baltimore ein.

hier liegen. In den Gliedern spürten wir immer noch: Die zurückliegende Etappe von Miami hierher hatte uns allen wegen der anhaltenden Kälte, Sturm und der ständigen Schiffsbewegungen in ungewöhnlichem Maße arg zugesetzt. Ein erholsamer Hafentag war deshalb jedem von uns recht willkommen.

Morehead City präsentierte sich uns als typische nordamerikanische, maritim geprägte Kleinstadt. Einige ansprechende Restaurants luden uns ein, frisches, wohlschmeckend zubereitetes Meeresgetier zu genießen. Das abendliche Amüsierleben in dem beschaulichen Städtchen gestaltete sich eher geruhsam. Die meisten waren gegen 21 Uhr wieder zurück an Bord. Eine Gruppe unentwegter Nachtschwärmer soll jedoch im Nachbarort eine »heiße« Disco-Nacht erlebt haben.

Sonntags morgen – als pünktlich um 8 Uhr der Lotse an Bord kam, war alles aufgeklart, strahlte die »Thor« förmlich vor Sauberkeit. Wir verließen den beschaulichen Hafen unter Fock und aller Gaffelbesegelung. Nach Abgabe des Lotsen steckten wir Kurs ab nach Baltimore/Maryland. Die Stimmung war trotz Außentemperaturen um 7 Grad Celsius großartig, weil es Poseidon diesmal gnädig mit uns meinte. Mit einer leichten südlichen Brise segelten wir nordwärts. Eine Stunde vor Mitternacht zogen wir mit allen gesetzten Segeln an der Spitze von Kap Hatteras vorbei.

Montags um 13.45 Uhr, kurz bevor die »Thor« in den *Chesapeake* Bay Bridge Tunnel einlief, kamen zwei Lotsen an Bord, um uns die 120 Seemeilen bis Baltimore zu geleiten. Dank Matts hervorragender Vorplanung hatte die »Thor Heyerdahl« und ihre Besatzung von den Stadtvätern Baltimores eine Einladung erhalten. Dementsprechend wurden auch die *»pilotage«*, sprich Lotsengebuhr, von dem »Operation Sail Commitee Baltimore« übernommen.

In der Chesapeake Bay grüßten uns zahlreiche Kriegsschiffe, indem sie unseren Dreimast-Toppsegelschoner umkreisten. Unter ihnen befanden sich zwei uns beeindruckende turbinengetriebene Hoovercrafts, deren geräuschvolles Erscheinungsbild an mit Argonauten bemannte Raumschiffe denken ließ. Die Chesapeake Bay erinnerte uns sehr an unser dänisches Segelrevier in der Ostsee. Zudem war es an diesem Tage kalt und regnerisch. Ab und zu stoben einige dichte Schneeschauer zwischen den Masten der »Thor« hindurch und raubten uns die Sicht. Auch die Lotsen meinten, es sei für diese Jahreszeit hier oben viel zu kalt und gaben vernehmbar eine Reihe unmutsvoller Kraftausdrücke über unseren offenen Steuerstand von sich. Wer wollte es ihnen verdenken; auf einem Frachter könnten sie bequem in einem geheizten Brückenstand stehen. Ja, aber so ist das nun mal mit der romantischen Schoner-

Im *Inner Harbour Baltimore* – nicht unweit von der »Thor« – liegt die *United States Frigate* »Constellation«, Baujahr 1797. Neben dem Veteran der US-Navy repräsentiert die »Pride of Baltimore« die maritime Verbundenheit der Stadt.

Die Stadtväter von Baltimore räumen dem Gast aus Kiel das Privileg ein,
neben ihrer berühmten »Pride of Baltimore« festmachen zu können.
Über die Toppen geflaggt, zieht die »Thor Heyerdahl« zahlreiche Schaulustige an.

fahrt – nicht jeder Nachfahre jener weder Wind noch Kälte scheuenden Kapitäne, die hier einst die schonergetakelten Baltimore-Clipper segelten, kann sich heute für diese Art der Seefahrt noch erwärmen.
Eine kalte Nacht legte sich über die Bay. Mit Radar beobachteten wir das gut betonnte Fahrwasser. Um 4 Uhr morgens standen wir 3,5 Seemeilen südwestlich *Bloody Point Bar*, zwei Stunden später unterfuhren wir im Main Channel die *Lane Memorial Bridge*. Die Segel wurden eingeholt. Weiter ging es mit Maschinenkraft durch den *Craighill Channel, Graighill Channel Upper Range, Brewerton Channel*. Wir passierten nun die *Francis Scott Key Bridge* und liefen um 8.30 Uhr in den *Fort Mc Henry Channel* ein. Die Namensbenennungen halten Erinnerungen wach an den Kampf vom 13. zum 14. September 1812, als das Fort Mc Henry, heute »National Monument and historic Shrine« von Baltimore, dem britischen Angriff standhielt. Inspiriert von dem heldenmütigen Widerstand schrieb Francis Scott Key 1814 auf seine Flagge *»The Star Spangled Banner«* – den Text der heutigen Nationalhymne der USA.
Baltimore's Gründung fällt in das Jahr 1729. Mit der Schaffung der ersten amerikanischen Eisenbahn im Jahre 1827 wurde sie zum Ausgangspunkt einer im wahrsten Sinne des Wortes bahnbrechenden Entwicklung, wuchs zu einer der bedeutendsten Handels- und Hafenstädte an Nordamerikas Küste und zur größten Stadt Marylands empor.

Baltimore – welch klangvoller Name, aber im Gehör aller Segelschiffsfreunde verbindet sich doch mit ihm die Vorstellung von schnellen und in ihrer Linienführung bestechend schönen Segelschiffen, die hier an der Chesapeake Bay seit dem ersten Jahrzehnts des 18. Jahrhunderts gebaut wurden. Die flinken, übertakelten und mit niedrigem Freibord und scharfem Bug ausgestatteten Briggs, Schoner und Brigantinen, die damals allen anderen Schiffen auf und davon segelten, erlangten als »Baltimore-Klipper« einzigartige Berühmheit. Die schnittigen Linien ihrer hölzernen Rümpfe und die schräggestellten, vollgetakelten Masten entsprachen den Forderungen nach zeitloser Schönheit und absoluter Ästhetik. Diese wahren Seevögel gelten heute als Inbegriff einer zur höchsten Vollendung gebrachten traditionellen Bootsbaukunst. Sie waren die Vorläufer für die nachfolgenden großen Klipper und leiteten somit die hohe Blütezeit der Segelschiffe ein. Im Jahre 1832 ließ ein Kornhändler aus Baltimore an den Gestaden der Chesapeake Bay für die China-Fahrt die 44 Meter lange »Ann Mc Kim« bauen, die lange als das schnellste Schiff ihrer Zeit und wegen ihrer Merkmale vielfach als der erste Klipper bezeichnet worden ist. Sie diente als Vorbild für die in New York gebaute »Rainbow«, dem ersten extremen Klipper.
Als wir in den Innenhafen einliefen, verflüchtigte sich die Wolkendecke am Himmel und Sonnenlicht ließ das Panorama von Baltimore in Postkartenfarben erstrahlen. Auf der Promenade des wunderschönen inneren Hafens von Baltimore erwartete eine gute Fee in Gestalt einer charmanten Mitarbeiterin von »Operation Sail Baltimore« das Einlaufen unseres Dreimastschoners. Um 10 Uhr begrüßte uns Lisa mit einem liebenswürdigen »Hallo!«, und wir bekamen den exzellentesten Liegeplatz zugewiesen, den Baltimore zu vergeben hat: direkt neben der »Pride of Baltimore«, einem Nachbau jener sagenhaften, im Krieg von 1812 hier vom Stapel gelassenen Kaperschoner, der den ganzen Stolz dieser Stadt symbolisiert.
Mit einem versöhnlichen Lächeln gingen die Lotsen von Bord. Wir wurden von der perfekten Organisation und dem eigens für uns vorbereiteten Programm angenehm überrascht und waren zugleich darüber über alle Maßen erfreut. Eine abwechslungsreiche Tagesgestaltung und ein vorzügliches Abendprogramm hatte man für uns vorgesehen. Mehrere Einladungen lagen bereits vor, darunter auch eine des deutsch-amerikanischen Bürgervereins. Zu Detlefs größter Freude wurde ihm in seiner Eigenschaft als Kapitän der »Thor Heyerdahl« von einem Gesandten des Präsidenten von Maryland die Ehrenbürgerschaft der Stadt Baltimore in Form einer Urkunde überreicht.
Von Dienstag, dem 31. März, bis zum Donnerstag, dem 2. April, blieb die »Thor« mit ihrer Steuerbordseite fest im *Inner Harbour Baltimore* liegen. Ausreichend Gelegenheit also, viele Sehenswürdigkeiten und kulturelle Institutionen in Augenschein zu nehmen. Wir fühlten uns wohl in der gediegenen Atmosphäre, die das überschaubare Hafenbecken ausstrahlt. Vor der Front der Hochhäuser drängen sich schmucke »Waterfront Cafés«, ansprechende Restaurants und vielfältig genutzte Pavillons und Gallerien aneinander. Etliche herrlich gestaltete Terrassenplätze luden uns zum Verweilen ein.
Der »Thor« gegenüber, auf der anderen Seite des Hafenbeckens, liegt an der Pier 1, Pratt Street, die *United States Frigate* »Constellation«. Zusammen mit der »Constitution« und der »United States« war sie 1797 vom Stapel gelaufen. Von diesen drei ersten Kriegsfregatten der USA befindet sich die in Boston liegende »Constitution« , volkstümlich *»Old Ironsides«* gescholten, nach glorreichen Kriegsfahrten bis zum heutigen Tage in Bereitschaft, während das Schwesterschiff in Baltimore als schwimmendes Museumsstück dient. Nicht unweit von ihr ein weiteres museales Seefahrzeug: the United States Submarine »Torsk«.

Die Wunder der Unterwasserwelt lassen sich im »National Aquarium« anschauen, einem der größten seiner Art mit über 5000 Wasserlebewesen. Der neue *»Marine Mammal Pavilion«* beherbergt Belugawale und seltene Delphinarten. Im »Railroad Museum« in der Pratt Street fanden wir uns an der Geburtsstätte der amerikanischen Eisenbahn ein. In der Amity Street klopften wir an die Tür des Edgar-Allan-Poe-House.

Nach dem Tode seines Bruders lebte dort Edgar Allen Poe, vielgelesener Autor und jüngerer Zeitgenosse von Melville, von 1831 bis 1834 allein in der Dachkammer. Die Jahre waren für den erwerbs- und brotlosen Dichter recht trübe, aber nichtsdestoweniger erhellt vom Lichte schöpferischer Kraft. Es waren die Jahre, da zwischen Baltimore und Ohio die erste Eisenbahnlinie der Vereinigten Staaten eröffnet worden war. Das Heulen der Dampfertyphone im Hafen vermählte sich mit den Pfiffen der Lokomotiven, ganz Baltimore stand im Fieber rastloser Geschäftigkeit und gewinnorientiertem Unternehmertums, als er – abgewandt von allem – in seiner Kammer seine von symbolhafter Vertiefung gekennzeichneten Erstlingserzählungen schrieb. Mit seinem Erstling »Das Manuskript in der Flasche« gewann er 1833 ein von der Zeitschrift *»Baltimore Saturday Visitor«* veranstaltetes Preisausschreiben. Mit dieser Kurzgeschichte, deren Schauplatz das Meer ist, wurde man nicht nur in Baltimore auf das Talent Poes aufmerksam. Das Manuskript berichtet von einem Reisenden, der an Deck eines *Fliegenden Holländers* gerät und mit ihm unter dem Brüllen und Donnern von Sturm und Meer in eine irrsinnige Strömung hineinrast. Viel interessanter für die meisten Besucher des Hauses in der 203 N. Amity Street ist aber der Umstand, daß Poe, diese große Gestalt der Weltliteratur, seine Nichte Virginia heiratete, mit der er in diesem Hause lebte.

Und dann setzten wir unseren Fuß über die Schwelle von Mary Pickersgill's Home. Diese Dame steht besonders hoch in der Gunst der Einwohner von Baltimore, nähte sie doch jene Fahne zusammen, die über dem Fort Henry flatterte und auf der Francis Scott Key die US-Hymne niederschrieb. Baltimore City hielt für uns unzählige Attraktionen bereit. Zahlungskräftige Segelbegeisterte konnten sogar vom »Inner Harbour« aus mit einem 158-Fuß-Toppsegelschoner, einer Replik aus dem Jahre 1854, stundenweise auf Fahrt gehen.

Immer von neuem, wenn wir vom Stadtbummel auf unser Schiff zurückkehrten, konnten wir den Blick nicht von der neben der »Thor« nur durch einen Steg getrennt liegenden »Pride of Baltimore« wenden. Es ist das Wissen um die Dinge, die dieser Seglertyp für die amerikanische Nation verkörpert, was jeden Schiffkenner in den Augenblicken der Betrachtung un-

Vor Jahren segelte die »Pride of Baltimore« nach Kiel. Jetzt war die Thor zu ihr gekommen.

Ehrenbürgerschaftsurkunde der Stadt Baltimore, ausgefertigt vom Gouverneur des Bundesstaates Maryland.

The State of Maryland

Governor of the State of Maryland, to

CAPTAIN DETLEF SOITZEK , **Greeting:**

Be it Known: That on behalf of the citizens of this State, in recognition of your impressive commitment to faithfully nurturing strong bonds of international understanding, goodwill and friendship between Maryland and the Federal Republic of Germany - as the SS THOR HEYERDAHL, a three-masted topsail schooner from Kiel, Germany, has journeyed to the Inner Harbor in Baltimore... and as Maryland, home to an active and respected German-American community, welcomes you and your crew to our state with open and appreciative arms,
we are pleased to confer upon you this

Certificate of Honorary Citizenship

Given Under My Hand and the Great Seal of the State of Maryland, this 31st *day of* March *, In the Year of Our Lord, One Thousand Nine Hundred and* Ninety-two.

William Donald Schaefer
Governor

Secretary of State

THE CITY OF NEW YORK
OFFICE OF THE MAYOR
NEW YORK, N.Y. 10007

Captain Detlef Soitzek
Master
S. S. Thor Heyerdahl

April 6, 1992

Dear Captain Soitzek:

My warmest greetings to you and the members of your crew.

The name Thor Heyerdahl evokes the spirit of adventure personified by explorer and mariner. We are honored to welcome this magnificent tall ship t his name to New York City's shores.

It is particularly fitting that during your visit here, the Thor Heyerdahl i at historic South Street, which was known to generations of New Yorkers as th Ships. It was here that trading ships came from around the world to help mak York an international center of commerce. Today, the South Street Seaport M serves as a living reminder of our history.

New Yorkers are proud of their maritime heritage, which is enhanced t by your presence in our harbor. I wish you an enjoyable visit, and smooth saili your coming voyage.

Sincerely,

David N. Dinkins
MAYOR

Erinnerungen an eine große Reise

Grüße des Bürgermeisters von New York

terschwellig bewegt. Bereits in der Kolonialzeit, als die Briten strenge Handelsgesetze für die überseeischen Kolonien schufen und dadurch den Schmuggel zum einträglichen Geschäft aufkommen ließen, entstanden die flinken und wendigen amerikanischen Schoner. Im amerikanischen Unabhängigkeitskrieg waren die althergebrachten, von der *Continental Navy* auf die See hinausgeschickten Schiffe der Royal Navy hoffnungslos unterlegen gewesen. Im nächsten Freiheitskrieg – von 1812 bis 1814 gegen das britische Mutterland – gelangten amerikanische Seeräuber mit schnellen Kaperschiffen zu Ruhm und Reichtum. Zu Hunderten wurden an der Chesapeake Bay die schmalen, zweimastigen Segler mit dem langen Bugspriet und den durch Stengen überhöhten Schrägmasten gebaut, die als Blockadebrecher, Patroullien-, Verbindungs- und Freibeuterschiffe hinaussegelten und die während der Kriegswirren 1812 unter dem Namen »Baltimore Clipper« bekannt wurden.

Die Vorgängerin der neben der »Thor« liegenden »Pride of Baltimore« hatte unseren Heimathafen an der Ostsee besucht. Die Bürgerschaft von Baltimore hatte ihr Kleinod 1978 auf Weltreise geschickt. Zuhauf waren die Kieler zum alten Olympiahafen geeilt, an dessen äußerer Spundwand die ehemalige »Pride of Baltimore« für einige Tage festgemacht hatte, um das Schmuckstück aus Baltimore zu bewundern. Leider ging der Schoner anschließend auf seiner Weiterreise im Mittelmeer verloren.

Das Wochenende verging wie im Fluge, und der kommende Dienstag sah die »Thor«-Crew bei der vergnüglichen Party im Clubhaus des Bürgervereins. Neben reichlich belegten Sandwiches und deutschem Bier fanden wir dort ausnehmend nette Leute vor, meistenteils deutsche Auswanderer, die sich sichtlich freuten, mal wieder mit Landsleuten aus der Heimat sprechen zu können. Als nächstes deutsches Schiff, so wurde uns anvertraut, erwartete man in Baltimore im August 1992 im Rahmen des »Columbus Races« das Segelschulschiff der Bundesmarine »Gorch Fock«. Mit der »Thor«, so schien es, holte man sich Appetit für den avisierten großen Happen. Am letzten Abend in dieser gastfreundlichen Stadt gelang es Detlef und Moses, trotz offizieller Einladungsverpflichtungen, endlich einmal dem allgemeinen Trubel zu entfliehen und in einer Jazzkneipe in der Nähe des Hafens Entspannung zu suchen.

Am Donnerstagmorgen war die »Thor« um 9.30 Uhr klar zum Auslaufen. Der Lotse kam an Bord, wir legten ab vom Kai und segelten bis 11 Uhr mit wechselnden Kursen durch das Hafenbecken, um einen Fototermin für die Presse einzuhalten. Wir waren es sowohl uns als auch der zurückbleibenden Stadt, die uns viel geboten hatte – deren Herz für jeden Schoner schlägt –, schuldig, unter Vollzeug mit Schoner-, Groß- und Besansegel sowie Mars-, Bram-, Fock- und Klüversegel auszulaufen.

Ein Lotsenwechsel erfolgte um 18 Uhr bei *Chesapeake City Fixed Bridge*, ehe wir den *Chesapeake Delaware Channel* verließen. Am Freitagmorgen blies der Wind aus westnordwestlicher Richtung mit Stärke 7, das Bordthermometer registrierte weniger als 5 Grad Celsius. Mit Lotsenberatung steuerten wir südwärts durch die Delaware Bay und dann ostwärts über die *Five Fathom Bank.*

Über den Nordausgang der Chesapeake Bay kommend, die Delaware Bay hinunter segelnd, gaben wir beim Refuge Light den Lotsen ab und nahmen nach Umrundung von Cape May Kurs auf New York. Des Nachts legte sich die »Thor« vor Manasquan Inlet vor Anker, um ihren »US-Agenten« Matt zu übernehmen. Und es gab die lang erwartete freudige Begrüßung mit dem Freund und Rechtsanwalt aus New York, der die Ankunft der »Thor« sehnlichst erwartet und Monate im voraus alle erforderlichen Regularien beim Zoll, dem Immigration Office und der Hafenbehörde für den USA-Aufenthalt der »Thor« abgewickelt und sonst alles Notwendige organisiert hatte. Als es um zwei Uhr nachts hieß, den Anker aufzunehmen, und Kapitän Detlef als erste Eintragung ins Schiffstagebuch das Datum eintrug ›Samstag, 4. April 1992‹, war in der wechselvollen jahrzehntelangen Lebensgeschichte des Schiffes »Thor Heyerdahl« ein außergewöhnlicher Tag angebrochen. Die gute, alte »Thor« erwachte trotz nächtlicher Stunde auf eigentümliche Weise zu freudig-erregtem Leben, als spüre sie die Besonderheit dieser Fahrt. Und als alle Segel standen, erregte der Seewind ihr Takelagegeflecht zu einem leisen, munteren Summen. Nach Leuchtfeuerpeilungen und mit Hilfe des Radars ging es zunächst am noch im Morgendunst liegenden Küstenstrich New Jerseys entlang nach Norden. – Gedanken kommen auf an die von Schiffen aller Herrgottsländer befahrenen Küste. Die Eastcoast mit all ihren klangvollen Namen, Häfen und Legenden, ein unverwechselbarer Background für Schiffsgeschichten und Seeromane. Nicht unweit im Landesinneren von New Jersey verfaßte einmal James Fenimore Cooper sein maritimes Epos »Der rote Freibeuter«. Zu seinen Hauptwerken zählt »The Pilot, A Tale of the Sea« (Der Lotse), eine Erzählung aus dem amerikanischen Unabhängigkeitskrieg. Und nicht unweit, drüben in Pittsfield, schuf Herman Melville, bedeutenster amerikanischer Romancier, mit »Moby Dick« eines der größten Prosawerke der See.

Matthew E. Moran,
B.A., J.D.
U.S. Consultant
unser Mann im Herzen
von Manhattan,
erwartet die »Thor Heyerdahl«.

Unser nächstes Abenteuer heißt New York, die 13-Millionen-Metropole an der Ostküste der Vereinigten Staaten.

VOR DER SKYLINE M

nter vollen Segeln auf dem Hudson River,
r Manhattans berühmter Südspitze,
rbei an den beiden Türmen des Welthandelszentrums.

NHATTANS

XV

Um 4 Uhr stand die »Thor« bereits 2,5 Seemeilen vor Long Branch. Von Süden kommend richtete sie ihren Bugspriet direkt auf Ambrose Lighthouse. An dieser Stelle zwischen der flachen Landzunge Sandy Hook und der Südwestecke von Coney Island verrichtete einst anstelle des jetzigen Leuchtturmes das berühmte Feuerschiff »Ambrose Light« seinen schweren Dienst. Unzähligen mit den Elementen kämpfenden Briggs, Schonern und qualmend aufdampfenden Steamships, Luxuslinern und weiß Gott, was sonst noch für Schiffen hatte es in finsteren, stürmischen Nächten die Richtung gewiesen.

Es war für diejenigen, die sich an diesem denkwürdigen Morgen an Oberdeck der »Thor« aufhielten, ein einzigartiges, erhebendes Gefühl, an einem herausragenden Wegepunkt angekommen zu sein, an dem sich zuvor so viele Schiffe aus aller Herren Länder und oft von Rang und Namen eingefunden hatten, an dem ein großes Kapitel Seefahrtsgeschichte geschrieben worden ist. Zwei Seemeilen westlich des Leuchtfeuers kam ein Lotse an Bord. 30 Minuten darauf, ehe das Schiff in den Ambrose Chamlel einlief, wurde ein zweiter Pilot übernommen, der die »Thor« durch die stark befahrenen Meerengen vor Staten Island und der Brooklyn-Enge von Long Island sowie durch den unteren und oberen Hafen von New York bis zu ihrem Liegeplatz bringen sollte.

Die Sicht war außergewöhnlich klar, und als die 1960 fertiggestellte Verrazano Brücke passiert wurde, standen mittlerweile alle an Oberdeck, um den bewegenden Moment des Einlaufens in die Upper Bay New Yorks mitzuerleben. Insbesondere dem jetzt 41jährigen Mann mit dem unverkennbaren Seefahrerbart, achtern vor dem Steuerstand stehend, der dem Dreimaster mit eigenen Händen Leben verliehen und ihn nun als Miteigner und Käpitän weite Strecken über die See und letztlich hierher geführt hatte, überfiel ein sonderbares Gefühl. Vorübergehend wallte die Erinnerung in Detlef an seine frühen Jahre auf, als er einst hier auf der Reede hinter der Verrazano Narrows Bridge als ebenso hoffnungsvoller wie erlebnishungriger Schiffsjunge mit dem Hapag-Stückgutfrachter »Wolfsburg« vor Anker gelegen und seinen 16. Geburtstag gefeiert hatte. Irgendwie scheint sich bei ihm ein gewisser Lebenskreis zu schließen, als käme er nach einer langen wechselvollen Reise nunmehr am Zielhafen an.

Vor dem 2. Weltkrieg wurde fast ein Drittel des amerikanischen Schiffsverkehrs über New York abgewickelt, in den folgenden Kriegsjahren dann sogar über 40 Prozent. Jetzt allerdings ist der prozentuale Anteil unterhalb zehn Prozent herabgesunken. Auf der New

Geschichtliches

Mit dem 17. April 1524, als der in französischen Diensten stehende Florentiner Giovanni da Verrazanos mit seinem Schiff »Dauphine« die Fluten der Meerenge vor der Felseninsel von Manhattan durchsegelte und in die heutige Upper New York Bay erstmals einen Anker warf, begann die Geschichte New Yorks. Einige Monate nach Verrazano wurden Portugiesen, die in dieser Region zu landen beabsichtigten, von eisigen Schneestürmen vertrieben.
Gleich ihnen waren die Seefahrer jener Epoche nicht ausschließlich an der Neuen Welt interessiert, sondern auf der Suche nach der Nordwestpassage, um eine Seeverbindung nach Ostasien und Indien zu finden. Die holländische Ostindische Handelsgesellschaft, der am Gewürzhandel mit China gelegen war, entsandte seit ihrer Gründung im Jahre 1602 eine Reihe von Expeditionsschiffen, um den Weg nach Ostasien von Nordwesten her zu finden. Am 2. September anno 1609 erreichte der Engländer Henry Hudson die Südspitze Manhattans. Mit seinem unter holländischer Flagge segelnden Schiff »Halve Maan« *(Halbmond)* fuhr er, beseelt von dem Glauben, die langvermutete Durchfahrt gefunden zu haben, den nach ihm benannten Hudson-Fluß hinauf. Erst dort, wo heute Albany liegt, wurde ihm sein Irrtum bewußt, und er kehrte um.
11 Jahre nach ihm ankerte der als kühn bekannte holländische Kapitän Adrian Block vor Manhattan, als sein Schiff Feuer fing und verloren ging. Er baute sich dort die 45-Fuß-Yacht »Onrest« *(die Rastlose)* und zog umher, um das Gebiet der späteren Staaten New York und New Jersey zu kartographieren. In seinen Karten fand die Insel »Manhattan« erstmals Erwähnung; sehr wahrscheinlich so benannt nach dem damals dort lebenden Irokesen-Indianerstamm. Auch erwähnte er das daneben liegende »Lange Eyland«. Mit der niederländischen Gründung der »Westindischen Gesellschaft« 1631 kamen drei Jahre darauf die ersten Kolonisten nach Neuholland. Darunter die fünf Männer, die sich auf der kleinen »Nußeninsel« *(heute Governors Island)* niederließen und an dieser Stätte Neuamsterdam gründeten, welches 1664 mit der Übergabe an England in New York umbenannt wurde.

Jersey Seite des New Yorker Hafens ist ein neuer Terminal für moderne Containerschiffe entstanden. Dort läuft heute, trotz neuer Umschlaghäfen in Brooklyn und Staten Island, der größte Teil des New Yorker Hafenverkehrs ab.
Vor dem Bug der »Thor« entfaltete sich im Morgenlicht das einzigartige Wolkenkratzer-Panorama von Manhattan mit dem alles überragenden Doppelturm des »World Trade Centers«, eines der höchsten Bauwerke der Welt. Errichtet wurde es im postmodernen Stil von der *»Port of New York Authority«*, die für den gesamten Hafenverkehr zuständig ist, um Arbeitsstätten anstelle der mittlerweile verfallenen Piers an der Westseite Manhattans zu schaffen. In seinem Inneren sind vorwiegend Schiffahrtsagenturen und Büros der Produktenhandelsgesellschaften untergebracht, außerdem auch Konsulate und das Zoll-Hauptquartier.
Während nun die »Thor« in die Upper Bay hinaufzog, befiel auch die ansonsten hartgesottenen Gemüter an Bord ein aufrührendes wie auch in gewissem Maße ehrfürchtiges Empfinden. Unvergeßlich die prägenden Minuten, da die kleine Freiheitsinsel an Backbord-Seite näherkam, und die Freiheitsstatue, das Wahrzeichen New Yorks und der Vereinigten Staaten von Amerika, dem Kieler Dreimast-Toppsegelschoner und seiner Besatzung – wie zuvor hunderttausendfach anderen auch, die vom Meer einliefen – den Willkommensgruß entgegensandte. Das am 28. Oktober 1886 eingeweihte Denkmal, ein Geschenk des französischen Volkes zur Erinnerung an das gemeinsame Ringen im amerikanischen Unabhängigkeitskrieg, schuf der aus dem Elsaß stammende Bildhauer Bartholdi, während der Entwurf des Innengerüstes vom späteren Erbauer des Pariser Eiffelturmes Gustav Eiffel kam. Die Inschrift auf der Tafel in der linken Hand der Dame Liberty trägt das Datum der Unabhängigkeitserklärung, den 4. Juli 1776. Kurz vor 9 Uhr, die Kameras klickten unaufhörlich, war die Fassade der Skycraper zum Greifen nahe. Und davor liegen sie, die weltbekannten Piers oder besser gesagt, was von ihnen noch übriggeblieben ist. Mitte des 17. Jahrhunderts wurde die erste Pier dort errichtet, so daß die Schiffsladungen direkt an Land gegeben werden konnten. Im Laufe der Zeit wurden jene Buchten mit Schüttgut gefüllt, und besonders Überseepassagierschiffe machten lärmend an den Piers auf der Hudsonseite Manhattans südlich der 60. Straße fest. Während die Frachter an die Docks von Brooklyn gingen, dampften die Luxusliner des 20. Jahrhunderts mit Vorliebe an die Piers nahe der 57. Street. Doch der zunehmende transatlantische Luftverkehr ließ den Passagierschiffahrtsverkehr versiegen, die verlassenen Piers verrotteten und wurden allmählich zugeschüttet.

Einigen übriggebliebenen Piers wurde eine Überdachung übergestülpt, und sie werden als Garagen, Tennishallen und Ballsäle genutzt. Eine Pier diente lange Zeit als Dauerliegeplatz für einen außer Dienst gestellten Flugzeugträger, der ein Marinemuseum beherbergt.
Hatte das vormals aus der Fahrt gekommene und viele Jahre an der Elbe bei Wewelsfleth dahindämmernde Fluß- und Küstenschiff wirklich jemals ahnen können, daß es ihm vorbehalten sein sollte, unter Segeln bis in die beste Stube Uncle Sam's zu gelangen? - Die »Thor« begann im Hudson River auf Gegenkurs zu drehen, um in den East River Channel einzulaufen. Auch an Manhattans East River Seite sind südlich der legendären Brooklyn Bridge in letzter Zeit die meisten der alten Piers den Aufschüttungen der Uferpromenade gewichen. Doch mittendrin im Schatten der Betonklötze von Beekman, Water und John Street tat sich beim Näherkommen ein renoviertes Hafen- und Handelsviertel des frühen 19. Jahrhunderts mit bestens sanierten historischen Kontor- und Lagerhäusern auf: der populäre *South Street Seaport Museumskomplex.* Und da sind sie noch vorhanden, die Reste jener alten, von Geschichten umrankten East River Piers. Ein Hauch aus den verflossenen Tagen der Teerjacken, verpichten Rumfässern und derbem Seemannslachen schien herüberzuwehen zu denjenigen, die staunend an der Reling der langsam dahingleitenden »Thor« standen. Und da gingen die Augen der Ankömmlinge über. Von weitem schon, beim Einlaufen in den Hafen, waren sie auszumachen, die vier rahgetakelten majestätischen gelben Masten der ehemaligen Hamburger Bark »Peking«, dem Kernstück des Museums zwischen den Piers 15 und 16. Weitere Oldtimer der Meere haben dort ihren letzten Liegeplatz gefunden: das 1907 gebaute Feuerschiff »Ambrose«, der Dreimaster »Wavertree«, 1885 vom Stapel gelaufen, ferner der betagte Fischschoner » Lettie G. Howard« von 1891. Hier hat Matt für die »Thor« einen wirklich exklusiven Liegeplatz reservieren lassen; that's a really marvellous place.
Als die allgemeine Stimmung bei der Mannschaft und den Passagieren der »Thor« euphorische Züge angenommen hatte, überlagert noch von der sich entwickelnden Hektik beim Vorbereiten des anstehenden Festmachens, passierte es: Josef zog sich, als er das Schott zum Laderaum durchsteigen wollte, einen schweren Nasenbeinbruch zu. Doch ihm widerfuhr Glück im Unglück. Michael, ein zur Crew gehörender Kieferchirurg, nähte ihm auf dem Salontisch noch während des Hafenmanövers alles wieder ins rechte Lot, so daß er für das bevorstehende New York Abenteuer alsbald wieder an Deck und auch an Land sein konnte.

Der Rudergänger hielt Kurs genau zwischen die zwei kollossalen, graniten Doppeltürme der Brooklyn Bridge, die das Stahlnetzseil mit dem filigranen Spinngewebe von Drähten halten, welches sich über den trägen East River spannt, der im eigentlichen Sinne kein Fluß ist, sondern ein tidenabhängiger Fjord. Die Hängebrücke verbindet seit 1883 die Stadtteile Manhattan und Brooklyn. Ihre Errichtung gilt als eine der größten Ingenieurleistungen des vorigen Jahrhunderts, ersonnen und erschaffen vom ehrgeizigen Vater- und Sohn-Architektengespann namens John und Washington Roebling, Einwanderer aus Thüringen. Fragend ging der Blick empor, wie bei jeder Brückenpassage. Doch keine Angst, diese Brücke ist 40 m hoch. Keine Gefahr, daß die Großmastspitze anschrammt.
Den East River aufwärts fahrend, passierte die »Thor« die Manhattan Bridge, lief noch ein wenig nordwärts, ehe sie über Steuerbord-Bug wendete. Rückkehrend passierte sie nochmals die gerade unterfahrenen Brükken, um dann mit der Steuerbordseite am Liegeplatz 17 festzumachen. Diese Anlegestelle war – wie sich Klaus, Erster Vorsitzender des Vereins »Segelschiff Thor Heyerdahl« aus den Tagen seiner eigenen Seefahrt erinnert - noch 1960 eine Bananenpier. Im vorigen Jahrhundert jedoch lag dort am Ende der South Street die Landungsbrücke der mit Tee, Seide, Zimt und Feuerwerkskörpern aus fernem China ankommenden Klipper. Hier wurden Ladungen gelöscht, die ihren Kapitänen und Eignern enorme Profite einbrachten. In der langen Reihe der hier anlegenden Schiffe gehört die »Thor« allerdings nicht zu den Schiffen, die finanziellen Gewinn einfahren; denn der Reichtum ihrer Reisen schlägt sich allein in der Fülle einzigartiger Erlebnisse nieder, die man in einer lebensfrohen Gemeinschaft genießen kann. So erlebten es auch alle hier, die mit der »Thor« angekommen waren. Ein lautes Hallo empfing die Ankommenden. Extra aus Deutschland angereist waren Werner, Gunne, Uli, Hartmut und andere Freunde, um das Einlaufen unserer »Thor« in den »Hafen der Häfen« zu feiern. Gleichfalls gesellte sich die Gruppe dazu, die ab Miami auf dem Landwege unterwegs gewesen war. Viele hatten sich jahrelang nicht gesehen und lagen sich nun vergnügt in den Armen.
Und dann ging es zum Landgang von Bord. Segelschiffer sind nicht unbedingt Wolkenkratzeranbeter.

Anlegemanöver Liegeplatz 17
East River Channel
im Hintergrund die Brocklyn Brücke und die Manhattan Brücke

Erster Anziehungspunkt ist somit das nahe Seaport Museum, das dem Seehandel des letzten Jahrhunderts gewidmet ist.

An renovierter Stätte, wo vormals das alltägliche Genrebild des verkommenen alten Fulton Fishmarket anzutreffen war, befinden sich nun Cafés und Boutiquen von gediegenem Geschmack. Doch immer noch wird dort in Herrgottsfrühe Fisch feilgeboten. Da gibt es z.B. das Fischlokal »Sweets« von 1842 in No. two Fulton Street, eine feine Adresse für Schlemmer von Meeresfrüchten. Doch nur kein Futterneid, Girls and Boys mit dem »Thor«-T-Shirt – wir haben ja unsere »Vier-Sterne-Bordküche«, und unser Top-Smutje versteht sich bestens darauf, den Kochlöffel für erlesene Gaumenkitzel zu rühren. Fulton Street No. 16 lockt neben dem *»Visitor's Orientation Center« das »Maritime Museum«* Besucher an, die sich für Schiffbau und -ausrüstung aber auch Schiffsmodelle interessieren. Im Haus 203 Front Street gibt es ferner den »Steam Room« vollgefüllt mit Modellen berühmter Passagierdampfer. Angrenzend an Fulton und Front Street reihen sich Lagerhäuser und Werkstätten, die zwischen 1811 und 1812 erbaut worden sind. zu einem Block zusammen: die unter Denkmalschutz stehende *»Schermerhorn Row«*. Damals, als das Panorama der New Yorker Bucht beinah bedeckt war mit Masten und Rahen unzähliger Schiffe, herrschte hier reges Treiben. Herman Melville, 1819 in dieser Stadt geboren, arbeitete dort als Angestellter einer Bank, ehe er 1837 zur See ging. Auf einem Schiff anzuheuern war zu jener Zeit gemeinhin der letzte Zufluchtsort gescheiterter Existenzen, und ein bezeichnendes Sprichwort hieß: *Die See und der Galgen verweigern nichts.* 1866 nahm Melville in New York das Amt eines Zollinspektors an. Vor dem geistigen Auge sieht ihn der Verfasser noch seinen Fuß zum Hafen lenken und einen Blick auf jeden ankommenden Segler richten. Selbst der Namensgeber unseres Schiffes hat biographische Fußstapfen in dieser Stadt hinterlassen. Schrieb er, Heyerdahl, nicht einst – bezogen auf die Vorbereitung seiner Expedition – auf der zweiten Seite seines Kon-Tiki-Buches: »Vielleicht begann das ganze im letzten Winter in der Direktion eines New Yorker Museums.«

Heutzutage läßt man das *»Seaport Venture«* über sich ergehen, ein Show-Spektakel mit verwirrenden Spezialeffekten, oder nimmt an einer Schiffsführung teil.

Inmitten der Schiffe der Jahrhundertwende das besondere Schmuckstück, der Flying-P-Liner »Peking«, eine Zeugin aus der Zeit der Großsegler und eine berühmte Schwester der »Passat«. An ihrem Heck steht immer noch ihr alter Heimathafen Hamburg. Von dort aus ging sie Ende November 1912 auf ihre Jungfernreise. Jahrelang war sie in der Salpeterfahrt um Kap Hoorn eingesetzt, und heute wird an Bord der »Peking« ein zehnminütiges Video über Ihre Fahrt »around the hoorn« gezeigt. Unmittelbar vor ihrer 200-Jahr-Feier erwarb die USA die ziemlich abgetakelte Bark. Rechtzeitig zum Jubiläum im Jahre 1976 konnte die »Peking« in alter Pracht hergerichtet werden.

Und durch die schmale Fulton Street führt uns der Weg durch das Spalier der Snack-Bars und kleinen Läden zum Broadway. Dieser war, so wollen es die Chronisten wissen, in vorkolonialer Zeit ein indianischer Kriegspfad. Zu Beginn des vorigen Jahrhunderts diente er als Kutschenverbindungsstrecke (*»Boston Post Road«*) nach Neuengland. Und jetzt erobert ihn das vergnügte Völkchen von der »Thor«. Er verläuft quer durch das Netzlabyrinth der schnurgeraden und rechtwinklig zueinander verlaufenden Streets (Ost-West-Richtung) und Avenues (Süd Nord-Richtung) und durchbricht den vom Stadtbaumeister John Randall 1811 entworfenen Stadtplan von Manhattan. Kernstück darin ist die Fifth Avenue, die sich von Washington Square am Zentral Park entlang nach Harlem zieht.

Die »Thor«-Leute stürzen sich hinein in den bunt schillernden, pulsierenden menschlichen Bienenstock New Yorks, den man auch *»The big Apple«* nennt. Vielfältig und verwirrend sind die Eindrücke zwischen den glitzernden monumentalen Fassaden der Wolkenkratzeransammlung, den »Monolithen der Massenbehausung«. Drei Tage voller Aktivitäten für die Leute von der »Thor«. Die Sightseeing-Tour konnte sich nur auf einige naheliegende Ziele beschränken. Rasch einen Gang hinüber in die Wallstreet, der Herzkammer der Weltfinanz. Zum Pflichtprogramm jedes Touristen gehört ein Blick vom Empire State Building, das immer noch eine Attraktion ist. Einige lassen sich zu der gedeckten Aussichtsgallerie im 107. Stock oder zur Dachterrasse der 411 m hohen Türme des World Trade Centers hochfahren, um den »Millionen-Ausblick« auf sich wirken zu lassen. Das vom US-Architekten Yamsaki entworfene spätmoderne, von Stahlstrebepfeilern getragene Gebäude besitzt Büroräume für 50.000 Angestellte, nimmt täglich 80.000 Besucher auf und vereint das ganze Spektrum New Yorker Geschäftigkeit unter einem Dach. Doch außer den Symbolen der Tatkraft und des Unternehmergeistes und den zuhauf ansässigen Millionären blieben uns auch die trostlosen Elendsgettos wie Harlem mit ihren Wohlfahrtsempfängern nicht verborgen. New York City – ob Kommerz im Finanzial District oder Kunst in Greenwich Village, das schrille Midtown Manhattan oder bizarre China Town, die morgendliche Idylle des Central Parks oder die abendliche Rushhour auf dem Brooklyn-Queens-Expressway, Lower East Side oder Harlem, eine Stadt der faszinierenden Gegensätze.

Von Matt arrangiert, erfolgte der offizielle Empfang von VIPs der Stadt an Bord der »Thor«; ein gesellschaftlich notwendiges wie allerorts nach einem bestimmten Ritus ablaufendes Ereignis. Beim »Stehkonvent« und Smalltalk auf dem Deck des über die Toppen geflaggten Schiffs wurden viele neue, freundschaftliche Bande geknüpft. Als das Offizielle überstanden war, mußte unser Schiff unverzüglich klargemacht werden für die bevorstehende Atlantiküberquerung. Wasservorräte und Proviant waren zu übernehmen. Rettungsmittel, Sicherheitseinrichtungen, Signalmittel, Funkausrüstung und vieles andere mehr unterlagen turnusgemäß einem Kontrollcheck. Sonntag nachts wurden die Uhren auf Sommerzeit umgestellt und morgens früh die neue

Crew eingewiesen. Als erstes wiederholte sich wie eh und je das unabdingbare Rollenspiel: Sicherheitsmanöver, Anlegen der Rettungswesten, Verhalten im Seenotfall.

Um 14 Uhr lief die »Thor« unter Gaffelsegel, Fock und Außenklüver zu einer Fahrt mit Börsenmaklern des NYSE *(New York Stock Exchange)* den Hudson hinauf. Auf der Rückfahrt wurden auch Mars- und Bramsegel gesetzt. Kurz nach 18 Uhr wurde wieder an der Stirnseite des Liegeplatzes 17 festgemacht. Allerdings mußte eine Stunde später auf die Südseite von LP 17 verholt werden. Montag vormittags sah man die »Thor« erneut vor dem westlichen Ufer Manhattans den Hudson hinaufziehen. Diesmal hatte sie eine Schulklasse mit ihren Lehrern an Bord genommen. Gegen 14 Uhr machte sie mit ihrer Backbordseite an LP 15 fest.

Am 7. April hieß es Abschied nehmen. Es galt, allen amerikanischen Freunden der »Thor« Dank zu sagen für die gewährte Gastfreundschaft. »All the best for you ! See you again maybe next year.« – Wir ließen alte und neue Freunde zurück. Mittags wurde die »Thor« per Telefon ausklariert. Mrs. Heyes vom Immigration Office erteilte die Ausreiseerlaubnis.

Vor dem Auslaufen übernahm die »Thor« an der Bunkerstation Kraftstoff und legte mit Schlepperhilfe ab. Unter Schoner-, Groß-, Besan-, Mars und allen Klüversegeln passierten wir gegen 21.00 Uhr Leuchtfeuer *»Ambrose«.*

Zwei Stunden später setzten wir das Bramsegel. Als der Lotse abgegeben worden war, atmete Detlef auf.

Gegen den »New York City Superlativstreß« schien ihm die bevorstehende Atlantiküberquerung eher eine geruhsame Angelegenheit zu werden. Und dennoch: Alle, die dabei waren, werden dies unwiederbringliche Erlebnis, mit der »Thor Heyerdahl« in New York gewesen zu sein, nie missen wollen. Lange Zeit noch sah man achteraus im nächtlichen Himmel den Lichtschirm über der gigantischen, lebensquirlenden Stadt stehen.

Als sich die Leute zu später Stunde unter Deck begaben, nahmen sie diesen imposanten Anblick als letztes Erinnerungsbild mit in ihre Kojen.

Eine besondere Anerkennung für die einzigartige Vorbereitung und Gestaltung des gelungenen USA-Besuchs gebührt unserem Betreuer Matt. Wie viele Wege hatte er für uns geebnet? Eines wissen alle an Bord: Ohne sein tatkräftiges Bemühen und seine unermüdliche Fürsprache hätte der Aufenthalt niemals diese Intensität haben können. Noch schien nicht ermeßbar zu sein, wie wertvoll es gewesen war, unter eines wahrhaften Freundes Fittiche genommen worden zu sein. – Dieses Privileg konnten die Crews der am 4. Juli anläßlich der »Gran Regata Colon« eintreffenden großen Windjammerflotte – darunter große Namen wie die »Amerigo Vespucci«, »Towarishch«, »Kruzenshtern«, »Sedow«, »Gloria«, »Sagres« und neun deutsche Schiffe, angefangen von der »Gorch Fock«, der »Alexander von Humboldt« bis hin zum »Peter von Danzig« – zu ihrem Leidwesen nicht für sich in Anspruch nehmen. Die große Flotte hatte alle Tücken des Ozeans umschifft, aber an den restriktiven amerikanischen Bestimmungen konnte sie dennoch nicht vorbeisegeln. Schon auf der Reede von Sandy Hook untersagte die Coast Guard den Zuschauerbooten, sich den ankernden Großseglern bis auf mehr als 30 Fuß zu nähern. Weder Besatzungen noch Kapitänen wurde der Landgang trotz vorliegender privater Einladungen gewährt. Als die Windjammer schließlich im Nebel einliefen, gab es nicht die erwarteten Hunderttausendschaften von enthusiastisch jubelnden Zuschauern, die erwartungsgemäß die Ufer hätten säumen sollen. Statt dessen erblickten die an Deck ihrer Schiffe in Paradeuniformen und Spalierreihen angetretenen Besatzungen vis-à-vis nur eine kläglich dünne Kette mäßig begeisterter New Yorker, die von dem Jahrhundertereignis Notiz nahmen. Der Hudson war überdies für alle

EAPORT LINE

South Street Seaport

An den legendären East River Piers – bis etwa 1860 die »Eingangspforte« New Yorks – legten Segelschiffe aus allert Welt an. Jetzt hat die »Thor« hier festgemacht. Vincent, Tobias, Martin und Sönke haben die Breitfock aufgetucht. An der Pier 16 liegen heute Museumsschiffe: das Feuerschiff »Ambrose« (vorne rechts im Bild), der Raddampfer »Andrew Fletcher« (vorne links), die Viermastbark »Peking« (Bildmitte), dahinter der Dreimaster »Wavertree«.

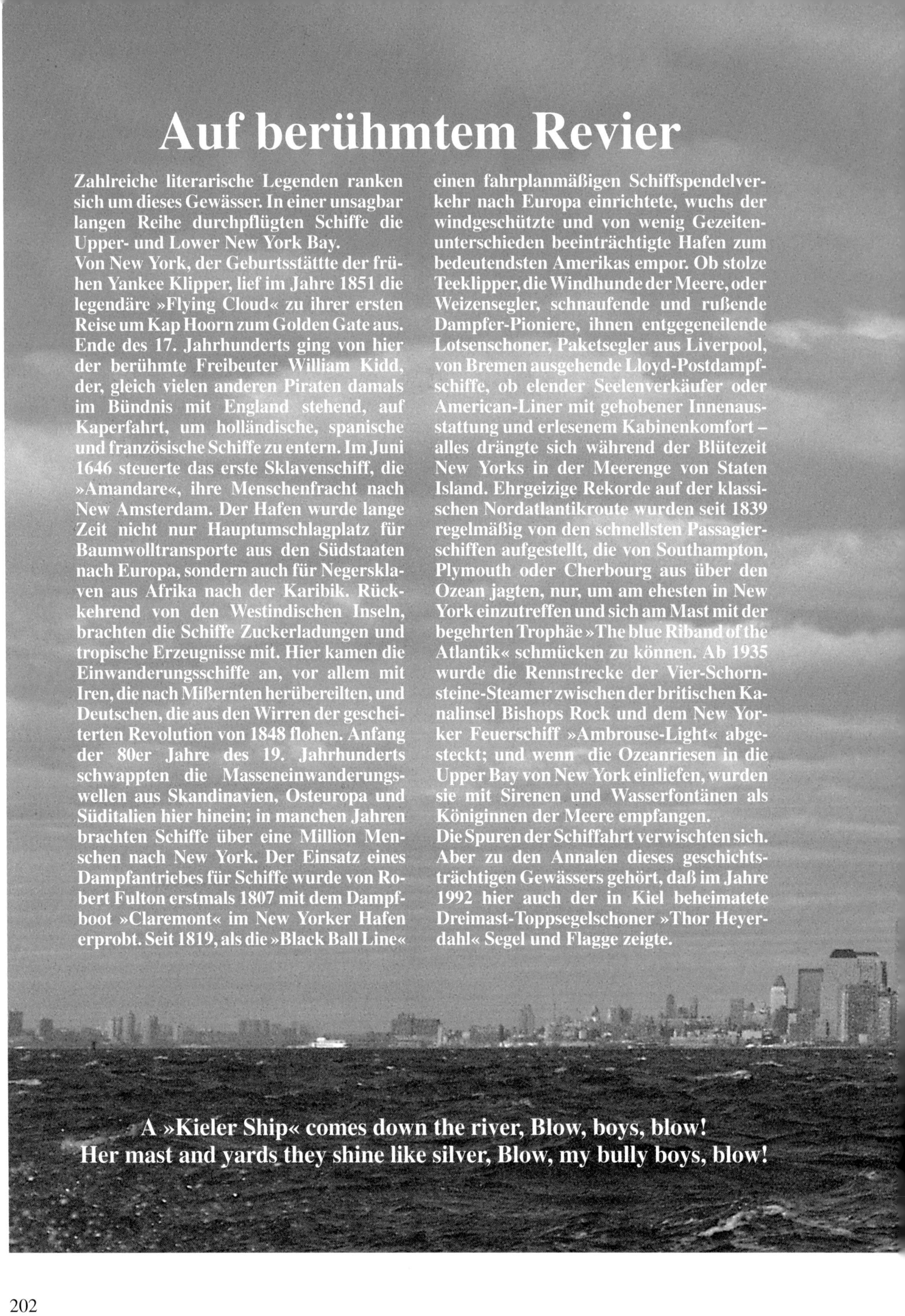

Auf berühmtem Revier

Zahlreiche literarische Legenden ranken sich um dieses Gewässer. In einer unsagbar langen Reihe durchpflügten Schiffe die Upper- und Lower New York Bay.
Von New York, der Geburtsstättte der frühen Yankee Klipper, lief im Jahre 1851 die legendäre »Flying Cloud« zu ihrer ersten Reise um Kap Hoorn zum Golden Gate aus. Ende des 17. Jahrhunderts ging von hier der berühmte Freibeuter William Kidd, der, gleich vielen anderen Piraten damals im Bündnis mit England stehend, auf Kaperfahrt, um holländische, spanische und französische Schiffe zu entern. Im Juni 1646 steuerte das erste Sklavenschiff, die »Amandare«, ihre Menschenfracht nach New Amsterdam. Der Hafen wurde lange Zeit nicht nur Hauptumschlagplatz für Baumwolltransporte aus den Südstaaten nach Europa, sondern auch für Negersklaven aus Afrika nach der Karibik. Rückkehrend von den Westindischen Inseln, brachten die Schiffe Zuckerladungen und tropische Erzeugnisse mit. Hier kamen die Einwanderungsschiffe an, vor allem mit Iren, die nach Mißernten herübereilten, und Deutschen, die aus den Wirren der gescheiterten Revolution von 1848 flohen. Anfang der 80er Jahre des 19. Jahrhunderts schwappten die Masseneinwanderungswellen aus Skandinavien, Osteuropa und Süditalien hier hinein; in manchen Jahren brachten Schiffe über eine Million Menschen nach New York. Der Einsatz eines Dampfantriebes für Schiffe wurde von Robert Fulton erstmals 1807 mit dem Dampfboot »Claremont« im New Yorker Hafen erprobt. Seit 1819, als die »Black Ball Line« einen fahrplanmäßigen Schiffspendelverkehr nach Europa einrichtete, wuchs der windgeschützte und von wenig Gezeitenunterschieden beeinträchtigte Hafen zum bedeutendsten Amerikas empor. Ob stolze Teeklipper, die Windhunde der Meere, oder Weizensegler, schnaufende und rußende Dampfer-Pioniere, ihnen entgegeneilende Lotsenschoner, Paketsegler aus Liverpool, von Bremen ausgehende Lloyd-Postdampfschiffe, ob elender Seelenverkäufer oder American-Liner mit gehobener Innenausstattung und erlesenem Kabinenkomfort – alles drängte sich während der Blütezeit New Yorks in der Meerenge von Staten Island. Ehrgeizige Rekorde auf der klassischen Nordatlantikroute wurden seit 1839 regelmäßig von den schnellsten Passagierschiffen aufgestellt, die von Southampton, Plymouth oder Cherbourg aus über den Ozean jagten, nur, um am ehesten in New York einzutreffen und sich am Mast mit der begehrten Trophäe »The blue Riband of the Atlantik« schmücken zu können. Ab 1935 wurde die Rennstrecke der Vier-Schornsteine-Steamer zwischen der britischen Kanalinsel Bishops Rock und dem New Yorker Feuerschiff »Ambrouse-Light« abgesteckt; und wenn die Ozeanriesen in die Upper Bay von New York einliefen, wurden sie mit Sirenen und Wasserfontänen als Königinnen der Meere empfangen.
Die Spuren der Schiffahrt verwischten sich. Aber zu den Annalen dieses geschichtsträchtigen Gewässers gehört, daß im Jahre 1992 hier auch der in Kiel beheimatete Dreimast-Toppsegelschoner »Thor Heyerdahl« Segel und Flagge zeigte.

A »Kieler Ship« comes down the river, Blow, boys, blow!
Her mast and yards they shine like silver, Blow, my bully boys, blow!

Fare well »Thor Heyerdahl«

Inmitten der New Yorker Bucht liegt das kleine Eiland Liberty Island. Darauf hebt sich das bekannteste Symbol Amerikas, die *Statue of Liberty Enlightening the World* (Die Freiheit erleuchtet die Welt), kurz Statue of Liberty, empor und wacht über die Schiffahrt auf dem Hudson. Sie ist sowohl das Allererste als auch das letzte Zeichen New Yorks, das man vom Meer her erblickt. Ein Abschiedsgruß für allzeit gute Fahrt gilt der fortsegelnden »Thor« und den in alle Welt auslaufenden Schiffen.

Unermeßlich die Zahl der Schiffe, die in über 100 Jahren die Freiheitsstatue, das Freiheitssymbol und Wahrzeichen Amerikas, passierten. Wieviele Verheißungen hatte das 46 Meter hohe Monument in den Neueinwanderern, die auf dem kleinen Ellis Island erstmals amerikanischen Boden betraten, erweckt? Der Sockelbau der Statue beherbergt das »American Museum of Immigration«, das die Zeit der Einwanderungsströme dokumentiert.

. . . and good bye
United States!

Achteraus bleibt Manhattan.

Kurs auf The Narrows, die Meerenge zwischen Staten Island und Long Island. Gespannte Aufmerksamkeit bei Detlef, dem Lotsen und Gunda am Steuerrad.

Die »Thor« beim Auslaufen in einer Gegenlichtaufnahme vor der Freiheitsstatue.

Zuschauerboote gesperrt worden. Zoll- und Einwanderungsbehörden sorgten darüber hinaus dafür, daß die Mannschaften bis zu acht Stunden warten mußten, ehe sie an Land gehen konnten. Hart traf es diejenigen Schiffe, die an die von Gittern und rüden Polizisten abgeschirmten Docks in Brooklyn verwiesen wurden, von wo es nicht einmal öffentliche Verkehrsverbindungen zu den anderen, weit entfernten Liegeplätzen gab. Die reichliche Verwunderung aller Beteiligten über die nicht unbedingt bevorzugte Behandlung der Schiffe, die als »Kolumbus Gedächtnisflotte 1992« nach New York kam, sollte Alexey, einer der russischen Kapitäne zum Ausdruck bringen, indem er beim Verlassen des Hafens sagte: »Verzeihung, Herr Bürgermeister, daß wir Ihrer Einladung folgten!«

Freuen wir uns, daß der Schiffsname »Thor Heyerdahl« bei den Bürgern New Yorks einen guten Anklang fand und demzufolge unserem Besuch eine außerordentlich positive Resonanz beschieden war.

Die vertraute See hatte die »Thor« wieder.

An diesem Ausreisetag ließen sich unser Koch und die Kombüsencrew nicht lumpen, gaben uns einen Geschmack auf das, was sie in New York alles an guten Sachen für die Überfahrt eingekauft hatten und servierten uns davon ein ausnehmend opulentes Mahl. Während man sich in der Messe genüßlich über das Galadiner hermachte, sich an den im Übermaß vorhandenen Speisen und Getränken gütlich tat, wußte man, so gut lebten die Besatzungen früherer Segelschiffe keineswegs. Weitaus schlimmer als ein Pfennigfuchser muß der Reeder des britischen Windjammers »Wavertree«, in dessen Nähe die »Thor« im South Street Seaport festgemacht hatte, gewesen sein, als er der Schiffsbesatzung 1908 in Portland, Oregon für die sechsmonatige Reise nach Liverpool nur für drei Monate Proviant und Kohlenvorrat zum Betreiben des Kombüsenherdes mitgegeben hatte. Die »Wavertree« hatte Getreide geladen, und als die letzte Zwiebackration gegessen war, mußte die Mannschaft sich wochenlang von Weizengrütze ernähren, die sie sich garte, indem sie alle an Bord entbehrlichen Holzgegenstände verfeuerte. Die von Hunger und Skorbut ausgezehrten Seeleute konnten nicht mehr zu regulären Wachen eingeteilt werden, und der Segler erreichte nur mit Mühe und Not seinen Bestimmungshafen. Später büßte die 2100 t große »Wavertree« vor Kap Hoorn ihren Großmast und die Besanmaststengen ein und erreichte ziemlich verwüstet die Falkland-Inseln. Nach Südamerika geschleppt, wurde sie dort als Baggerhulk genutzt, ehe sie - auch in Anbetracht dessen, daß sie früher New York angelaufen hatte – 1968 für den Museumshafen an der South Street erworben und restauriert wurde.

HOMEWARD BOUND

SEGELN AM RANDE DER EISGRENZE

Überführungstörn von New York nach Brest. Entlang der »Roaring Forties des Nordatlantiks«. Wale begleiten die »Thor Heyerdahl« durch das stürmische Seegebiet.

XVI Die Rückreise von New York nach Brest verlief dicht an Neufundland vorbei, entlang der Eisgrenze und stellte Schiff und Besatzung auf eine harte Bewährungsprobe. Seit jeher sorgte sich jeder Kapitän, sollte er eine Frühjahrsreise von New York bis zum Eingang des Englischen Kanals durchführen. Nicht viel anders ist es noch heute, erwarten ihn doch in den Gebieten der großen Bänke südlich Neufundlands dicker Nebel und unter ungünstigen klimatischen Verhältnissen sogar treibende Eisberge. Schließlich geschah es an einem 12. April, daß der White-Star-Liner »Titanic« vor Neufundland auf etwa 42 Grad nördlicher Breite auf einen Eisberg stieß, der ihm zum Verhängnis wurde.

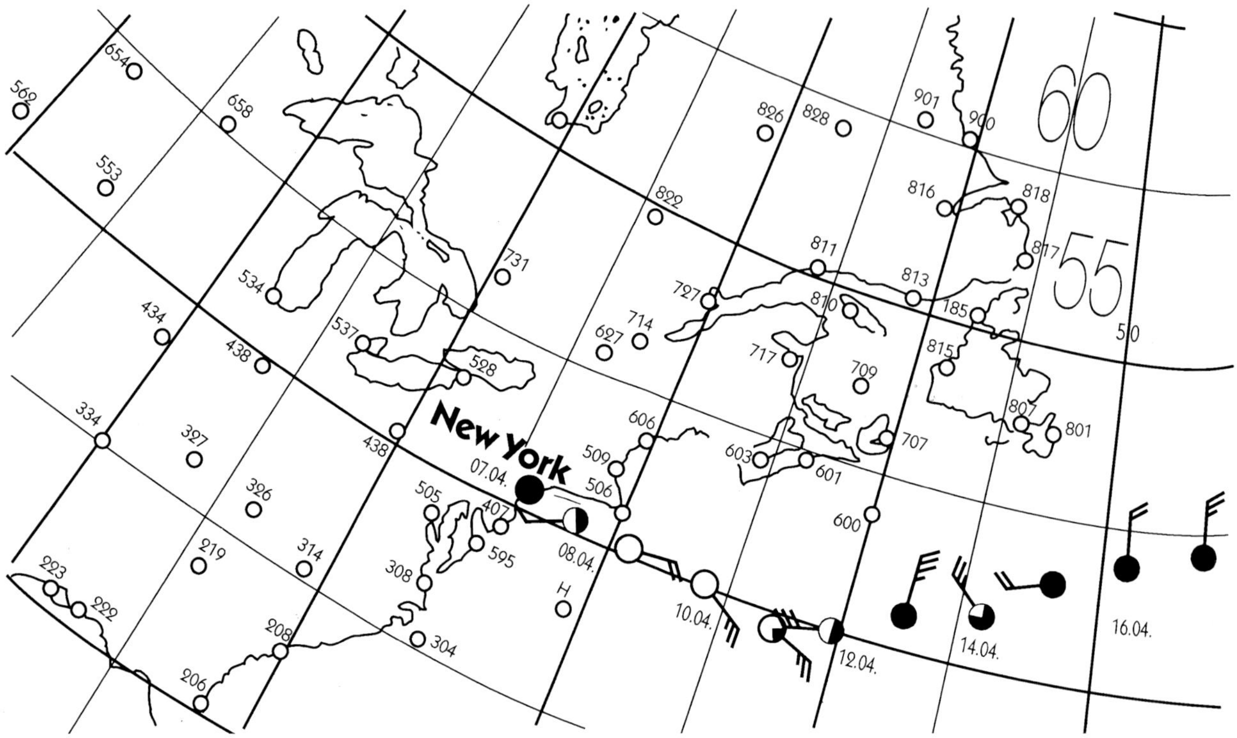

Damit zumindest Schiffskollisionen in diesem Nebelgebiet vermieden werden können, wurde in den im Jahre 1855 erschienenen Sailing Direktions des Leutnants der US Navy Matthew Fontaine Maury erstmals vorgeschlagen, die Gefahrenzone in zwei Schiffsrouten zu splitten: in einen Ostweg und einen davon abweichenden Westweg. Zur Vermeidung von Zusammenstößen mit Eisbergen wurde seit der Titanic-Katastrophe ein Eispatrouillendienst auf dem Nordatlantik eingeführt, der vorwiegend der US Coast Guard obliegt und heute größtenteils über Luftbildaufnahmen vorgenommen wird. Zudem ist jedes Schiff, das einen Eisberg sichtet, aufgrund eines internationalen Abkommen verpflichtet, ihn der Zentrale des Eisbergpatrouillendienstes in Argentia auf Neufundland zu melden. Diese gibt Warnungen heraus und legt die Routen fest, an die sich zumindest die großen Dampf- und Motorschiffe halten müssen.

Jeder Kapitän ist bestrebt, den kürzesten Weg zwischen Amerika und Europa zu nehmen, aber er muß dabei höllisch auf dem Quivive sein. Kapitän Detlef holte sich auf dem Funkwege die notwendigen Erkundigungen ein, die günstige Eisbedingungen voraussagten. Auf den relativ flachen Neufundlandbänken stellen sich zu dieser Jahreszeit die großen Fischschwärme ein, denen trotz Nebels die Hochseefischer aller Nationen hierher folgen. Es galt also, sich von den Pulks der Trawler freizuhalten.

Vier Tage lang segelte die »Thor« unter unveränderter Segelführung mit südöstlichen Winden und wider Erwarten guten Witterungsverhältnissen auf dem 40. Breitenkreis bis zum 60. westlichen Meridian, hielt damit einen respektablen Sicherheitsabstand zu Sable Island im Norden ein. Es wurde zunehmend kälter, die Nächte immer länger. Jeder trug jetzt seinen gefütterten »Nordmeer-Kolani« und dicke Handschuhe. Von einem parallel aufdampfenden Fischkutter konnten wir – nach der Devise, daß Handel auch auf See die besten Freunde schafft – gegen einen guten Tropfen aus norddeutschen Landen fangfrischen Fisch übernehmen. Abends lagen die Außenbordskameraden schon gebraten auf dem Teller. Sie schmeckten uns vortrefflich.

Am Abend des vierten Seetages verschlechterte sich die Sicht. Wir gerieten in Eisnebelfelder. Starke umlaufende Winde gesellten sich hinzu. Die Lufttemperatur sank rapide. Ausgucksposten zogen auf. Die Segelwache geite Bram- und Marssegel auf, enterte die Wanten hinauf, um die Rahsegel einzubinden. Das erste Reff wurde ins Großsegel gebunden... »Alle Schoten dicht! Maschine und alle Posi-Laternen an.« Mit Maschinenkraft fahrend, würde unser Schiff wendiger sein, wenn es gelten sollte, rasch ein Ausweichmanöver einleiten zu müssen. Oben im Besanmast drehte unablässig die Radarantenne.

Am 12. April blies der Wind aus Südwest, der Nebel verflüchtigte sich teilweise. Die Morgenwache mit

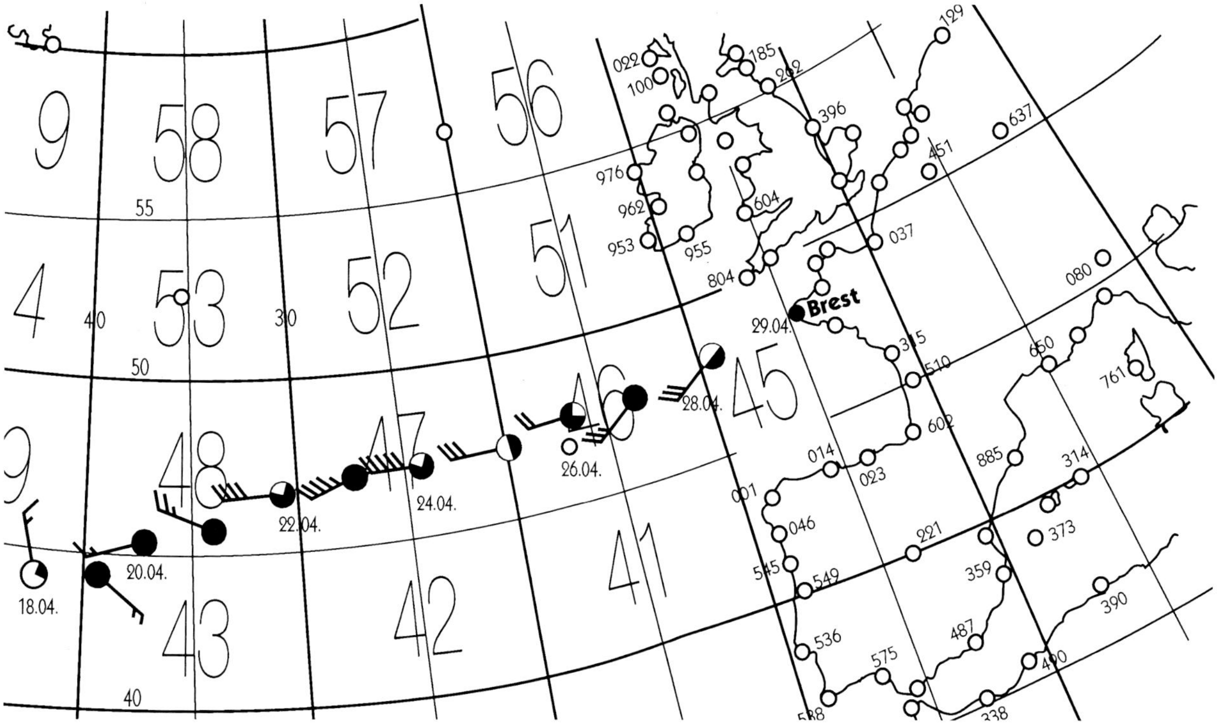

Petra, Silke, Hartmut, Karle und Vincent arbeitete oben an der Marsrah, um das Marssegel zu öffnen. Unter dem im Wind gewölbten Rahsegel steuerten wir einen Kartenkurs von 65 Grad. Da zeigte der Gott der Winde unserem Kieler Dreimast-Toppsegelschoner, daß er an diesem Sonntag sehr launisch aufgelegt war. Ein heftig aufkommender Westsüdwest trieb uns gegen die steile Dünung, die sich in den Tagen zuvor aufgebaut hatte, bis auf den 42. Breitengrad hinauf. Wir waren zwar den dichten Nebelfeldern entronnen, aber die Sichtverhältnisse blieben mäßig. Am 13. April überfiel uns ein eisiger Nordwind mit Beaufort 7, der auch den kommenden Tag über anhielt.
Hier in diesen stürmischen Breiten bekamen wir auf eindrucksvolle Weise die Urkräfte des Meeres zu spüren, wie es sich auftürmte und wuchtig heranwälzte. Die Schiffsführung ließ die »Thor« hoch an den Wind anliegen, um sie nicht unnötig der Gefahr auszusetzen, vierkant von einem Brecher auf die Seite geworfen zu werden. Regenschauer überfielen den Segler. Vorübergehend schüttete es, als habe der Himmel alle Schleusentore geöffnet; es regnete »Strippen«, daß man die Hand kaum vor Augen sehen konnte. Harte Knochenarbeit für jedermann an Deck. Wichtiges Gebot wie immer: eine Hand für das Schiff, eine für den Mann.
Am 15. April war der gegißte Mittagsort der »Thor« 42° 12,8' Nord und 51° 26,3' West. Der Wind flaute auf Stärke 4 ab und drehte zurück auf Westsüdwest. Das Bramsegel sollte gesetzt werden. Hartmut, Karl-Heinz, Peter, Joachim und die anderen der Wache hatten sich warm angezogen, legten sich den Lifebelt an. »Na, dann laß uns mal wieder auf die ›Pinien‹ klettern!« Oben im »Gehölz« war der erste Handgriff, den Sicherheitskarabinerhaken am Jackstag einzuklinken. Schon ließ die Kälte die Finger erstarren. Man mußte die Hände erst mehrmals auf das feuchte Segeltuch schlagen, damit sie erwärmten. Aber trotz allem – gab es etwas Schöneres als den überragenden Ausblick von der obersten Rah, gerade dann, wenn sich das Schiff in der langen Dünung bewegte? Es war ein tiefes, elementares Empfinden, die grandiose, unermeßliche Kraft des Ozeans aus dieser Perspektive schauen zu können. Irgendwie schien sich in diesen Momenten das Lebensgefühl auf einzigartige Weise zu verdichten. Alle, die oben auf den schwankenden Fußpferden standen, waren körperlich durchtrainiert und unzählige Male oben gewesen; sie wußten, worauf es ankommt. Nach dem Lösen der Zeisinge fuhr der Wind in das herunterflappende Segeltuch, blähte es auf zu einem breiten, majestätischen Flügel.
Die Dünung kam von Norden, brachte diesige Luft mit sich, und hin und wieder überfielen uns starke Böen und eisige Hagelschauer.
Die »Thor« erreichte gegen Abend des achten Tages nach ihrer Ausreise von New York den 50. Längengrad knapp unterhalb einer Höhe von 45° Nord. Drei Tage

lang wehte es aus nördlicher Richtung. Wir gerieten in den aus Norden kommenden kalten Labradorstrom, der, aus der Baffin Bay herunterströmend und die Labrador See durchquerend, in diesem Gebiet den Golfstrom nach Süden abdrängt. Düster verhangene Wolken schnürten die Kimm zu. Den Leuten an Deck fröstelte, obwohl sie sich in wärmende Kleidung gehüllt hatten – und trotz des warmen Tees, der ihnen ab und an gereicht wurde. Tag und Nacht mußte schärfster Ausguck gehalten werden. Die Finger begannen, wenn man das eiskalte Tauwerk handhaben mußte, schnell vor Kälte zu erstarren. Unsäglich lang kam einem die vierstündige Wache vor. Erneut stießen wir in Nebelgebiete. Jetzt spürte jeder an Bord die nahe Eisgrenze.

Der Labradorstrom ist auch die Straße der Eisberge. Wie weit werden die Ungetüme, von denen nur ein Neuntel ihrer Masse über die Wasseroberfläche hinausragt, in diesem Jahr trotz aller Vorhersagen wirklich treiben? Irgendwo weit im Norden, das weiß ein jeder an Bord, kalben die arktischen Gletscher. Die abgespaltenen Eisberge, die gelegentlich bis zur Südgrenze des flachen Meeresgebietes südlich von Neufundland gelangen, stammen von der Westküste Grönlands. Auf ihrem Weg durch die Baffinbucht überwintern sie zweimal. Erst im dritten Frühjahr bringt sie der Labradorstrom weit nach Süden in die atlantische Region. Wegen ihres erheblichen Tiefgangs stranden einige bei 200 Metern Wassertiefe auf der Neufundlandbank. Doch in vielen Jahren schaffte es eine kleine Anzahl, um die Neufundlandbank herum den Weg in den Atlantik zu finden. Die meisten dieser für die Schiffahrt äußerst gefahrlichen Eisriesen wurden zwischen 49 und 44 Grad westlicher Länge gesichtet. 1950 erreichten etwa 35 Eisberge den 45. Breitengrad. In den letzten Jahrzehnten kamen verschwindend wenige so weit herunter, was wohl auf die Erwärmung der Pole und den damit verbundenen Rückgang der Gletscher zurückzuführen ist.

So dicht an der Eisgrenze entlang zu segeln, empfanden diejenigen, die mitfuhren, als ein großes Abenteuer. Tafeleisberge sind gut zu erkennen, so heißt es; ihre Nähe merkt man, wenn plötzlich die Wassertemperatur zu sinken beginnt. Aber da gibt es ja noch die »Growler«, Eisbrocken so groß wie Scheunenhütten. Diese abgeschmolzenen Eisriesen sind insbesondere nachts von Brechern kaum zu unterscheiden. Rechnen muß man halt damit, daß so ein weitgedrifteter Bursche einem vor dem Bug auftaucht. So imposant der Anblick eines Tafeleisberges auch sein mag, wir wollten uns tunlichst dergleichen ersparen.

Das Erlebnis, am Rande der Treibeisgrenze entlang zu segeln, beherrschte die Gedanken aller an Bord der »Thor«; in Anbetracht der eventuellen Nähe so eines eisigen Weggenossens aber schlich sich nachts in manch fühlende Seele eine sonderbare Empfindung hinein.

Am 18. April brach seit Tagen die Wolkendecke erstmals wieder auf, und »Tante Klara« zeigte ein einigermaßen freundliches Gesicht. Plötzlich ein Ruf: »Da bläst er!« Gleich Kapitän Ahab wies die Hand die Richtung über die See. Eine Schule von Grindwalen durchbrach die Wellenberge und prustete ihre Fontänen in die eisige Luft. Reges Leben spielte sich an Oberdeck ab, da sich die Herde die »Thor Heyerdahl« als Weggefährten auserkoren hatte und sie einige Zeit lang begleitete. Die uns Menschen freundlich gesonnenen Meerestiere surften auf den Rücken der großen Wellen und schlugen zuweilen vor unseren staunenden Augen verwegene Purzelbäume. Selten wohl im heutigen Zeitalter, daß ihnen ein lautlos dahinziehender Segler begegnet. Man bezeichnet sie als Grindwale, obwohl sie gar keine Wale sind, sondern die größte Art der Delphine. In unserer Brust fühlten wir Freude über diese friedvolle Begegnung, aber ebensosehr Wehmut bei dem Gedanken, daß die Spezies Mensch diese herrlichen, majestätisch durch die Wellen pflügenden Tiere auf schreckliche Art und Weise nahezu vom Angesicht der Ozeane getilgt hat – um von ihrem Tran die Straßenlaternen zu speisen, von ihrem Ambra Parfum herzustellen oder um heutzutage japanische Feinschmeckerlokale mit pikant mundenden Steaks zu versorgen. Als das Rudel Wale davonzog, die Rückenfinnen im bleigrauen Dunst entschwanden, wünschten wir diesen Tieren – in Dankbarkeit ihres uns abgestatteten Besuchs – ein langes Leben. Hoffentlich geraten sie nicht in die Buchten der Faröer Inseln, wo man den »Grindabod«-Herden immer noch in schlimmer Weise nachstellt.

Am nächsten Tag, als wir uns mit unserem Schoner auf der Position befanden, wo sich der 40. westliche Längengrad mit dem 45. nördlichen Breitenkreis schneidet, gefiel es Rasmus, es plötzlich aus südöstlicher Richtung wehen zu lassen. Dem stand die aus Norden kommende Meeresdünung entgegen.

Ab dem 20. April drehte der Wind und wehte dann, wie in diesen Breiten üblich, bis zum Ende der Reise konstant aus Richtungen um West. Drei Tage lagerte eine tiefe, graue Wolkendecke über der See.

Ins Logbuch schrieben wir den 21. April, der Standort des Schoners lag nun deutlich oberhalb des 45. Breitenparallels. Alle Anzeichen deuteten erneut auf Sturm hin. Das Barometer fiel zusehends. Wir segelten in ein Tiefdruckgebiet hinein oder besser gesagt: geradewegs in die Schlechtwetterküche des Atlantiks. Jetzt mußte die »Thor Heyerdahl« wieder einmal zeigen, daß sie

ein wahrer Tiefwassersegler ist. Die erfahrenen Seeleute von der »Thor« wußten, wie man dem Ansturm der Naturgewalten zu begegnen hat und bereiteten das Schiff darauf vor; überprüften aufs allergewissenhafteste, ob alles gut gestaut und gesichert und die Ladeluke im Vorschiff noch gut verschalkt war.
Kapitän Detlef stand oben auf dem Brückendeck, sein angestrengt unter zusammengekniffenen Lidern in die Ferne gerichteter Blick schien die dunkelverhangene Kimm regelrecht durchdringen zu wollen. Insgeheim wendeten sich alle Augen auf den Schiffsführer. Was ging ihm durch den Kopf? Alsbald mußte er den unwiderruflichen Beweis antreten, ob sein Wagnis zumutbar sein würde, während dieser Jahreszeit in hohen nordischen Breiten zu segeln. Alle an Bord hatten uneingeschränktes Vertrauen zu ihm, wußten um seine Erfahrungen, sein seemännisches Können und kannten seine Besonnenheit in kritischen Situationen. Obgleich relativ jung an Jahren, hatte er bereits so manchem Sturm getrotzt. Als er sich dem Wachführer zuwandte und ihm ruhig seine Instruktionen erteilte, erkannten alle Umstehenden, er hegte volles Vertrauen zu seinem Schiff und seiner Besatzung.
Während der nächsten vierundzwanzig Stunden briste es bis über 7 Windstärken auf. Es wurden alle noch geführten Segeln gerefft. Während Regenböen über das Deck peitschten, verschlechterte sich die Sicht. Die Rahen standen vierkant gebraßt. Die »Thor« arbeitete stark in der achterlichen See, nahm jetzt mehr Wasser an Deck. In den folgenden Tagen wurden wir von einem heftigen Weststurm eingeholt, der eine Woche lang anhalten sollte. Die See nahm ständig zu, und am 23. April blies es unvermindert mit 9 bis 10 Windstärken. Furios heulte es in den Wanten, Pardunen und Stagen. Eine enorm hohe See rollte von achtern heran. Jetzt standen nur noch zwei Segel auf dem Vorschiff, die vom Schonermast gehalten wurden: die ausgebaumte Stagfock und das Marssegel. Letzteres, weil hoch emporragend, konnte im Gegensatz zu den tiefer angeordneten Segeln die Windkraft noch voll erfassen und das Segelschiff in der Sturmsee in Fahrt halten, besonders dann, wenn es sich unten im Wellental befand. Die Kräfte beider Segel wurden vorne im Schiff wirksam, zogen quasi den achterlichen Schiffsteil und gewährleisteten somit bei diesem extremen Vor-dem-Wind-Segeln eine gute Kursstabilität.
Der Atlantik ist das stürmischste Meer der Welt, das stellte Maury, der »Pfadfinder der Meere« fest, als er unzählige Logbücher der Marine und Tausende von Kapitänsberichten ausgewertet hatte. Seine Ergebnisse veröffentlichte er im Jahre 1847 in seinem Buch »Wind and Current charts«. Daß die Aussagen seiner Wind- und Strömungskarten über die Nordatlantikregion immer noch zutreffend sind, wurde uns jetzt hautnah bewiesen.
Detlef hielt sich fast ununterbrochen auf der Brücke auf. Von achtern trieben ungewöhnlich große Kaventsmänner heran: graue, firngekrönte Wassergebirge. Brechende Seen glichen weißen Gletschern, die sich ins Tal ergossen. Breite Gischtstreifen durchzogen die grauen Täler. Es brüllte rings um uns herum, als überfielen uns tausend Eisbären. Aber wir hörten es nicht mehr. Nur wenn die steile See wie ein Berg hinter uns hing, die Toppen der Masten nur wenig darüber hinausschauten, fiel uns gelegentlich die plötzliche Stille auf. Wir waren mit unserem sturmumwehten Dreimast-Toppsegelschoner mutterseelenallein in der weiten, grauen Wasserwüste, und er zeigte uns erneut, daß er in der Tat ein harter Sturmvogel ist. Hart war es allemal für die festgelaschte Ruderwache, den richtigen Weg durch die kochenden Wassermassen zu finden, wenn eisige Salzwassergüsse über das Schandeck kamen. Ein Schiff zu steuern ist Erfahrungssache – und die Leute von der »Thor« kannten den Kniff, wie sie das Ruder legen mußten.
Bravourös wie unser gutes »altes Mädel« sich auf dem aufgewühlten Nordatlantik benahm. Mit Marssegel, Baumfock und – da der Ehrgeiz erwachte, eine schnelle Reise zu machen – mit zusätzlich gesetztem Innenklüver lief sie jetzt bis zu 8 1/2 Knoten vor dem Wind daher. Ungeachtet der widrigen Umstände harrte die Deckswache Stunde um Stunde unverdrossen in ihrem triefenden Ölzeug aus. Der Rudergänger mußte abgelöst werden. Eine Mug heißer Suppe rief die Lebensgeister wieder wach. Doch zuerst die Fäustlinge abstreifen und die klammen Hände an der Suppentasse auftauen. Dann, als die Wache beendet war, beseelte die Seeleute nur ein Gedanke: ab in die Koje, schlafen, bis es wieder hieß: »Rise, rise – neue Wache an Deck!« Aber bevor man sich in die Koje fallen ließ, mußten die feuchten Klamotten noch im Generatorenraum über die Abgasleitung des Hilfdiesels zum Trocknen aufgehängt werden. Das Wohl und Wehe des Schiffes lag nun in den Händen der neu aufgezogenen Wache.
Erstaunlich, was die Backschaft bei dieser ständigen Berg- und Talfahrt in der Kombüse alles zuwege brachte. Die deftigen, warmen Mahlzeiten waren willkommene Abwechslungen und halfen, die Moral hochzuhalten. Als wertvolle Bereicherung des Speiseplans gab es dank des umsichtigen Einkaufs in New York täglich Obst, frisches Gemüse sowie Salat. Verpflegungsrationen mit Dörr-, Pökelfleisch und Konserven – wie anno Tobak auf den alten Windjammern üblich – gehören auf unserem Segler gottlob der Vergangenheitslegende an.

Wieder kam es in erhöhtem Maße auf das Können und Standvermögen des ungeschützt auf der Poop stehenden Rudergängers an. Jedesmal ein hartes Stück Arbeit für ihn, wenn das Schiff mit vom Sturm hart gepreßtem Tuch in das nächste Wellental hineingedrückt wurde. Dann mußte er doppelt aufpassen, um der Gefahr des Querschlagens in der achterlichen See mit richtigem Ruderlegen zu begegnen und nicht durch eine schwere See überrollt zu werden. Das hohe, wohlgeformte Achterschiff unserer »Thor« verfügt über ein vorzügliches Auftriebsvermögen und ließ, obwohl sich die Graubärte zeitweilig grimmig über das Poopdeck emporreckten, jede von achtern aufkommende See unter sich abfließen. Nicht eine einzige See, so dräuend sie sich auch zeigte, konnte bislang das Schiff überlaufen. Wie um Luft zu schöpfen, tauchte die »Thor« aus jedem noch so tiefen Wassertal wieder empor, um sich auf den nächsten Wellenkamm emporheben zu lassen und weiter mit prallen Segeln vor dem Wind dahinzujagen. Wir hofften mittlerweile sehnlichst auf ein in allen Seehandbüchern so gepriesenes »Azoren-Hoch«, statt dessen jagte ein eiskaltes Sturmtief das andere vor sich her.

Der Sturm legt sich. Dreitausend Seemeilen Nordatlantik liegen hinter der »Thor«.

Das Azoren-Hoch lag jedoch in tieferen Breiten und spielte eine wichtige Rolle für den Wettercharakter des Nordatlantiks.
Urplötzlich – was hatten die listigen Meergeister da ausgeheckt! – öffnete sich über uns in dem bis dahin tiefverhangenen Himmel ein riesiges Loch. Um uns herum leuchtete im hellsten Sonnenschein das aufgewühlte Meer, ein schillernder Regenbogen spannte sich von der Backbord- bis zur Steuerbordseite über die Masten der »Thor Heyerdahl« hinweg, traumhaft wie eine Fata Morgana. Doch ein Blick zum Horizont ließ uns bis in die Haarspitzen erschaudern: Ringsum, wohin wir auch den Kopf wendeten, nichts als eine pechschwarze, mysteriöse Wand – dazu diese unheimliche seltsame Stille.
Einer an Deck riß sich aus Erstarrung, rief dramatisch: »Wir befinden uns im Auge des Tiefs!« Jetzt gab es einen Moment, da seufzte einer: »Au, Backe!«; und einigen sah man an, wie es ihnen ein wenig mulmig zumute war. Die Anspannung wich einer gewissen Heiterkeit, als ein Scherzbold, den ersten Rufer korrigierend, von sich gab: »Ich glaube eher, wir sind im ›Arm‹ des Bären!«
Es kam eine sargdunkle Nacht auf uns zu. Der Wind legte noch einmal kräftig zu. Zweimal spuckte Rasmus der »Hundewache« in die Seestiefel, als außergewöhnlich hohe Seen nun doch über die schrägliegende Poop schwappten. Morgens um halb vier riß das Innenklüversegel aus dem Achterliek. Behend wurde es von der Wache geborgen und vor weiterer Beschädigung gerettet.

Wahrlich, der Nordatlantik ist eine verdammt holperige Wegstrecke – aber er ist »die Rennstrecke der ›Thor‹«. Aber in erster Linie ist der Nordatlantik die Galoppstrecke der Tiefs. Aufgrund des Luftdruckunterschiedes zwischen dem Tiefdruckgebiet in den nördlichen Breiten und dem Azoren-Hoch ergibt sich eine Westwindzone, die wie ein Düsenschlauch wirkt. Es ist geradezu ein nie stillstehendes Förderband für Tieffronten mit ihren Ausläufern. In diesem Stammrevier der harten nordatlantischen Westlagen kann man sich nur mit einem absolut seetüchtigen Schiff hineinwagen. Wir hatten so eines unter den Füßen.
Auf dem letzten Reiseabschnitt zeigte sich der Wettergott, der uns so hart geprüft hatte, wohlgefällig und bescherte uns optimale Windverhältnisse um Beaufort 6. Am 29. April gegen 11 Uhr lief unser Schiff unbeschadet in Brest ein. Für die 3110 Seemeilen lange Strecke von »Ambrose Light« bis Einlaufen Goulet de Brest hatte die »Thor Heyerdahl« – nahezu ausschließlich unter Segeln – 21 Tage und 14 Stunden benötigt;

Gelöste Gesichter nach wochenlangem harten Törn. So schauen Nordatlantikbezwinger aus!

das entspricht einer fast »rekordverdächtigen« Geschwindigkeit von durchschnittlich 6 Knoten. Damit war sie erheblich schneller gesegelt als die amerikanische »Savannah«, die 1819 ungefähr dieselbe Atlantikstrecke mit einer Durchschnittsgeschwindigkeit von 4 Knoten in 26 Tagen bewältigte und als erstes Schiff das Blaue Band errang. Um die »Rekordreise« der »Thor« richtig bewerten zu können, sollte man sie mit den Heimreisetörns der früheren Petroleumklipper vergleichen, deren normale Reisezeit von New York nach dem Englischen Kanal 29 bis 30 Tage betrug. Der absolut schnellste Törn von West nach Ost wurde dem Petroleumklipper »Shakespeare« mit 19 Tagen zugeschrieben. Die besten Mittelwerte lagen zwischen 20 und 29 Tagen, es gab aber auch Reisezeiten, die zwischen 40 und 49 Tagen, in einem Fall sogar bei 57 Tagen lagen. Die Ostroute erlaubt schnelle Zeiten, begünstigt durch den Golfstrom und die häufige Anzahl von Westwinden. Die Ausreisen der Petroleumklipper, also vom Englischen Kanal bis New York, dauerten dagegen im Schnitt 50 bis 60 Tage. Wir können also mit der Leistung unserer »Thor« vollends zufrieden sein.

Hinter uns lag das dreifache Abenteuer Karibik, USA und Atlantik. Schiff und Besatzung wurde viel abverlangt. Einige, die mit über den rauhen Atlantik gesegelt waren und – als es in der bulligen See richtig zur Kehr ging – beim Barte des Meergreises geschworen hatten: »Nie mehr!«, haben sich bereits für den nächsten Überführungstörn angemeldet. Machen die »Thor« und die salzige Droge Atlantik süchtig?

Am Abend des 1. Mai 1992 legte die »Thor Heyerdahl« in Brest mit neuer Crew von der *Mole de ' Quest* ab und verließ den *Port de Commerce*. Sie passierte am 6. Mai den Nord-Ostsee-Kanal, lief den Kleinen Belt hinauf und machte abends an der Außenmole Fåborg fest. Am Abend des 9. Mai sahen die Kieler die Silhouette ihres über das Winterhalbjahr vermißten Dreimast-Toppsegelschoners wieder, als er in die Strander Bucht einlief, um dort die Nacht über zu ankern. Am nächsten Morgen nahm die »Thor Heyerdahl« nach langer Abwesenheit wieder ihren Stammliegeplatz für die Sommermonate am Bahnhofskai ein.

Dort wurden wir neugierig gefragt:

»Seid ihr denn bei Neufundland auf Eisberge gestoßen?«

»Klar. Aber sie waren schon ziemlich abgeschmolzen.«

»Tatsächlich?«

»Tja - wir haben sie mit dem Kescher an Bord geholt und die Rocks im Whiskey-Glas klimpern lassen. Eine Kiste von dem Grönlandeis haben wir uns im Kühlschrank aufgehoben, damit servieren wir beim nächsten Karibiktörn unseren Gästen die Tropical-Drinks.«

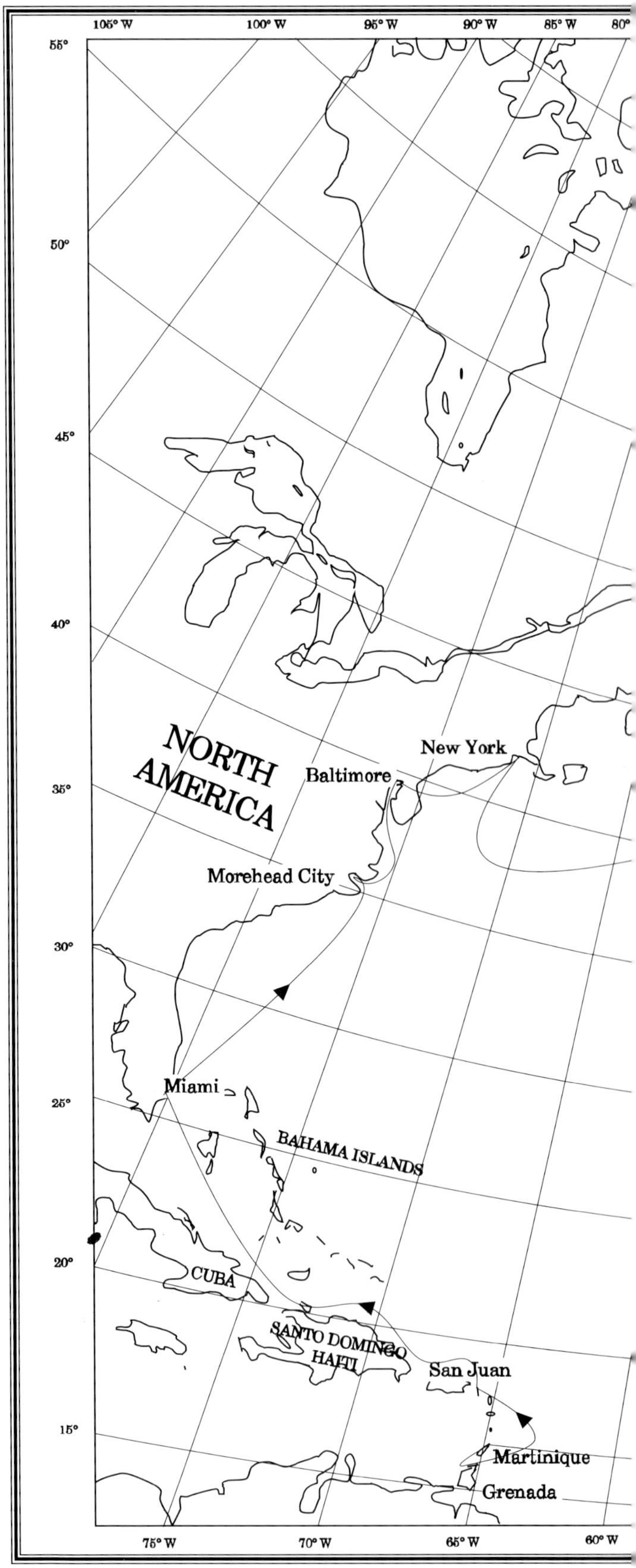

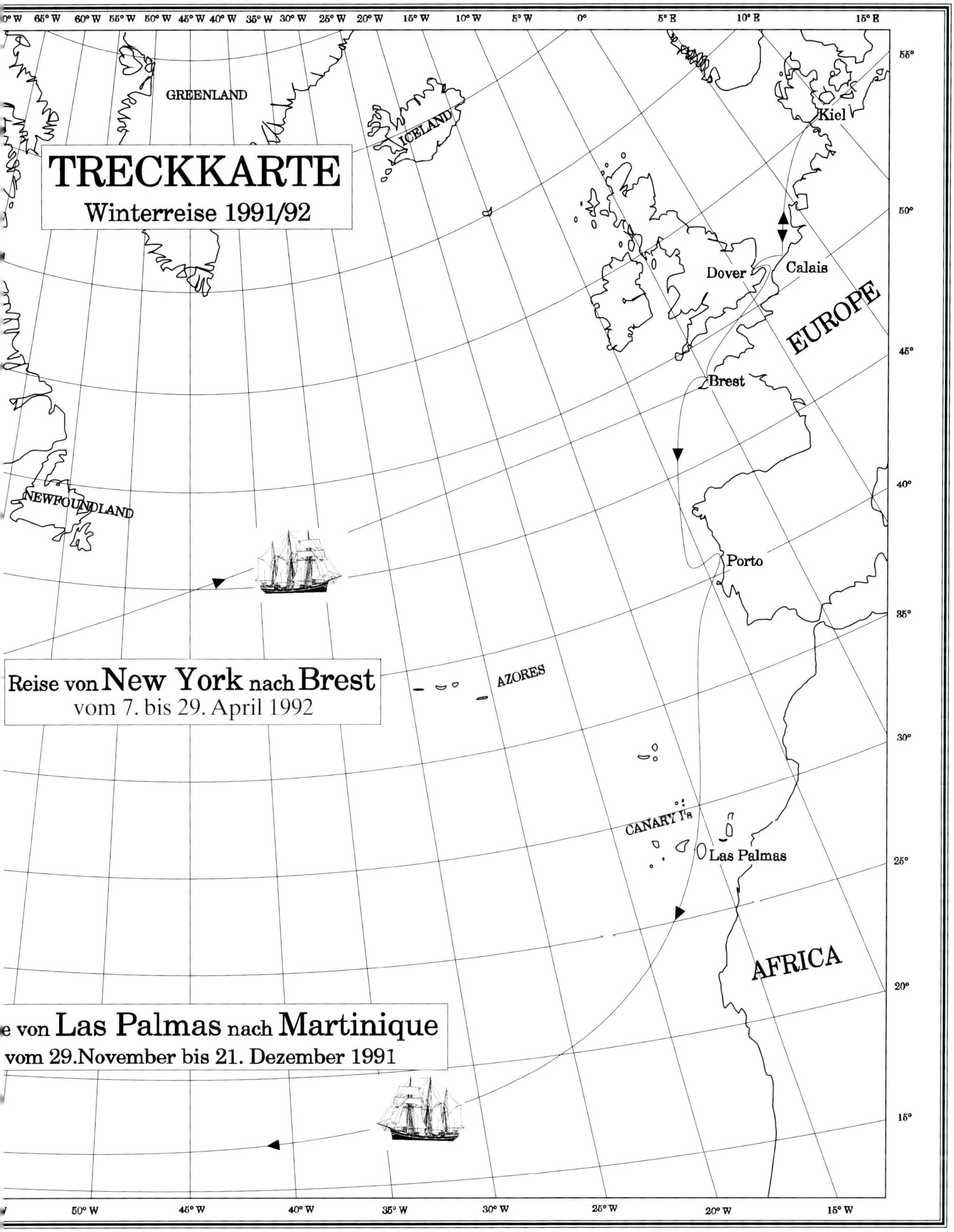

TRECKKARTE
Winterreise 1991/92
Reise von New York nach Brest
vom 7. bis 29. April 1992
e von Las Palmas nach Martinique
vom 29.November bis 21. Dezember 1991
GREENLAND
ICELAND
NEWFOUNDLAND
AZORES
CANARY I's
EUROPE
AFRICA
Kiel
Dover
Calais
Brest
Porto
Las Palmas
65° W
60° W
55° W
50° W
45° W
40° W
35° W
30° W
25° W
20° W
15° W
10° W
5° W
0°
5° E
10° E
15° E
55°
50°
45°
40°
35°
30°
25°
20°
15°

XVII Epilog

Bücher sind Schiffe, welche die weiten Meere der Zeit durcheilen. FRANCIS BACON

Viele Fahrten stehen im Logbuch des Dreimast-Toppsegelschoners »Thor Heyerdahl« verzeichnet. Eine Vielzahl von Häfen und fernen Küsten sind darin eingetragen. Tausende von Menschen sind mit begeistertem Herzen auf dem Schoner gesegelt, haben an seinen Schoten und Brassen gezogen und denken gerne an jene Augenblicke zurück. Namhafte Kapitäne haben sich in das Verzeichnis der Schiffsführer der »Thor Heyerdahl« eingetragen.

Schiff und Besatzung fanden allerorts guten Kontakt mit Land und Leuten. Für zahlreiche Besucher, die im In- und Ausland die Planken dieses ungewöhnlichen Schiffes betreten haben, übte es große Anziehungskraft aus. Stets ist wohlwollend über die »Thor Heyerdahl« berichtet worden, und das Schiff, das die Kieler Farben im Masttopp führt, ist rasch zu nationalem und internationalem Ansehen gelangt.

Die »Thor« gehört zur Hafensilhouette der Kieler Innenstadt. Jeder, der mit dem Zug in Kiel ankommt und den ersten Zipfel der Förde erblickt, sieht oftmals dort die »Thor« liegen. Ihre unübersehbaren Masten erinnern den Ankommenden an die Seefahrtszeit der schleswig-holsteinischen Landeshauptstadt.

Die »Thor« hat das klippenreiche Fahrwasser der ersten Jahre überwunden, hat einige Stürme abgeritten und erwies sich als ein glückhaftes Schiff. Auf ihr sind Träume nach Passatwinden und blauer See in Erfüllung gegangen. Das Erreichte hätte ohne einen großen Freundeskreis nicht bewältigt werden können.

Im Herbst 1990 unterzog sich die »Thor Heyerdahl« in der Kieler Hauswerft einer umfangreichen Umbau- und Instandsetzungsmaßnahme. Die Außenhaut wurde komplett gesandstrahlt und mit einem neuen Farbanstrich versehen. Ferner erhielt das Schiff eine durchgehende Kielverlängerung von 350 mm, die seine Kreuzeigenschaften verbesserten. Außerdem wurden die Stevenwelle mitsamt der Schraube erneuert, eine neue Kühlanlage installiert und das Rigg erneuert. Darüber hinaus wurde eine »neue« (grundüberholte) 400 PS starke Hauptmaschine eingebaut, die dem Schiff künftig mehr Sicherheitsreserven verleiht und eine präzise Reiseplanung erlaubt. Bei der Werftprobefahrt am 14.11.1990 konnte auf der Kieler Außenförde mit dem neuen Dieselmotor eine Geschwindigkeit von 10,4 Knoten erreicht werden. Bei einem Empfang an den Hamburger Landungsbrücken schlug der Vertreter des GL (Klassifikationsgesellschaft Germanischer Lloyd, die in der Nähe der Landungsbrücken ihren Sitz hat) seinen Gütesiegel-Stempel in den Motorblock. Um »Thor« in einen Topp-Zustand zu erhalten, wurde ein Jahr darauf ein neuer Besanmast eingesetzt.

Viele andere ehrgeizige und hoffnungsfroh begonnene Segelschiff-Projekte konnten sich nicht lange über Wasser halten, erschöpften sich nach einigen Jahren in Interesselosigkeit, erlahmten in der Lethargie ihrer Betreiber – nicht so bei der »Thor Heyerdahl«: Immer noch sprühen die Jugendlichen und junggebliebenen Mitsegler, die mit der »Thor« segeln, vor Begeisterung. Kontinuität und ein klares Konzept in der Jugendarbeit bilden zusammen die tragende Plattform für unseren Tiefwassersegler. Unter der Maxime »Kooperation statt Kommerz« betreibt der Verein Segelschiff »Thor Heyerdahl« eine sinnvolle Zukunftsentwicklung, die sich auf Verantwortung gegenüber der Mit- und Umwelt bezieht.

Für das Zusammenwachsen der beiden deutschen Staaten leistete die »Thor Heyerdahl« ihren Beitrag, indem sie Anfang Juni 1990 als erster »Westler« Kurs auf den Rostocker Stadthafen nahm und die Begegnung von Jugendlichen von hüben und drüben ermöglichte. 1991 steuerte Kapitän Siegfried Hau die »Thor« anläßlich der Hanse Sail Rostock '91 in die Warnow ein, an Bord 33 Jugendliche aus Rostock, Kiel, Hohenwerda (Hessen) und Wernigerode. Organisator der Reise mit gemischter Crew aus neuen und alten Bundesländern war Henning Hartung, stellvertretender Vorsitzender des Vereins Segelschiff »Thor Heyerdahl«.

Eine geplante Reise in der Wintersaison 1992/93 nach Peru mit einem Treffen mit Thor Heyerdahl mußte wegen dortiger undurchsichtiger politischer Verhältnisse aus dem Programm genommen werden. Ebenso wurden die Galapagos-Inseln im Programmheft gestrichen, denn es fiel unsagbar schwer, dafür eine Einreisegenehmigung zu erhalten. Trotz des Reizes und der Schönheit einer Fahrt zu diesen einmaligen Inseln ist letztlich aus Umweltschutzgründen dort ein Massenauftritt von Besuchern nicht unbedingt zu erstreben.

Das Schiff, an dessen Bug und Heck der Name Thor Heyerdahls steht, hat seine Beliebtheit – wer wollte es leugnen – zu allererst seinem berühmten norwegischen Namenspatron zu verdanken. Thor Heyerdahl hatte die Eindrücke, die er während des Zweiten Weltkrieges von

Deutschland erfahren hatte, überwunden und gab Detlef Soitzek, einem Jungen der Nachkriegsgeneration die Chance, in die internationale Gemeinschaft seiner Expedition aufgenommen zu werden. Die Persönlichkeit Thor Heyerdahls, unseres pater spiritualis, nimmt Einfluß auf die Haltung der Leute, die auf seinem Namensschiff segeln. Das Vorbild Thor Heyerdahl versteht sich als freier Weltbürger mit positiver, überpolitischer und neutraler Anschauung, als ein allen anderen Menschen gleichwertiger und gleichberechtigter Bürger unserer Erde.

Auch in unseren Tagen ist Seefahrt noch ein Abenteuer und tief im Bewußtsein vieler Menschen verankert. Auf der »Thor« erleben wir einen natürlichen Zeitgeist, begegnen sich aufgeschlossene und traditionsbewußte Menschen, denen andere Menschen nicht egal sind und für die Partnerschaft zum Erlebnis wird.

Ich habe diesem Band einen aus der Feder Thor Heyerdahls stammenden Satz vorangestellt. Ich wählte ihn aus dem Buch aus, das er über seine Fahrt mit der »Kon-Tiki« verfaßt hat.

Seitdem Menschen mit Forschungsdrang und Unternehmungsgeist wagemutig dem Horizont entgegensegelten, sind ihre Empfindungen angesichts der gewaltigen See die gleichen geblieben. Doch das Sinnen und Trachten derjenigen, die das Meer befuhren, war von unterschiedlicher Natur. Es waren phantasievolle, furchtlose Pioniere unter ihnen, die, ihren Visionen folgend, mit Segeln und einem Steuerruder zu neuen Ufern aufbrachen, um Neues zu entdecken, redlichen Handel zu treiben und die Märkte mit Waren zu versorgen. Doch über die See zogen ebenso Heerscharen von Seefahrern, die es zu blutiger Ehre und düsterem Ruhm trieb: Eroberer, Piraten, Kolonisatoren, Sklavenfänger, Plünderer... Die Schicksale der Völker sind durch überseeische Verbindungen auf nutzbringende aber ebenso auf tragische Weise verkettet.

Die Fahrten mit der »Kon-Tiki«, der »Ra« sowie der »Tigris« waren friedvolle Begegnungen der Gegenwart mit der Vergangenheitsgeschichte der Menschheit, aber vor allem Begegnungen der Völker und Menschen untereinander. Auf dem Dreimast-Toppsegelschoner, der nunmehr den Namen Thor Heyerdahl über das Meer trägt, begegnen sich – wie bereits auf den Expeditionsfahrzeugen Heyerdahls vorgelebt – junge Menschen aller Nationalitäten und gesellschaftlicher Schichten. Sie lernen gemeinsam die Segel zu setzen, auf die See hinauszufahren, ihre Standorte und den Kurs zu bestimmen. Unter der loyalen Führung der von ungebrochenem Idealismus erfüllten Freunde Detlef Soitzek und Günter Hoffmann und anderer bewährter Kapitäne eignen sie sich an, nicht nur das Kräftespiel der Natur richtig zu bemessen, sondern miteinander harmonisch umzugehen, den Blick voraus zu richten und gemeinsam und tatkräftig anstehende Aufgaben zu bewältigen.

In seiner Taufrede hat Heyerdahl darauf hingewiesen, daß die durch die Ausbeutung der Ressourcen unseres Erdballs entstehenden entwicklungsgeschichtlichen Zwänge dazu führen werden, daß sich die Schiffahrt alsbald wieder der Windkraft bedienen muß. Heute weiß ich: Alle, die mit dem Rahsegler »Thor Heyerdahl« gefahren sind, werden künftig gemeinsam mit vehementem Protest – jedoch mit friedlichen Mitteln – gegen den bislang ausgeübten Mißbrauch der Meere und deren Verschmutzung eintreten.

Möge gleichermaßen dieses Buchwerk den Leser von der Notwendigkeit überzeugen, daß das lebensspendende Meer weder durch das Machtdenken der Herrschenden zweckentfremdet noch länger durch die Profitgier der Industrienationen Schaden erleiden darf – damit den nachfolgenden Generationen der einzigartige Ausblick auf die »Wiege der Freiheit« niemals getrübt werde.

Der Dreimast-Toppsegelschoner, dem Thor Heyerdahl seinen Namen verlieh, dient als schwimmende Jugendausbildungs- und Begegnungsstätte. Hier wird der weltoffene Geist Heyerdahls lebendig gehalten. Dieses Schiff – gut gebaut, gut betakelt und gut bemannt –, dessen Bestimmung es ist, auf die hohe See hinauszugehen, nimmt junge Menschen mit an Bord, die »ihre Fahrt ins Leben antreten«. Hier können sie sich wichtiges Rüstzeug aneignen, das mündige Bürger unserer Gesellschaft brauchen: körperliche und geistige Leistungsbereitschaft, Ergreifen von Initiative sowie Forschungsdrang und kameradschaftliches Zusammenleben.

Mögen die Winde dem Schiff auch künftig wohlgesonnen sein. Dem Dreimast-Toppsegelschoner »Thor Heyerdahl« und seiner Besatzung wünsche ich allzeit gute Fahrt und glückliche Heimkehr.

Ich nehme einen guten Schluck auf die herrlichen Tage an Bord dieses Segelschiffes mit dem guten Namen. »Fairwinds for the Thor Heyerdahl«! – Und auf Wiedersehen an Bord.

Der Verfasser

Aus der Backskiste (Anhang)

Aus dem Schiffstagebuch Stationen 1987 im Überblick

Unter dem Kommando von Rolf Köhler verläßt die »Thor Heyerdahl« Las Palmas am 15.03.87.

Detlef Soitzek übernimmt am 30.03. die Schiffsführung in Lissabon, und mit 23 Personen an Bord wird Lissabon am 31.03. um 16.50 Uhr verlassen.

2.4. Der Stampfstock bricht, ein Besatzungsmitglied holt sich eine Platzwunde am Bein im »rollenden Atlantik«, Vigo (Spanien) wird angelaufen.

Nachdem Schiff und Mannschaft wieder seeklar sind, verläßt es Vigo am 4.4. um 11.30 Uhr.

Schiff schlingert in grober achterlicher See und Dünung, der Wind bläst bis Stärke 10 aus SW am 5.4., Durchschnittsfahrt 7 Knoten.

Schiff passiert am 8.4., 18.10 Uhr mit Lotsenhilfe die Hafeneinfahrt von St. Peter Port / Guernsey und bleibt dort bis zum 10.4., Inselrundfahrt im Frühlingswetter.

Am 14.4. kommt in Le Havre die neue Mannschaft an Bord: Schüler des Internats Carlsburg/Stiftung Louisenlund.

Freitag 17.4. 01.00 Uhr Nebel im Englischen Kanal, Ansteuerung von Dover mit Radar und Coast Guard-Lenkung.

Ausflug mit Bahn und Bus nach London und Greenwich/National Maritime Museum und »Cutty Sark« (welch ein Schiff!).

Amsterdam wird nach Passieren der Schleuse Ijmuiden und Fahrt durch den Nordzeekanal am 21.4. um 00.20 Uhr erreicht.

Nach Mannschaftswechsel Amsterdam wird in Helgoland am 24.4. um 23.30 Uhr festgemacht.

Am Montag, dem 27.4., um 00.20 Uhr erreicht die »Thor Heyerdahl« mit 20 Minuten Verspätung den Bahnhofskai Kiel (nach 5 Monaten und 21 Tagen Abwesenheit).

Ausbildungsreise für Stammbesatzung vom 1.-8.5., eine Gruppe dänischer Schüler wird in Bagenkop für eine Tagesfahrt an Bord genommen.

Dr. Thor Heyerdahl bekommt in Haithabu den Henrik-Steffen-Preis, dotiert mit DM 25.000.–,verliehen.

Im Rahmen der STA-Regatta wird am 10.7. Stockholm angelaufen, Liegeplatz in der Nähe der »Vaasa« vor der herrlichen Altstadtkulisse, Crewwechsel.

Am 19.7. verleiht Prinz Henrik von Dänemark der siegreichen »Thor Heyerdahl«-Mannschaft den ersten Preis der Gruppe B der Cutty Sark Baltic Sea Races 1987 in Rønne/Bornholm.

Am 3.8. kommen die offiziellen Vertreter der Städte Gdynia und Danzig zu einem offiziellen Empfang während der Danzigreise an Bord. Die Besatzung hat unter anderem die Gelegenheit, die »Marienburg« zu besichtigen sowie den Danziger Flohmarkt zu erleben.

Altstadtfest in Lübeck am 19./20.9., an Bord die Urspringschule, Michael Krauskopf (Lehrer und Teilnehmer).

29.9.–3.10. An Bord zwei Schulklassen aus Itzehoe und Kellinghusen. Lehrer Dirk Dau-Schmidt führt mit seinem Bio-Leistungskurs während der Reise Wasseruntersuchungen durch. Die Geräte werden vom Institut für Meereskunde in Kiel zur Verfügung gestellt.

Tagesfahrt für Freunde und Förderer der »Thor Heyerdahl«. In einem kleinen Festakt setzt der Spender, Herr Carlsen, zum ersten Mal das Marssegel. Während der Reise entscheidet sich Herr Migod von der Firma KSB-Pumpen spontan, ein weiteres Segel zu spenden – das Großsegel –. Wird es gelingen, weitere Sponsoren zu finden?

Nach gründlicher Werftüberholung und Ausrüstung verläßt die »Thor Heyerdahl« unter dem Kommando von Siegfried Niklaus am 5.11. den Kieler Hafen mit Zielhafen Las Palmas.

Auf der Überführungsreise wird außerplanmäßig wiederum Vigo angelaufen; wiederum ist es ein »lädiertes« Bein, das ärztlich versorgt werden muß.

Am 17.12.87 läuft die »Thor Heyerdahl« im Zielhafen Las Palmas ein. An Bord alles wohlauf! meldet der Kapitän.

Programmstruktur eines zweiwöchigen Jugendtörns

Wochentage	Gruppeneinteilung Wache 1	Wache 2	Wache 3	Wache 4
Montag	Anreise bis 12 Uhr / Begrüßung durch Kapitän und Stamm-Mannschaft / Erste Informationen / Wacheinteilung (Gliederung der Gesamtgruppe in Kleingruppen) und Zuordnung der Wachführer und Co-Piloten / Beziehen der Kammern und Kojen / Grundlegende Sicherheitsbelehrung / Auslaufen unter Maschine zum Ankern (vom Bahnhofskai in Kiel zur Heikendorfer Bucht / Erste Ankerwache			
Dienstag	Segelsetzen und -bergen vor Anker / Übungen vor den Masten / Erläuterungen zur Takelage des Schiffes / Wachweises Training zur Sicherung des Gelernten / Verlassen des Ankerplatzes unter Segeln / Ansteuern eines Ankerplatzes in dänischen Gewässern			
Mittwoch	Segelmanöver: Wenden und Halsen Sicherheitsübungen: z. B. »Mann über Bord«-Manöver, Feuerschutzübungen, »Erste Hilfe«			
Mittwoch	Ansteuern des Ankerplatzes vor der West- und Ostküste Süd-Langelands (je nach Windrichtung) Wachweise Vorbereitungen für die …			
	Schlauchbootexpedition	Schlauchbootexpedition	Schlauchbootexpedition	Schlauchbootexpedition
Donnerstag	Während der Expeditionstage wird die »Thor Heyerdahl« von Mitgliedern der Stamm-Mannschaft betreut / Ausrüstung der Expeditionsgruppen / Einweisungen Beginn der Expedition mit …			
	Schlauchbooten	Schlauchbooten	Schlauchbooten	Schlauchbooten
	Sicherung der Expeditionsgruppen durch ständige Funkverbindung und den Einsatz eines optimal ausgerüsteten Sicherungsbootes			
Freitag	Expeditionen in küstennahen Gewässern und in der Inselwelt der »Dänischen Südsee« (z.B. westlich von Langeland, südlich von Fünen, nördlich von Marstal (Insel Aerö) und Ristinge (Insel Langeland), östlich von Fåborg (Insel Fünen)			
Samstag	Rückkehr aller Gruppen an Bord der »Thor Heyerdahl« / Nachbereitung der Expeditionen / Berichte über gemachte Erfahrungen, gewonnene Erkenntnisse und Erlebnisse im Plenum Nach Rückkehr: Materialsichtung und -pflege, Aufklaren des eingesetzten Bootsmaterials usw. Unterricht in:			
	Navigation u. Wetterkunde	Seemannschaft	Segel-Theorie	Maschinenkunde
Sonntag	Anker lichten / Kurs Nord unter Segeln / Wache gehen Unterricht in …			
	Seemannschaft	Navigation u. Wetterkunde	Maschinenkunde	Segel-Theorie
	Nachtsegeln / Unterricht in Lichterführung			
Montag	Unterricht in …			
	Segel-Theorie	Maschinenkunde	Navigation u. Wetterkunde	Seemannschaft
	Vorbereitungen für den Landfall / Anlaufen eines dänischen/schwedischen Hafens / Landgang / Hafenwache			
Dienstag	Landgang unter spezifischer Fragestellung / Besichtigung / Ausflug Auslaufen unter Segeln / Ansteuern eines Ankergrundes: »See-Circus« / Lagerfeuer mit Grillen und Singen			
Mittwoch	Unterricht in …			
	Maschinenkunde	Segel-Theorie	Seemannschaft	Navigation u. Wetterkunde
	Segeln / Schiffsüberholungsarbeiten / Projekt			
Donnerstag	Übergabe des Schiffes an die Trainees (Kursteilnehmer) / Wahl des Kapitäns und der Wachführer Rücksegeln Ankern in der Heikendorfer Bucht: »Captain's Dinner« und Abschiedsabend Letzte Ankerwache			
Freitag	Reinschiff und Aufklaren / Packen des Reisegepäcks usw. / Unter Maschine zum Bahnhofskai in Kiel / Leinen fest gegen 11.00 Uhr Abreise der Kursteilnehmer			

Technischer …
des Dreimast-Toppsegel…

Bauwerft:	N.V.E.J. Smit & Zoon
Bauort:	Westerbroek/Holland
Baujahr:	1930
Rumpfverlängerung:	1951
Restauration:	1979-83 in Kiel bei HDW
Hauptabmessungen	
Tonnage:	211,21 BRT
Länge über alles:	49,83 m
Länge zwischen den Loten:	38,94 m
Breite auf Spanten:	6,53 m
Seitenhöhe Mittelschiff:	2,40 m
Freibordtiefgang:	2,55 m
Ballastgewicht:	150 t
Mastenhöhe über Kiel:	29 m Großmast, 27 m Schonermast, 26 m Besanmast
Rahbreite:	14 m Fockrah, 13 m Marsrah, 10 m Bramrah
Ladeluke:	3,5 m x 5 m
Baumaterial	
Rumpf:	Schiffbaustahl, genietet
Masten:	Fichtenholz
Stehendes Gut:	Stahldraht, verzinkt
Laufendes Gut:	Perlon-Tauwerk
Schiffbauliche Sicherheitsmaßnahmen	Der Schiffsrumpf ist durch zwei Querschotten in drei wasserdichte Sektionen unterteilt; außerdem besitzt das Schiff einen Doppelboden.

Besegelung

Gesamtsegelfläche:

Anzahl der Segel:

Maschinenanlage

Hauptmaschine:

Antriebsleistung:

Wellendrehzahl:

Schiffsschraube:

Schiffsaggregate:

Bordstromnetz:

Gleichstromversorgun…

Batteriekapazität:

Bilgenwasserseparati…

ffsdatenplan
oners »Thor Heyerdahl«

0 qm
(Flieger, Außen-, Mittel-
Innenklüver, Stagfock,
Gaffelsegel, 2 Gaffeltopp-
gel, 1 Großstengestagsegel,
Mars- u. 1 Bramsegel,
Breitfock)

Deutz-Diesel RWM 536,
Zyl.,umsteuerbar über Nocken-
elle, Baujahr 1951
4 kW (≙ 400 PS)
ax. 400 U/min.
stpropeller mit 3 Flunken
eutz-Dieselgeneratoren
0 kVA
0/380 V; 50 Hz
V
0 Ah
rmanent-Turbolo-Entöler
ohm & Voss

Nautische Geräte	Radar, UKW-Sprechfunkanlage mit DSK-Kodierer, Grenz- und KW-Kommunikationsanlage, Echolot, Magnetkompaß, AP-Navigator, GPS-Satelliten-Navigator, Anemometer, Wetterkartenschreiber
Sicherheitsausstattung	3 Rettungsinseln à 25 Pers., Schwimmwesten, Feuerlöscher, stationäre und mobile Feuerlöschpumpen, Satellitennotsender
Einrichtungen	1 Messe ca. 26 qm, 10 Gästekabinen mit Kojen für 32 Pers., 2 Kajüten für Kapitän und Mannschaft, 1 Hospital, 1 Salon, vollelektrische Küche, Kühl- / Tiefkühlraum, Werkstatt (Holz u. Metall), Zentralheizung, Fäkalientanks
Vorrattanks	Frischwasser-Tank 16.500 l Diesel-Tanks 12.500 l
Sonstige Ausrüstung	Dinghi 30 PS, 4 Expeditionsschlauchboote, Windsurfer, Tauchgeräte, Bauerkompressor

Belegplan der „Thor Heyerdahl“
Laufendes Gut

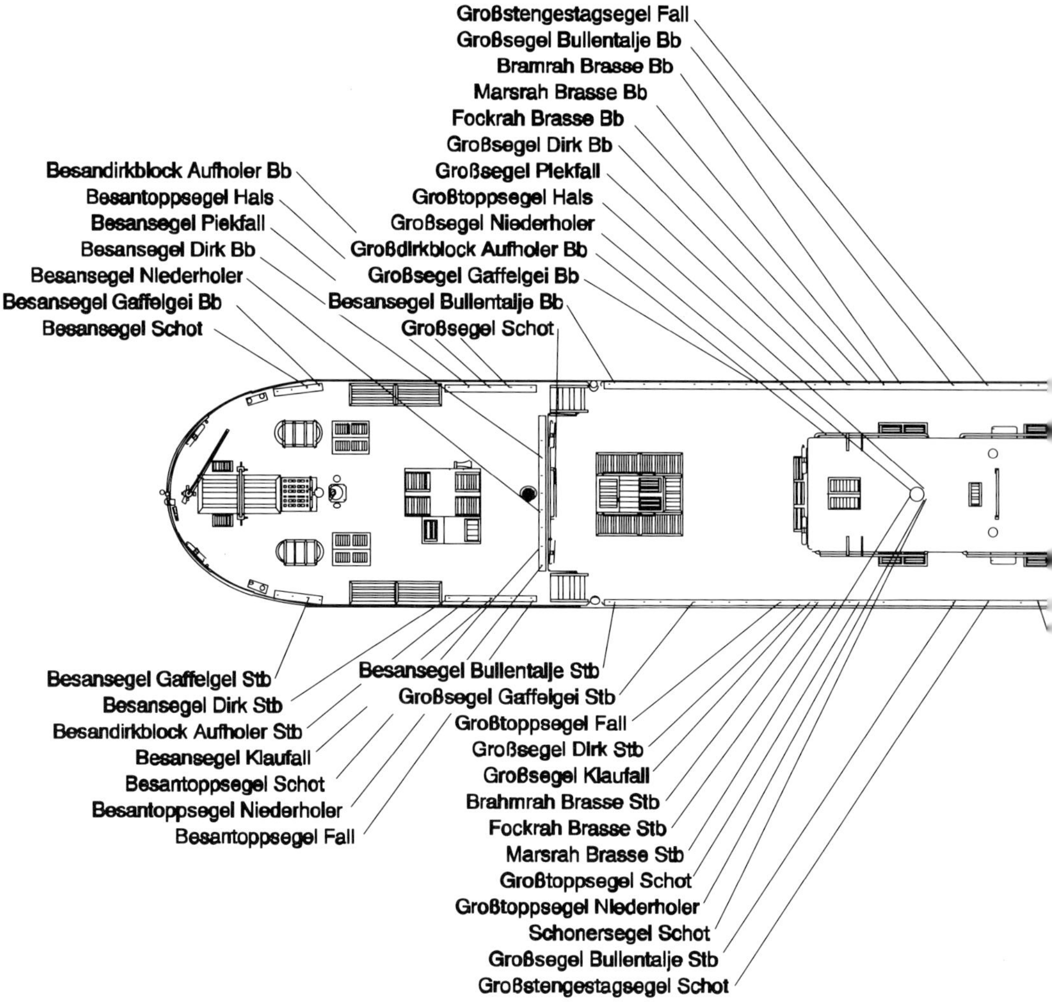

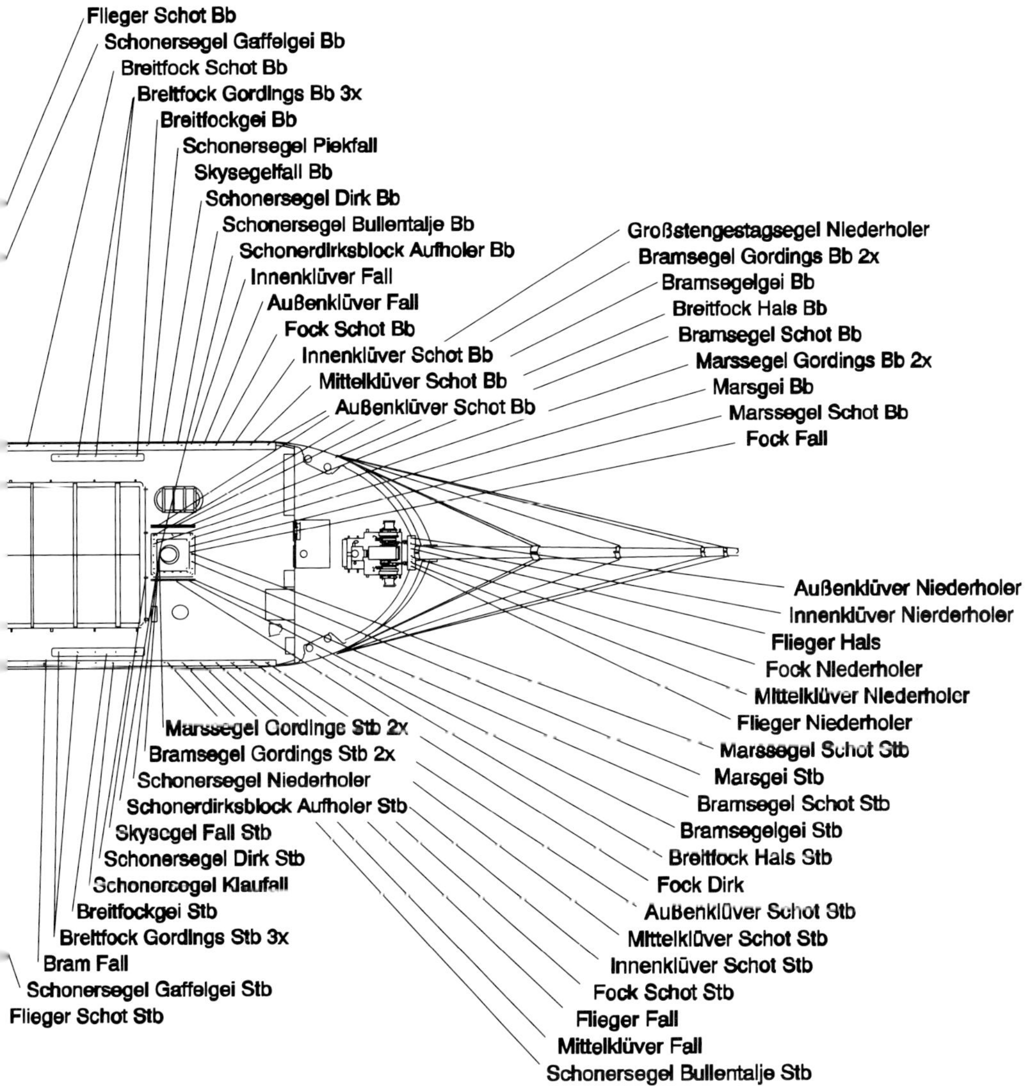

Flieger Schot Bb
Schonersegel Gaffelgei Bb
Breitfock Schot Bb
Breitfock Gordings Bb 3x
Breitfockgei Bb
Schonersegel Piekfall
Skysegelfall Bb
Schonersegel Dirk Bb
Schonersegel Bullentalje Bb
Schonerdirksblock Aufholer Bb
Innenklüver Fall
Außenklüver Fall
Fock Schot Bb
Innenklüver Schot Bb
Mittelklüver Schot Bb
Außenklüver Schot Bb
Großstengestagsegel Niederholer
Bramsegel Gordings Bb 2x
Bramsegelgei Bb
Breitfock Hals Bb
Bramsegel Schot Bb
Marssegel Gordings Bb 2x
Marsgei Bb
Marssegel Schot Bb
Fock Fall
Außenklüver Niederholer
Innenklüver Nierderholer
Flieger Hals
Fock Niederholer
Mittelklüver Niederholer
Flieger Niederholer
Marssegel Schot Stb
Marsgei Stb
Bramsegel Schot Stb
Bramsegelgei Stb
Breitfock Hals Stb
Fock Dirk
Außenklüver Schot Stb
Mittelklüver Schot Stb
Innenklüver Schot Stb
Fock Schot Stb
Flieger Fall
Mittelklüver Fall
Schonersegel Bullentalje Stb
Marssegel Gordings Stb 2x
Bramsegel Gordings Stb 2x
Schonersegel Niederholer
Schonerdirksblock Aufholer Stb
Skysegel Fall Stb
Schonersegel Dirk Stb
Schonersegel Klaufall
Breitfockgei Stb
Breitfock Gordings Stb 3x
Bram Fall
Schonersegel Gaffelgei Stb
Flieger Schot Stb

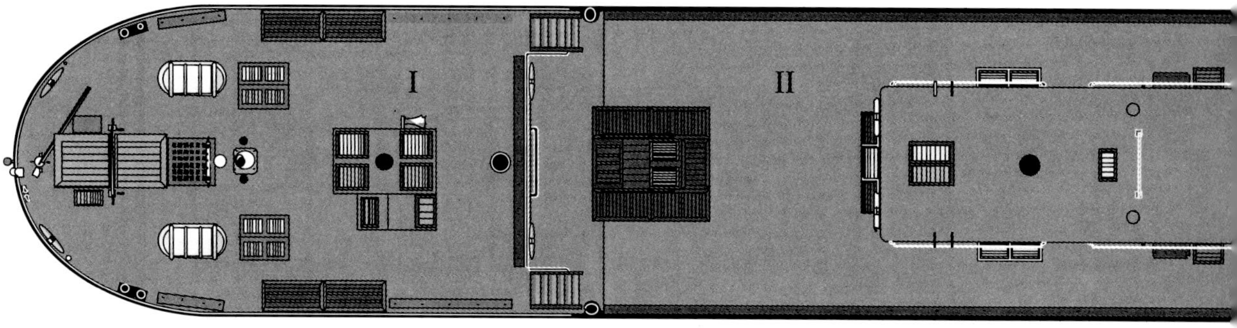

Wetterdeck

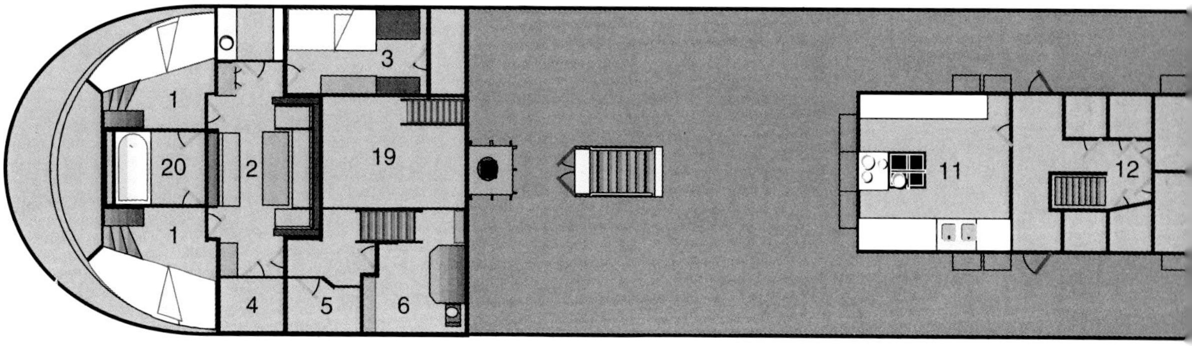

Hauptdeck

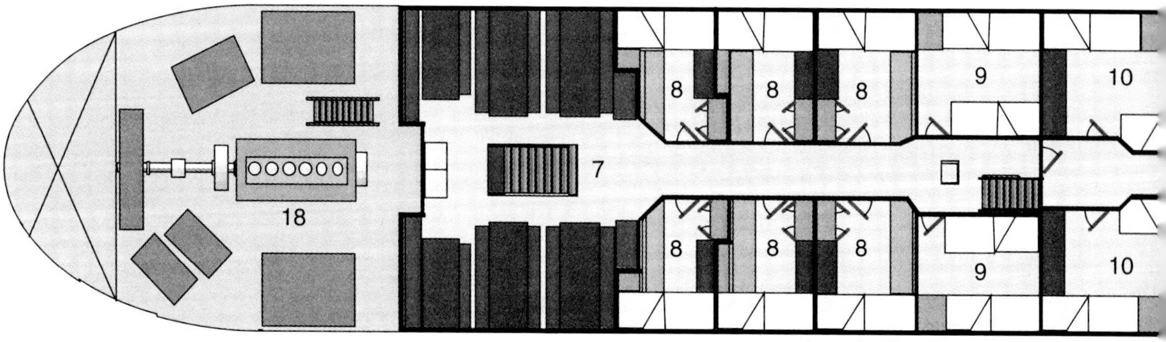

Logisdeck

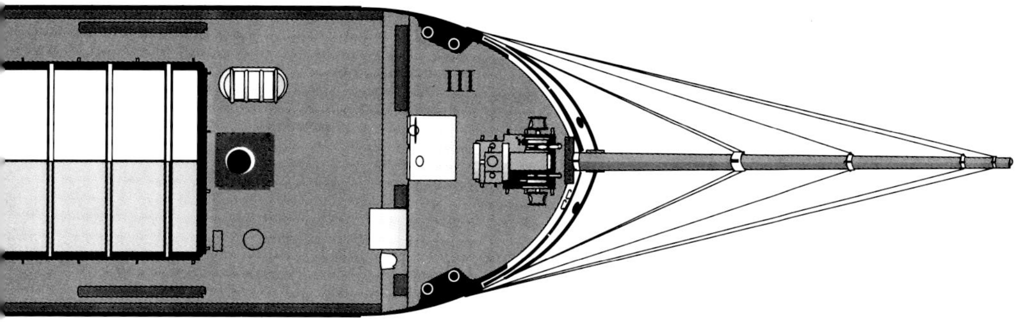

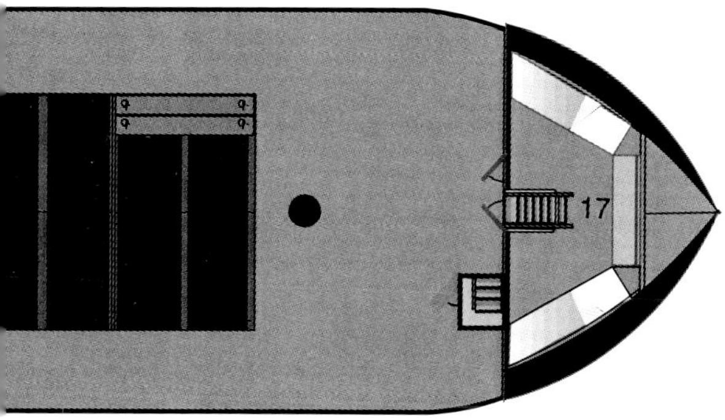

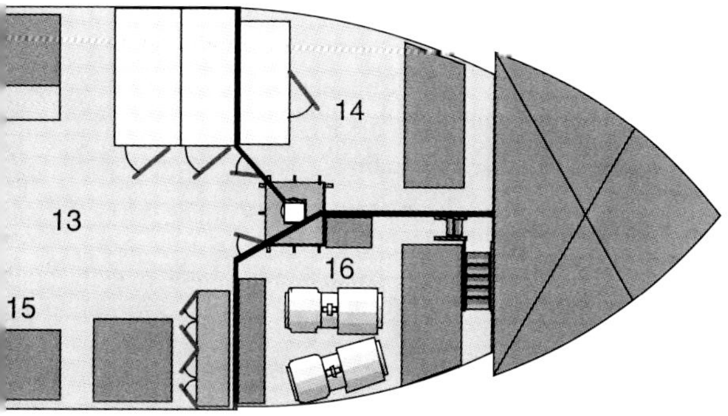

Decksplan

I Poopdeck

II Mitteldeck

III Backdeck

1 Stammbesatzung
2 Salon
3 Hospital
4 Store
5 WC
6 Navigationsraum
7 Messe/Tagesraum
8 2-Mann-Kabine
9 4 Mann-Kabine
10 6-Mann-Kabine
11 Kombüse
12 WC/4 Duschen
13 Laderaum
14 Proviantraum
15 Werkstatt
16 Generatorraum
17 Stammbesatzung
18 Maschinenraum
19 Maschinenraumschacht
20 Bad

QUELLENNACHWEIS

Bibliographie:

Heyerdahl, T. *Kon-Tiki / Ein Floß treibt über den Pazifik, Aku-Aku / Das Geheimnis der Osterinsel* 1980, Verlag Ullstein GmbH, Frankfurt/M. – Berlin – Wien

Heyerdahl, T. *Tigris / Auf der Suche nach unserem Ursprung* 1979, C. Bertelsmann Verlag GmbH, München

Lorenz, L. *Angeheuert / An Bord der letzten Windjammer* 1992, Pietsch Verlag, Stuttgart

Lorenz, L. *Dreimast-Toppsegelschoner »Thor Heyerdahl«* 1986, RKE-Verlag, Kiel

Dietrich, G. *Über mir Segel und Sterne* 1989, Musenalp, Nr. 2

Pierer, B. *Erlebnispädagogik auf der »Thor Heyerdahl« / 24 Stunden auf einem Großsegler* 1987, Kiel

Soitzek, D., Weinberg, P., Ziegenspeck, J. *Segelschiff »Thor Heyerdahl« / Eine schwimmende Jugendausbildungsstätte* 1988, Lüneburg

Bordbücher des S/S »Thor Heyerdahl« 1983-92

Beiträge aus »Typhon«, der Zeitschrift des Vereins »S/S Thor Heyerdahl e.V.« 1983-92, Kiel

ABBILDUNGSNACHWEIS

Titelgemälde: Karl-Heinz Stark

Fotografien:

Louis Beintema
Friedrich Chr. Blaas
Karsten Blaas
Kaspar Blanz
Axel Blohme
Herbert H. Böhm
Bremerhavener Zeitung
C. Brinkmann
Gunda Dietrich
Herta Fink
Hans-Jörg Geider
Roswitha Gerde
Eva und Hans Glied
Jürgen Graeser
Andrea Grammes
Söhnke Hagelberg
Renate Hanker
Tobias Hatje
Manfred Hebekerl
Hein Heide
Heinz Herrmann Heide
W. Henning
D. Hermann
Karin Herrling
Brigitte
und Jürgen Hölcher
Günter Hoffmann
Ingrid Jänner
Siegrid
und Dieter Jänsch
Herbert Jordan
Karin Kiefer
Monika Kludas
Michael Koplin
Thorsten Kramer
Martin Läpple
Peter Liebich
Lothar Lorenz
Peter Meier
Hartmut Mittag
Matt Moran
Reinhard Nerlich
Thomas Overweg
Josef Pollmann
Jochen Redner
Steffi Ruhbach
Horst Rumsauer
Hartmut Schäfer
Werner Schindelbauer
Immo von Schnurbein
Detlef Soitzek
Horst Spreyer
P. Stap
Mathias Steiner
Vincent Thoss
Karin Tönnes
Dr. Thor Heyerdahl
Archiv Segelschiff
Thor Heyerdahl e.V.
Janusz Uklejewski
Jörn Uhl
Urspringschule Schelklingen
Eckard Wetzel
Boris Wippermann
Klaus Wriedt
Dietrich Woschke
Th. Zils

Lothar Lorenz und Mathias Steiner stellten außerdem uneigennützig vorhandene Lithos zur Verfügung

Gemälde: Hans Craemer, Adolf Bock
Zeichnerische Illustrationen: Karl-Heinz Stark
Gestaltung der Schiffspläne: nach Ideen und detaillierten Vorgaben des Autors
Computergraphische Darstellung: Vedia Wermke, Barbara Schnell, Michael Fürderer
Holzschnitt: von Feierabend
Karrikaturen: Christian Schütte
Schiffsstempel: Wolf-R. Kieker

Danksagung:

Für die Unterstützung bei der Herstellung dieses Buches möchte ich folgenden Personen meinen herzlichen Dank aussprechen:
Der CCDruck GmbH. Besonderen Dank an Herrn Frank Colmorgen und Herrn Tim Colmorgen für das Vertrauen und die gute Zusammenarbeit.
Herrn Karl-Heinz Stark für seine hervorragende Arbeit an der Staffelei. Wir hatten das Glück, diesen außergewöhnlich befähigten und engagierten Maler für unser Buch begeistern zu können.
Herrn Lothar Lorenz – Fotograf und Buchautor – für seine selbstlose und tatkräftige Unterstützung. Seine Bilder geben diesem Buch einen außerordentlichen Gehalt.
Frau Sylvia Schmidt und Herrn Horst Rothaug – Fotoarchiv – für die Ausdauer bei der Suche nach alten Fotos.
Herrn Dieter Höwel für seinen unermüdlichen Einsatz am Satz-Computer.
Frau Birgit Tegen für ihre sachkundige Montage der Druckvorlagen.
Herrn Buschtöns – Scanner Studio Nord – für die hervorragende Bearbeitung der Bildvorlagen.
Frau Kristin Rösner für ihre Geduld und Hilfe.
Herrn Harro Rüchel für seine Bemühungen.
Frau Brigitte Chellis und Frau Karin Herrling für ihr Entgegenkommen.
Frau Hannelore Krause und Frau Edelgard Woywod – Thor Heyerdahl e.V. Geschäftsstelle – für die liebenswürdige Hilfe zur rechten Zeit.
Herrn Bernd Sehm und Herrn Hans Georg Malü für ihr Engagement.
Meiner Frau Elisabeth Wetzel für ihr Verständnis und ihre Toleranz.
Ein herzliches Dankeschön all den unter Abbildungsnachweis genannten Personen, die ihre Fotos unentgeltlich zur Verfügung gestellt oder die in anderer Weise einen Beitrag geleistet haben.
Besonderer Dank den beiden Kapitänen Günter Hoffmann und Detlef Soitzek für das mir entgegengebrachte Vertrauen sowie Klaus P. Herrling, auf dessen Initiative dieses Buchwerk begonnen wurde, für seine Bemühungen.

Dank an Firmen:

Durch die freundliche Unterstützung nachstehender Firmen konnten mehrere Computerstunden für die Erstellung von Graphiken, die der Verfasser eigens für dieses Buch erarbeitet hat, beglichen werden.
Fa. Hamann und Koplin, Kiel – Herrn Koplin
Fa. Geuer, Kiel – Herrn Rower, Herrn Alpers
Fa. Peiniger, Hamburg – Herrn Böttcher, Herrn Klettke
Fa. Werner und Zeise, Heikendorf – Herrn Süss
Fa. LSG + Grafik, Kiel – Frau Berta Wermke
Fa. Stulz, Hamburg – Herrn Petersen
Kieler Volksbank – Herrn Brandt

Der Verfasser

Kontaktadresse der Vereinsorganisation:

Geschäftsstelle: Segelschiff »Thor Heyerdahl« e.V.
Kaistraße 33, 2300 Kiel 1
Telefon: 04 31 / 67 77 57 · Telefax: 04 31 / 67 83 67
Öffnungszeiten: Mo.-Do. 08.30 – 16.30 Uhr, Fr. 08.30 – 12.30 Uhr